CHINA
Peking
JAPAN
Shanghai
Benares
DIEN
Calcutta
BIRMA
Formosa
Hong-kong
Rangoon
SIAM
Bongkok
Madras
Manila
Philippinen
Ceylon
Pinang
Sumatra
Singapore
Borneo
Halmaheira
Geelvink Bay
Molukken
Celebes
Batavia
Makassar
Soerabaya
Flores
Java
Bali
Kleine Sunda Jns.
Timor
HER OZEAN
AUSTRALIEN

bezeichnet.

Alma M. Karlin

Erlebte Welt

Alma M. Karlin

Erlebte Welt

Mit einem Nachwort

von Amalija Maček

AvivA

VORBEMERKUNG

Alma M. Karlin begab sich mit ihrer Schreibmaschine »Erika« 1919 auf eine Weltreise, die acht Jahre dauern sollte – alleine als Frau und ohne Geld. Die 1889 in Cilli (slowenisch Celje) geborene und 1950 gestorbene Karlin war eine Pionierin und wurde nach Erscheinen ihrer ab 1929 veröffentlichten Reisebücher berühmt. Nach *Einsame Weltreise* und *Im Banne der Südsee* veröffentlichen wir nun mit *Erlebte Welt* den dritten und letzten Band von Alma Karlins Reisetrilogie.

Die lebendigen und in selbstironischem Ton verfassten Reiseberichte voller Alltagsbeobachtungen zeigen eine andere Seite des Reisens als die damals verbreitete – sozusagen das Reisen »von unten«. Durch ihre geringen finanziellen Mittel lebte und reiste Karlin immer inmitten der Einheimischen. Das macht ihre Schilderungen besonders interessant, doch zugleich liegt darin auch eine Menge Zündstoff. Karlins auch zuvor vereinzelt auftauchende rassistische Bemerkungen bezogen sich zunächst meist auf schlechte Erfahrungen während der Reise, wie beispielsweise erlebte Vergewaltigungsversuche. Je länger sie auf Reisen ist, umso extremer wird jedoch ihr für heutige Leserinnen und Leser schockierendes Überlegenheitsgefühl der weißen Europäerin gegenüber den anderen Ethnien, die sie – bei allem Interesse, das sie diesen als Forschende und deren Gebräuche Lernende entgegenbringt – als untergeordnet ansah.

In ihrer 1931 verfassten Autobiografie *Ein Mensch wird* schrieb Alma Karlin über die ersten dreißig Jahre ihres Lebens bis zum Vorabend der Weltreise: darüber, dass es ihr keinesfalls in die Wiege gelegt wurde, aus der Provinz aufzubrechen und zur Reisenden und berühmten Reiseschriftstellerin zu werden. Mit dieser Autobiografie, die 2018 als deutsche Erstausgabe aus dem Nachlass im AvivA Verlag erschien, ist mir Alma Karlin ans Herz gewachsen.

In diesem Buch lernte ich sie nicht nur als aufmüpfige und mutige, sondern auch als pazifistische und unpatriotische junge Frau kennen, weshalb ihre diskriminierenden Ansichten natürlich nur umso mehr befremden. Ausdrücklich sei hier betont, dass wir als Verlag diese natürlich nicht teilen. Wir haben uns dennoch dazu entschieden, nichts zu streichen und auch die problematischen Passagen im Text zu belassen, um Alma Karlin als reale historische Person zu zeigen, statt sie zum Idol zu stilisieren. Allerdings haben wir uns erlaubt, den von ihr zuweilen verwendeten Begriff »Neger« durch »Schwarze(r)« zu ersetzen. Wir möchten mit dieser Ausgabe für eine differenzierte Auseinandersetzung mit Karlin sorgen, die die Leistungen der Schriftstellerin und Weltreisenden würdigt, ohne deren Rassismus zu verschweigen.

Alma Karlin erlief sich Städte und Länder. Und sie verlief sich dabei natürlich auch immer wieder. Am Ende ihres Aufenthalts in Birma (heute Myanmar) schrieb sie über das, was sie dabei zufällig hinter halboffenen Türen sah, und kam zu dem Schluss: »Liebe, Armut, Elend, sogar Verbrechen, doch wie ähnlich sind wir Menschen einander! Und wie tief unser aller Sehnsucht nach Freude, nach Ruhe, nach Glückseligkeit!«

So unbequem die Lektüre zuweilen sein mag – sie lohnt sich und ist garantiert nicht langweilig. Alma Karlins Reisebücher verschaffen uns tiefe Einblicke in eine andere Zeit und erweitern nicht zuletzt dadurch unseren Horizont.

Britta Jürgs

VORWORT ZUR NEUAUFLAGE.

In diesem, dem dritten Teil meiner Weltumseglung, führe ich den Leser durch die Wunderländer Indonesiens und durch das Tor der Tränen heim, nicht nur in die Heimat, sondern auch zu mir selbst, und deshalb ist gerade dieser bitterste Teil der wichtigste für mein Innenleben gewesen, denn da lernte ich, daß man ein großes Ding nicht einer Belohnung wegen unternehmen dürfe, sondern nur um der Sache selbst willen. Durch Mißerfolge zermürbt, durch Kampf und Not und Krankheiten gebrochen, durch die freudlose Rückkehr verbittert, sah ich durch den dichten Trauernebel zunächst alles als Verlust und Untergang, was in Wahrheit doch Sieg gewesen. Daß mir jedoch diese Erkenntnis werden durfte, daß es mir vergönnt war, durch meine Schicksale in, wenn auch geringem Maße, anderen Kämpfenden Mut einzuflößen, das verdanke ich einzig meinen Lesern, und deshalb danke ich auch allen, die mich so treu begleitet haben, von ganzem Herzen. Ihr Glaube an mich hat mir den Glauben an das Leben zurückgegeben, ihre Güte hat auf meine Einsamkeit das warme Licht geworfen, ohne das keine Seele sich zu entwickeln vermag. Man erstarkt durch das Leid, doch man vertieft sich durch das, was ich, um ein viel zu mißverstandenes Wort zu vermeiden, die wärmende Zuneigung der Mitwelt nennen will. Möge sie mir stets erhalten bleiben! Und von diesem Wunsche erfüllt, bitte ich die Leser, mir bis an das Ende meiner Fahrten das Geleite zu geben.

Die Verfasserin.

Durch den Malaiischen Archipel.

An meinen zuckenden Augen gleitet die Küste von Halmaheira vorüber. Ich bin krank und müde, und mir ist es, als könnte ich nichts mehr aufnehmen. Dennoch schaue ich, denn dazu bin ich ausgefahren ...

Großartig ist die Küste, einzig in ihrer Art, und ebenso die Berge von Halmaheira. Es sind feuerspeiende Berge, einzelne noch schwarz vor frischer Wut, andere heimtückisch übergrünt, als hätten sie nie die Fesseln gesprengt, die all die inneren Feuer binden. Alle sind kegelförmig, jäh aufsteigend, und immer hat man das Gefühl, als müsse gerade jetzt ein furchtbarer Knall erfolgen und Schiff, Land und Leute erst in die Luft schleudern und dann auf den Meeresgrund betten, der tief, tief unter uns liegt und der mit Wundern bestreut ist, die nur selten an die Oberfläche treiben.

Die Rieseninsel hat die Form einer Spinne, und selbst auf den langgreifenden Spinnenbeinen sind die Zuckerhüte, aus denen ein feiner Rauch ins Blaue wirbelt. Von entblätterten Ästen hängen die weißen Orchideen, und der Duft von Muskat erfüllt die Pflanzungen der nahen Küste. Um jede Biegung ändert sich das Bild, bis wir einen mächtigen Berg erreicht haben, der sich trotzig und steil ins Meer vorschiebt, der seine klaffende schwarze Seite halb entblößt und um dessen Haupt sich graue Wolken ballen. Wir sind in Ternate. Wir halten an der langen Landungsbrücke, unter der im eigenen Boot die Familie des entthronten Sultans auf- und niederfährt.

Erst hier beginnt das richtige Malaienland, beginnt im weiteren Sinne Indonesien. Ternate bedeutet Zivilisation. Der vorige Forscher Neu-Guineas hatte einige Schwarze mitgebracht und ihnen die Pferdchen von Ternate gezeigt. Da sagten sie fragend: »Kühe?«, denn für einen Hund war das Tier zu groß. Da zeigte er ihnen die Hufe mit den Eisen. Sie lächelten darauf und sagten zuversichtlicher: »Kühe mit Schuhen!«

Ich bewunderte bereitwilligst die Wägelchen, die vielen Kraftwagen, die gar arg tuteten, Klub, Theater, Residenz, die Festung, aber die Häuser der Europäer gefielen mir nicht. Ich erwärmte mich nie für den holländischen Stil, der für Holland praktisch sein mochte. Diese Veranden, die sich gegenseitig die kleinen Fächerpalmen gestohlen zu haben schienen; diese Lampen, die sich auf ein Haar ähnelten; der kurze, ebenerdige Bau, ohne Schmuck, ohne Behaglichkeit und dicht daneben das Dienerhaus mit seinem Schmutz, seinen Farbigen, seinem Lärm. Kein Schutz gegen Käfer und Moskiten, keiner gegen die Bodenfeuchtigkeit und vorn diese Veranda, auf der man vor aller Augen saß und sich nicht abzuschließen vermochte ...

Am Abend besuchten Herr H. und ich ein Theater. Himmel, wie komisch es war! Zuerst turnten einige Knaben und Mädchen (so gut täte ich's auch, und ich bin ein Feind des Sportes), dann sangen die Künstlerinnen von Ternate, und wie immer bei östlichen Völkern zwischen zwei Tönen. Malaiengesang erinnert an das Liebesgesäusel, das unsere Kater auf den Dächern zur Faschingszeit hören lassen. Auch gespielt wurde, und die Schönen liebäugelten mit meinem Partner, bis ihnen fast die Augen aus dem Kopf quollen und Herrn H. zu Füßen rollten. Er war nicht ein Zweibein wie der Durchschnitt. Er lächelte belustigt überlegen und ich auch, denn ich dachte an das Sprichwort, daß Besitz dreiviertel des Rechtes ist, und im weitesten Sinne, für den Augenblick, war der Kreisrichter mein eigen. Jedenfalls als Begleiter.

Wir gingen durch die dunkle Stadt gegen Mitternacht aufs Schiff zurück, und ich hatte irgendwie Furcht vor Java. Zauber schien das Malaiengebiet zu besitzen, aber einen schwermütig stimmenden wie Panama, das sündigschöne.

Ja, wie Panama, ohne dessen bezaubernde Schönheit.

In der Festung.

Wir zogen trotz des Abendaufbleibens früh los und besichtigten die Festung aus portugiesischen Zeiten. Schiefe schwarze Seitenmauern, die bis zum Graben niederfielen, und darin ein Park wie in einem Dornröschenschlaf. Selbst die Menschen schienen verwunschen, hatten so erdferne, müde Gesichter und Trachten, wie sie die Großmutter des Columbus getragen haben mag. Es gab alte Möbel und Waffen und Gaben europäischer Herrscher an diesen oder jenen Sultan. Auch in der alten Residenz war ein Museum mit Rüstungen, Münzen, Silberwaren und einigen Wundern aus Papua. Ein sehr schöner Türkensäbel war die Gabe der holländischen Regierung an den Sultan für das »Leihen« von 500 Mann, von denen wohl nur wenige zurückgekehrt sein mochten. Heute war der regierende Sultan entthront, und seine Familie lebte in einem verhältnismäßig sehr bescheidenen Bau.

Man sieht überall spanische Innenhöfe, die Frauen den Blicken schon ein wenig scheu entzogen. Nur das ärmere Volk ist frei wie überall. Auf einer Wiese versammelte sich eben eine kleine Gruppe von Menschen, allen voran begeisterte Kinder, denn ein Schlangenbändiger zauberte erst einen Mann in einen Korb, dann weg, dann durchstach er den Korb, dann kam der Mann wieder zum Leben, und hierauf erst wurden die echten Brillenschlangen (die der Bändiger indessen auch mit der nötigen Vorsicht behandelte) aus dem niederen, mit einem Deckel versehenen Körbchen geblasen und tanzten, sich leicht wiegend, mit geblähtem Nacken zum Spiel eines Dudelsacks.

Die Zuschauer belustigten mich zuzeiten mehr als die aufregende Vorstellung. Die Jungen trugen nichts als ein Hemd, das an unrichtiger Stelle endete, und die Frauen hatten eine durchsichtige Bluse lose über den Sarong fallen, während die Männer den Sarong so hoch rafften, daß oft eine zerfranste Hose darunter sichtbar wurde. Eine Wäscherin hatte das Wäschebündel und einen Riesenblechtopf auf dem Kopfe, blieb aber lange stehen und wohnte der Vorstellung bei. Kuchenhändler boten am äußeren Kreise ihre Waren an, und für uns – das hohe weiße Publikum – hatte man zwei Stühle aufgestellt. Wir gingen nach einer Weile weiter, denn der »Van Noort« wartete auf niemand.

Vor einem leibhaftigen Sultan.

Ein alter Herr, ein echter Malaie, war an Bord gekommen und rannte fast so ruhelos wie ich über das verlassene Boot zur Essenszeit. Aus irgend einem Grunde nahm er an der Tafel nicht teil. Er trug einen Spazierstock mit Goldknauf in der Hand und sah mit einer stolzen Bitterkeit vor sich hin, die mich auf ihn aufmerksam machte. Er sah mich nicht an (ich war nichts als ein Weib ohne Seele), und ich ihn offiziell nicht, aber wir wußten beide, daß zwei unzufriedene Sterbliche zu gleicher Zeit die Deckplanken mit den Schuhen scheuerten. Als wir die übrigen Reisenden von der Fütterung kommen hörten, zog ich mich auf die entfernte Verbannungsbank (ich drängte mich nie vor und hielt mich an das Ende des Decks, obschon man mir mein Herumwandern kaum verübelt hätte) und plauderte bald mit Herrn H. und solchen Herren, die zu uns kamen. Als wir indessen am nächsten Morgen in Batjan landeten und eben ins Boot steigen wollten, sah ich den Mann mit dem Goldknauf und dem bitteren Zug um den Mund wieder. Ein Diener folgte ihm gebückt mit einem Koffer.

Herr H. kannte ihn offenbar, denn die Herren begrüßten sich mit kühler Zurückhaltung. Das Boot stieß ab, und gleichzeitig nannte Herr H. meinen Namen und den Zweck meines Besuchs der Insel, während er zu mir gewandt ohne weiteren Titel sagte:

»Der Sultan von Batjan.«

Wir schüttelten uns die Hand nach englischer Sitte, obschon ich das Gefühl hatte, daß es romantischer gewesen wäre, mit gekreuzten Armen zum Beispiel ins Knie zu sinken, eine Romantik, die der Regierungsbeamte nicht zu empfinden schien, denn er setzte sich, als ob uns die Welt gehörte, dem Sultan gegenüber neben mich und wir plauderten über alles Denkbare, während der Sultan den Stock mit dem Goldknauf drehte und über uns ins Weite starrte. Noch war er Sultan, aber gewiß empfand er den Druck der Regierung. Für ihn waren wir Eindringlinge. Wieder der Stolz der Weißen! Nun sah ich ihn von einem anderen Standpunkt aus. Unwillkürlich wartete ich, bis seine sultanische Herrlichkeit aussteigen würde, aber die Herrlichkeit wartete auf mich, und Herr H. gab mir einen ermutigenden Ruck von hinten, der klar bedeutete: »Du bist Europäerin und Weib obendrein, und er muß zurückstehen!«

So grüßte ich sehr höflich und sprang ans Ufer seines Reiches.

Kaum aber standen wir oben auf dem Damm, so sah ich, wie der Sultan von seinen Untergebenen gegrüßt wurde. Ein Mann kroch heran – er schob sich jedenfalls ganz zusammengedrückt vor – hob erst die Hand zum Turban, faltete hierauf beide Hände wie zum Gebete, ging durch das Gebärdenspiel des Opferns, lief noch einige Schritte hinter dem Sultan her und schwang die Hände vorsichtig auf und ab, während der Sultan kühl und gelassen, als ginge ihn das ganze Tun nichts an, weiterschritt.

»Der Mann will etwas«, meinte mein Begleiter.

Eine kleine Batjanin kniete nieder, als der Sultan ihren Weg kreuzte. Die Hände der Männer flogen zum Turban, aber immer blieb das gleiche bittere Schweigen die einzige Antwort des Fürsten. Er stand auf dem Platz seiner Höhe bedroht und allein. Ich fühlte mich seltsam zu ihm hingezogen! Gingen alle in Kälte und Einsamkeit, die den Weg der Großen wandern mußten? Noch einmal funkelte der Goldknauf im Licht, dann verschwand der Fürst, nun von Dienern begleitet, im Innern seiner Residenz, die in einem hübschen Park gelegen war.

Vor dem Verschwinden segnete er ein ganz kleines Kind. Das soll glückbringend sein.

Batjan hatte nichts als kleine Häuser und krumme Straßen, wie alle Orte jenseits des eigentlichen Lebens (des westlichen Treibens im engeren Sinne mit seinem Fortschritt und seiner Hast), und in den Gärten sah man die gleichen Früchte wie überall, nur die Arengpalme war neu. Sie hatte lange, schwarze Blattfasern, die am Stamme niederhingen und die von den Arabern, weil sie steif und doch biegsam sind, als Schreibfedern verwendet werden.

Da Batjan zwischen dem Meer und zwei Flüssen gelegen ist, ist der Ort begreiflicherweise sehr eingeengt und feucht. Der Markt bietet wenig Neues; nur die Kokosnüsse sind hier an Stöcke gebunden – 50 und 50 an jedem Stock – und in großen Büscheln liegen die Betelblätter, die frisch um die Pinang- oder Arecanuß gewickelt werden müssen.

In der Schule saßen die Kinder in drei verschiedenen Unterklassen neben den Hauptklassen. Sie hatten schon sehr gute Karten, und obgleich kein Schulzwang besteht, fanden wir viele Kinder, vorwiegend Chinesen, die besser als andere Rassen den Wert des Wissens einzuschätzen wissen.

Später fanden wir auf unseren Wanderungen durch Gassen und Gäßchen auch eine Glaubensschule und sahen draußen auf der Veranda alle um einen runden Tisch gedrängt, den Koran summend, indem sie versuchten, höchst weise auf arabische Zeichen niederzusehen. Immerhin blieben genug Augen frei, uns sehr aufmerksam zu folgen.

Wir sammelten einige fremde Blüten, einige Samen und kehren auf das Schiff zurück. Es ist heiß wie immer, und das Meer funkelt im Tropenlicht, aber die Menschen sitzen still in den Lehnstühlen versunken und träumen von fernen Erdstrichen, die unendlich entrückt scheinen ...

Die See der zehntausend Inseln.

Zwischen Halmaheira und den Molukken mag einst ein großes Festland, das eine Verlängerung Neu-Guineas gewesen sein mochte, gesunken sein. Nun blieben nichts als Inseln und Inselchen, Spitzen versunkener Berge, um die Korallentierchen breite Riffe angelegt hatten und die nun der Schrecken jedes Kapitäns waren. Nur langsam glitt das Schiff durch diesen Irrgarten von Erhebungen.

Wieder eine Nacht voll Tropenasseln und Hitze, dann sind wir in den Molukken, und ich raffe mich noch einmal zu voller Begeisterung auf, denn das ist das Land der Muskatnuß, der Zimtrinde, der Gewürznelken, der blauen Koralle Cerams, die im Grunde ein Stein, von den Portugiesen irgend einem Felsen entrissen, ist und der Duft der Kräuter und der Gewürze sollte die Luft erfüllen.

Vorderhand erfüllte nichts die Luft als die Befehle des Kapitäns und der Schweiß der Säcke schleppenden Malaien und Eingeborenen. Hier findet man noch einige dunklere Menscharten, dann wird alles braun und dem Glauben nach streng islamitisch, obschon ein Zusatz von Animismus das Volk durchweht und viele Überreste vom alten Hinduglauben in Nebensächlichkeiten erkennbar bleiben, mit denen Mohammed sich weise zufrieden gibt.

Buru ist eine kleine Insel, hügelig, überraschend trocken und seltsam verlassen wirkend. Von hier kommt das berühmte Kajaputiöl, das den schmerzhaftesten Rheumatismus heilen soll und einen feinen harzigen Geruch hat. Der Baum erinnert ein wenig an die Eukalypten Australiens, obschon er kleiner und zarter ist, und an den Niaouli von Neu-Kaledonien, ohne daß seine Rinde so lose am Stamm sitzt; nur die Form der Blätter hat starke Anklänge, und wenn man sie reibt, so wird die Hand ölig und riecht stark. Das Wort ist malaiisch und bedeutet »weißes Holz«, denn die Rinde wie das Holz sind sehr licht. Die Eingeborenen müssen das Öl in großen Behältern, die in Bambusschachteln stehen, herbeischaffen und werden stark ausgebeutet, denn die schlauen chinesischen Händler sorgen dafür, daß jedermann auf Buru ihr Schuldner ist und daher tun muß, was sie wollen. In ihren Händen aber sind alle Geschäfte, der ganze Handel, ein Teil der Schiffahrt, und wer einen Chinesen überlisten will, der muß schon früh aufstehen.

Die Gewürzinseln.

Wir berührten Ceram, die Hauptinsel. Das Gestein leuchtet an einzelnen Klippenstellen, sonst war die ausgedehnte reiche Insel bewaldet wie alle Gebiete der Tropen. Unweit der Orte sah man die Zimtstauden, deren Äste schon in jungem Alter einen feinen Duft ausströmen lassen. Ich durfte eine kleine Rinde mit dem Messer lösen und mitnehmen. Höher oben, auf den windgefegten Abhängen, die dennoch von der Tropensonne gebacken wurden, standen die Gewürznelken. Die gut entwickelten Knospen werden gesammelt und getrocknet, aber alles, was überhaupt zur Blüte gehört, wird zu einfacheren Gewürzsendungen eingeheimst. Das Beste wird sorgsam ausgewählt, in eigene Büchsen gepackt und verschickt. Das geschieht auch mit den Muskatnüssen, von denen die purpurviolette netzartige Haut gelöst, getrocknet und extra verpackt wird und hierauf als »Muskatblüte« in den Handel kommt. Gewiß haben all diese Pflanzungen zur Reifezeit ihren unleugbaren Duft, aber wenn man von den Inseln behauptet, sie duften schon von weitem, so ist das dichterischer Schwung und nicht kalte Wahrheit. Zuerst riecht man immer schweißnasse Menschen, süßliche Kopra, allerlei Abfall und erst dann tropische Blüten und Gewürze.

Höchstens als wir, durch die lange Bucht näherrückend, Amboin auf der Insel gleichen Namens anliefen, hatten wir einen Hauch fremder Gewürze schon beim Landen, denn in Kisten verpackt standen die reichen Gewürzmengen, und in Säcken gab es Zimtrinde, die von den Malaien eben auf die Schultern gehoben und dem Schiff zugetragen wurden. Ein Mann lief unmittelbar hinter dem anderen her, bis man nur eine lange braune Schlange zu sehen meinte, und alle waren sie nackt bis aufs Lendentuch und braun wie die Last, die sie trugen. Weißbraun war der Staub, den man aufwühlte, braungrau die Dächer der Hütten, die Kanus am Strande, die versandreifen, ausgelösten Kokosnüsse, so daß man an eine Sepiazeichnung denken konnte. Jenseits der Brücke oder verlängerten Hafenstraße sah man indessen schon die schmucklosen, niedrigen weißen Häuschen Amboins und die Geschäfte der Chinesen in Reih und Glied. Das sind die Juden des Ostens.

Amboin oder Ambom, man findet beide Benennungen, ist ein ziemlich großer Ort und steht all den Leuten von Neu-Guinea bis hierher als das Goldland, als »das Paris der Gewürzinseln« vor Augen, und verglichen mit Hollandia, Manukwari und anderen Löchern ist es ja nicht schlecht, hat regelmäßige Straßen, schon einige Villen, etwas, das ein Park sein möchte, Schulen, Moscheen, eine Kaserne, echte Dampfer im Hafen und mehrere Lichtspielhäuser, Klubs und Vereinigungshallen.

Eine große Versammlung aller Regierungsbeamten fand gerade statt, und auch Herr H. war deshalb bis hierher gefahren. Er sicherte sich nur ein Zimmer und widmete hierauf seine freie Zeit mir, die ich erst am folgenden Tage nach Celebes weiterreisen sollte. Wir fuhren in einem Kraftwagen hinaus zu einem echten Malaiendorfe, dessen Pfahlbauten ins Meer traten und die von Arong- und Kokospalmen umgeben waren, sonst aber nichts Bemerkenswertes boten.

Anders war es, als wir am anderen Ende der Stadt das Viertel der Aussätzigen besuchten. Das wurde nicht von der Regierung, sondern von einer mildtätigen europäischen Dame gegründet, die es mit ihrem Privatvermögen erhält und in das natürlich nur der zu kommen braucht, der eben will. Es wollen indessen scheinbar viele, denn wir trafen Frauen, Mädchen und Männer, alle ganz vergnügt dem Aussehen nach und nur wenige in vorgeschrittenem Grade krank. Ein Mann hatte allerdings einen Fuß schon stark verbunden, doch die Mädchen jäteten Gras auf den Wegen und lächelten uns an. Es gab viele kleine zerstreute Holzhäuschen, alle sehr nett, wenn auch einfach eingerichtet, und auf einer Veranda sahen wir ein Grammophon. Der Schutzmann am Eingang zum Viertel sah uns erstaunt an, wehrte uns indessen nicht den Eintritt, und was man sonst nur nach langen Bitten unter polizeilicher Aufsicht und nach tausend Ratschlägen unternehmen kann, das spielte sich hier sehr einfach ab. Wir besichtigten alles, gingen jedoch nie in ein Haus hinein und berührten nichts, nicht einmal Blumen, obschon wir bei den Kranken stehen blieben und mit ihnen plauderten. Sie konnten immer wieder zu ihren Leuten zurückkehren, doch wurde ihnen ernstlich geraten, es zu unterlassen. Man versuchte sie mit Chaulmoograöl zu heilen und behandelte sie sehr gut. Das Gefühl, dem ganzen Treiben der Stadt so nahe zu sein und es überdies besser als die Armen zu haben, die draußen ihr Brot mühsam verdienen mußten, trug gewiß dazu bei, die Unglücklichen hier mit ihrem Lose zufriedener zu machen.

Herr H. besuchte einige Freunde und nahm mich mit. Ich lernte eine ganze Menge über den Aberglauben auf den Molukken, besonders auf Saparua, einem Ort nicht weit von Amboin, wo man noch vor zwanzig Jahren einmal jährlich die fein zerschnittene Zunge eines Kindes einem Götzen in einer Grotte opferte. Ein Kind wurde insgeheim auserwählt, es wurde gefangen, erschlagen, die Zunge wurde ihm herausgerissen und zerschnitten geopfert, um irgend einen Geist zu beschwichtigen. Ebenso konnte keine Brücke halten, unter der nicht als Opfer ein Knabe begraben wurde, und daher fürchten sich alle braunen Jungen vor den europäischen Ingenieuren, weil sie überzeugt sind, daß sie Jungen fangen und heimlich töten, um sie als Opfer unter die Eisenbahnbrücken zu legen.

Die Gnade der Götter ...

Die Stunden vergingen wie im Flug. Wir durchwanderten den Markt und sahen die Mischlinge in ihren hellen Kleidern die Augen begehrend auf jeden Weißen werfen, sie geradezu einbohren; sahen die vornehmen Frauen von Amboin und den besseren Mittelstand in den gewählt schwarzen Kleidern, die ihnen am vornehmsten scheinen; sahen die schuhlosen Soldaten, die anpreisenden Chinesen, die sonderbaren Kuchen auf vorspringenden Brettern, die Jackfrucht wie Kürbisse in Obstläden und rochen den Durian eine halbe Meile weit; lachten über dies und das, gingen sprunghaft zurück zu oft Besprochenem; streiften kaum die Zukunft, die für uns notgedrungen eine sehr verschiedene und voneinander fernliegende bleiben mußte. Dann pfiff der »Van Noort« seine Warnung. Herr H. reichte mir die Hand (während alle unsere Bekannten die Augen wie Schnecken aus dem Kopf streckten), und ich winkte zurück und lächelte, sehr entschlossen, nicht etwa zu weinen. Das hätte dem Bilde die Krone aufgesetzt!

Nein, ich stand sehr tapfer an der Reeling und wartete sehr unbeweglich, bis die winkende Mütze zum Punkt verkleinert war, dann ging ich in die Kabine hinab und legte mich bei hellem Tage aufs Bett. Warum mußte ich Zeit meines Lebens bei denen bleiben, die ich nicht leiden konnte und von jenen scheiden, die mir angenehm waren? Einmal jemand, mit dem man über alles sprechen konnte, einmal ein Mensch, der nicht wie alle anderen Zweibeine war und in der Frau nur das Weibchen sah, einmal ...

Aber es war zwecklos zu klagen; so war der Wille der Götter. Wer die Kunst gewählt hat, darf nur an sie denken. Ich wußte es, aber gegen das Gefühl plötzlicher unerträglicher Vereinsamung kam nichts, nichts auf. Nun war ich wieder unbeschützt, allein, unter fremden Menschen!

Selbst die Götter fühlten, daß sie es stark mit mir trieben. Helfen konnten sie mir nicht, zu trösten war niemand imstande, und schwere Brandungswogen lagen vor mir. So gaben sie mir die einzige Gnade, die in ihrer Macht lag. Sie ließen mich schlafen. So etwas hatte ich noch nie mitgemacht, nicht einmal in Peru, als ich in der Höhe der Verzweiflung Coca kaute, um dieses elende Sein ertragen zu können. Ich schlief vom Morgen bis zum Abend und vom Abend bis zum Morgen. Ich wachte nur zu den Mahlzeiten auf und legte mich sofort darauf wieder nieder. Still wie ein in Betrachtung versunkener Buddha saß ich abends eine Viertelstunde auf Deck, sehr in meine eigene Würde gehüllt, unendlich unberührt, und die Frau aus Bosnik sah täglich verwunderter drein. Sie waren sonderbar, die Weißen, das mußte man sagen, und sie standen auf ihren Hinterfüßen. Gewaltig!

Das wollte ich meinen! Sie kamen rund um die Welt trotz Menschenfressern und Gefahren, die weit schwerer zu umgehen waren als bloße Menschenfresser. Das ist die Kraft unserer Rasse, die in der Seele liegt. Hier waren wir – zwei Europäer in äußerster Wildnis, fern von jeder bindenden Pflicht – täglich viele Wochen hindurch lange zusammen gewesen und hatten es zuwege gebracht, nie mehr Vertraulichkeit zu entwickeln, als uns nach englischer Art zum Gruß die Hand zu geben.

Das verstanden sie nicht – die Reisenden auf dem »Van Noort« – und wenn sie es verstanden hätten, würden sie über zwei solche Erzgänse nur gelacht haben.

Uns beide aber hatte es stark gemacht.

Auf Celebes.

Wie eine Spinne liegt die Insel mitten im Meer, wie eine mißgünstige krumme Spinne, die schon einige ihrer Beine angriffslustig einzieht. Ich erwachte aus meinem Dornröschenschlaf zur Pflicht des Schauens und schaute also gehorsamst. Auf Celebes mochten mich Briefe erwarten.

Vorderhand erwartete mich nur Verwirrung und Sorge, denn kaum waren wir in Makassar eingelaufen, so begann die Sorge um das nächste Schiff, das erst in zwei oder drei Tagen abgehen sollte. Man gestattete mir, diese eine Nacht noch auf dem »Van Noort«, die folgende Nacht auf dem nächsten Schiff zuzubringen, da ich die Fahrt bis nach Soerabaja schon bezahlt hatte, und das überhob mich der Sorge um ein Nachtquartier.

Makassar hat endlich einmal etwas an sich, was den Namen Stadt verdient, obschon der Weg vom Hafen in die Stadt noch ein Pfad heulender Einsamkeit und Staub war. Einige Häuschen standen krumm wie hingeblasen am Weg, hierauf folgten die üblichen Chinesenbuden mit Pfeffer, Betel, Zuckerrohr, schwindsüchtigen Würstchen, Mandarinen, Orangen, Malaienäpfeln, kleinen bunten Kuchen, und da und dort sieht man ein buntes Haus, das geheimnisvolle vergitterte Erker hat, oder einen Chinesentempel, auf dem Götter in wallender Gewandung mit schaurig langen Fingernägeln zu sehen sind und über dessen Dach ein stacheliger grüner Drache planlos dahineilt. In dumpfen Läden sieht man die Kunst der Mitmenschen sich weidlich kundtun: So reißt ein Zahnarzt eben einem Opfer einen Backenzahn aus, klebt ein Arzt einem Manne ein Pflaster auf den nackten Rücken, flickt ein Schuster einen europäischen Lackschuh, so gut es gehen will (nicht *sehr* gut), klebt ein Chinese einen zerbrochenen Glasteller mit einem Geschick zusammen, wie es uns niemals gelingen würde, und stopft eine Chinesin einem Kinde etwas Dunkles in den offenen Mund, der nun keinerlei Wehlaut mehr auszustoßen vermag.

Auf dem Pflaster drängen sich Malaien und Chinesen und die dunkleren Bewohner von Celebes, deren Blicke scharf wie geschliffene Dolche sind. Ein Dayak von Borneo schleicht sichtlich heimwehkrank an mir vorüber. Es ist ein Bild voll Farbe, voll Hitze, voll Schwermut.

Die Post ist gering, stammt vorwiegend aus Australien. Die Europapost soll gewiß auf Java sein. Mein Herz zieht sich plötzlich zusammen, und eine Furcht, die sich bisher nie vorgewagt hat, beschleicht mich. Sie haben alle, alle die goldenen Berge für Java versprochen, und schon auf Neuseeland hatte ich geträumt, daß alle meine Leiden zu Ende sein würden, sobald ich diesen letzten schweren Boden erreicht. Was war Java gegen die Südseeinseln? Ich würde wieder verdienen ...

Würde ich? Die Sache lag anders als vor zwei Jahren. Heute war ich schwerkrank und stumm gebrochen; auch hatte ich so viel zu lernen, so wenig Zeit zu verschwenden, daß ich nicht mehr beides zu tun vermochte: arbeitete ich, um leben zu können, an einer anderen Sache als der, die mein ganzes Wesen erfüllte, so leistete ich eben höchstens noch als Journalistin etwas. Die Kunst in mir, das Schöpferische, das die Eindrücke einsog wie eine Biene den Blütenstaub, um es in mir zu Honig werden zu lassen, das erstickte, und war es der Mühe wert, um so elender Gulden halber das Beste in mir zu ersticken? Jemand, der reiste, um sich zu unterhalten, um für sich zu sehen, mochte verdienen, aber was hätte je ein Forscher geleistet, wenn er anstatt unter die Leute und in den Busch auf die Plaza gegangen wäre und den Leuten um wenige Nickel die Schuhe geputzt hätte? Auf Celebes erwachte jener Trotz in mir, der nicht wieder von mir weichen wollte: Sieben Jahre wie Jakob um seine Rahel hatte ich treu gedient; nun wollte ich vom Schicksal gerechterweise, daß es mir vergönnt werden sollte, nur von meiner Berufsarbeit zu leben.

Auf der Fahrt von Hollandia hatte ich gesagt: »Wie mein Aufenthalt auf Java die Belohnung für mein bestes Streben auf der Reise sein soll, so wird der Endlohn für mich ausfallen, wenn ich immer das Beste im Leben anstrebe!«

Eine kindische Frage an das Schicksal, die ihrer Antwort wegen viel Böses zur Folge hatte.

Ich schiffte mich ein.

Die Sundainseln.

Meine Kabine enthielt zwei Mischlinge. Sie wollten nach Art dieser Frauen aus angeblicher Scheu nicht im Salon mitessen: man brachte ihnen also die Speisen aufs Zimmer, und dadurch roch die Kabine stets nach den unmöglichsten Dingen. Sie scherzten mit den Kellnern, sie luden junge Männer ein, sie spielten den ganzen Tag auf einer Laute, und ich versuchte, so wenig als möglich unten zu sein.

Sonderbar, wie man eine Sache sieben Jahre schweigend erträgt und dann unvermittelt amokläuft! Ich hatte unter solchen Menschen ja oft fahren müssen, warum fühlte ich gerade nun das Verlangen, ihnen den Hals umzudrehen? War das Amoklaufen wirklich eine Folgeerscheinung schwerer Malaria, zu der eine jähe Sorge oder ein starker Kummer trat? Mir war es, als müßte ich plötzlich aufspringen und den Leuten das Messer in die Brust stoßen. Zum Glück versieht einen die Schiffsgesellschaft nur mit sehr stumpfen Messern, was bei dem vorherrschenden Amokgefühl sicher eine weise Regel ist.

Mir gegenüber saßen drei Lümmel – drei Wesen, die trotz der dunklen Hautfarbe eine halb europäische Tracht zur Schau trugen und die wie die Wilden durch den Raum schrien (nicht böswillig, sondern wie ungezogene Kinder) und die in Hemdärmeln herumtollten. Ein Teil meiner Leser wird nicht verstehen, was ich dabei gelitten (ich, die ich doch bei nackten Menschen gewesen war, die mir aber weniger abstoßend erschienen), doch einige Leser, die daheim eine gewisse Zucht empfangen haben, werden begreifen, was ich empfand, als solch ein Rest aus der Affenmenschzeit das Maul gewaltig aufsperrte, eine für einen Gast schon bereitgelegte Gabel aufhob, sich damit in den Zähnen herumstocherte und sie dann, ungeputzt, wieder zum frischen Gedeck legte. Damals ist er, ohne es zu ahnen, knapp seinem Tode entronnen.

Mit solchen Menschen aus der Schlammzeit der Welt reisen zu müssen, nur weil einem die wenigen Gulden auf die Erste fehlten, das erweckte in mir eine Erbitterung, wie sie mir heute unfaßlich scheint. Oft hatte ich über Ähnliches gelacht, doch die Frau aus Bosnik, der Schmutz der Dritten auf dem »Van Noort«, durch den ich täglich mußte, diese Gesellschaft und das Starren der Leute in der Ersten, die weiß waren wie ich, gekleidet wie ich, vermutlich nicht klüger als ich und die da auf mich herniederglotzten wie auf einen Bären im Zwinger eines Tiergartens, weil ich als Europäerin da unten fahren mußte! So mag in alten Zeiten das Spießrutenlaufen gewesen sein. Wenn man aber unschuldig läuft, dann erwacht Haß gegen das Geschick, wie damals in mir. Stunde auf Stunde von den Mitreisenden, den Offizieren, den Leuten in der Ersten fühlte ich mich geohrfeigt, ging durch eine seelische Erniedrigung, die unbeschreiblich bleibt. Viel davon war unzweifelhaft krankhafte Einbildung, aber unleugbar ist es, daß mit solch einer Fahrt der Stempel des Unwerten, des Verkrachten verbunden ist. Als verarmte Deutsche oder Österreicherin in den Jahren 1919 bis 1923 zu reisen, verstand sich von selbst, war einfach das Schicksal der Besiegten. Als Journalistin für fünf Länder, als Schriftstellerin, die schon Werk auf Werk abgeschickt hatte, die auch verlegte Arbeiten vorweisen konnte, als Forscherin, die schöne Sammlungen in ihrem Besitz wußte, war das im Jahre 1926 eine Niederlage, zeigte irgendwo eine Schwäche an ihr oder an ihrer Umgebung.

Das war es, was mich so arg quälte auf meiner Fahrt nach den Sundainseln. Vielleicht Hochmut; vielleicht auch jener Stolz, der einen Menschen in Augenblicken der Gefahren und Versuchungen über Wasser hält, den man jedoch nicht wie eine Krone in die Reisetasche packen konnte, wenn er im Wege war.

Die Sundainseln bilden einen Halbkranz zwischen Australien und Java, sind üppig bewaldet und vorwiegend hügelig, weisen die üblichen Tropenpflanzen auf und unterscheiden sich nur dadurch, daß der Menschenschlag, besonders auf Bali, ein besserer ist. Die Frauen sind lichter, schön gewachsen, tragen Krüge und Körbe auf dem Haupte, wodurch der Gang wiegend und anmutsvoll wird, und blicken auf eine alte Kultur zurück, die sich im Denken der Leute spiegelt. Einst waren Hinduansiedler nach Bali gekommen und hatten die herrlichen terrassenförmigen Reisfelder angelegt, die man in gleicher Art auf Java findet und die den Vorteil haben, daß ihre Bewässerung dadurch sehr leicht geworden ist. Auch gibt es auf Bali schöne Tempelreste aus der Hinduzeit und manches im Volksglauben, was an die entschwundene Kultur erinnert. Da, wie auf Nordborneo und Celebes, glaubt man z. B. an den Menschtiger, der sonst genau wie jeder andere Mensch (am Tage) aussieht, nachts jedoch die Gestalt eines Tigers anzunehmen, sein Opfer zu hypnotisieren, es in diesem Zustande um das Nierenfett zu berauben vermag und es scheinbar unverletzt heimkehren läßt, wo es indessen nach drei Tagen eintrocknet und stirbt. Solch ein Mensch hat keinen Einschnitt unter der Nase und kann daher mittels einer Zauberformel ein Tiger werden. Geschichten dieser Art gibt es auf Bali und an anderen Orten in Mengen.

Die Häuser sind mit Palmenstroh gedeckt, aus Holz, schmucklos. Die Kanus sind schon kunstvoller, sind im Grunde richtige Boote ohne Ausleger; alles mutet vertrauter, westlicher an, aber noch liegt auf allem lastend die Schwüle des Äquators.

Das Land der Verheißung.

Es steht nirgends geschrieben – außer in den Köpfen der Hoffenden –, daß auf Bestleistung auch ein Lohn zu folgen hat. Das lernt man nur als Kind in Schönschreibheften. Später merkt man, wie auf Erden das Böse belohnt und das Gute bestraft wird. Ich lernte es sofort in Soerabaja ...

Nach siebenjähriger Fahrt, nach zwei Jahren Einsamkeit und Gefahren im Südseeinselreich, mit einem Buch voll Aufzeichnungen über all das, was nach Hause geschickt worden war, stand ich zum erstenmal wieder auf dem Boden eines Landes, das man »zivilisiert« nannte und von dem ich mir einbildete, daß es deutschfreundlich war, eine völlig unrichtige Annahme. Unter Engländern und selbst deutschfeindlichen Franzosen reist es sich für eine Deutsche beträchtlich angenehmer. Stellt man sich einen kühlen Norddeutschen zehnmal kühler vor (und kurzantwortiger), so entsteht daraus ein Holländer. Den einzigen netten Holländer, über den ganz Niederländisch-Indien verfügte, verbannten sie nach Hollandia. Die übrigen hatten den »Was wollen Sie denn hier?«-Ton. Bat man jemand um Auskunft, so wurde man angebellt, als ob man einen König bei seiner Siesta gestört hätte, und von der gerühmten Gastlichkeit habe ich in den zehn Wochen meines Höllenseins nichts gemerkt.

In Soerabaja krankte ich indessen noch an Wahnvorstellungen und war glücklich, das gelobte Land mit den goldenen Bergen erreicht zu haben. Hier würde ich eine Anzahl Freunde finden, Vorträge halten, Verbindungen mit Zeitungen anknüpfen ...

Ein Mitreisender empfahl mir ein Hotel, das von einem ehemaligen Österreicher geleitet wurde und in dem ich ganz zufrieden war. Man hatte, wie in den meisten überseeischen Gasthöfen, Zimmer und Kost im Tagespreis eingeschlossen, und der Herr versprach mir, mich am Abend in den deutschen Klub mitzunehmen. Tagsüber lief ich allein durch alle Straßen, einzelne davon sehr lang, heiß und staubig, andere wieder voll unvermeidlicher Chinesenbuden und im Grunde keine, wie ich sie mir geträumt hatte. Sie hatten nämlich gar keinen Bürgersteig. Ich fragte, warum? Weil in alter Zeit die Holländer nie zu Fuß gingen, sondern immer fuhren und man daher kein Pflaster und keinen Fußsteig brauchte. Erst heute, wo sich viele Europäer angesiedelt hatten, von denen ebenfalls viele auf ihren eigenen Schusters Rappen reiten mußten, merkte man den Mangel und half ihm, wo es noch ging, ab.

Die Geschäfte waren nicht schlecht, doch, verglichen mit denen von gleicher Größe an anderen Tropenorten, waren sie höchst ungenügend, und was man für sein Geld erhielt, schien mir sehr teuer. Ein Gulden ging nicht weiter als ein Schilling und war doch um ein gutes Drittel mehr wert.

Die Stadt hat vor sich den hübschen Hafen, hinter sich, in dunstiger Ferne, die Berge, die höher und höher ansteigend und wieder fallend, durch ganz Java die Wirbelsäule des Landes bilden, von dem Batavia der Kopf und Soerabaja der Schwanz sein könnte. Das ganze Land – ein Lindwurm.

Ich durchwanderte die Allee der schattigen Tamarinden, die enge Straße von Kampong Baroe, besichtigte die Bungalows im Kampement und sah von dieser, der größten Handelsstadt Javas und dem Mittelpunkt des großartigen Zuckerhandels, wohl das Wichtigste, von der alten Festung Prins Hendrik angefangen bis zu den unklaren Umrissen des fernen Ardjoeno, des höchsten tätigen feuerspeienden Berges auf Java im weiten Hintergrund der Stadt. Eigentlich soll allerdings der fernere Smeroe der höhere sein.

Man traf überall Leute in den buntesten Sarongs, Araber mit dem weißen Turban, dem Zeichen des Hadschis oder Mekkapilgers, Chinesen, vereinzelte Japanerinnen in ihren Kimonos und Zoris, Europäer in Rikschas, alle mit einem sonderbar verbitterten Gesichtsausdruck, den wir Weißen in den Tropen so häufig tragen, daß es gewissermaßen zum Artmerkmal unserer Rasse wird, und einen Schwarzen, der vergnügt die Zähne fletschte.

Die Villen entzückten mich nicht, das Land nicht, die Leute nicht. Ich setzte mein Hoffen auf Batavia.

Ich springe vor Zorn.

Nur einmal in meinem Leben war ich nahe daran, vor Zorn wie ein unartiges kleines Kind auf irgend etwas herumzuspringen. Der Hotelier führte mich, ganz wie versprochen, in den deutschen Klub, und zu Ehren solch einer Herrlichkeit hatte ich mein Haar gewaschen, daß es flockig um den Kopf fächelte, und hatte ein marineblaues Seidenkleid, eine durchs Inselreich gerettete Pracht, angelegt. Wir fuhren im Kraftwagen vor, und ich wurde mit einigen Menschen bekannt gemacht, die alle an holländischer Kälte litten. Womit immer sie gerade beschäftigt sein mochten, das setzten sie sofort wieder fort, als ob ich nie erschienen wäre. Drei Jahre hatte ich – außer den Missionaren – nicht einen Deutschen getroffen, nicht in der deutschen Welt mich bewegt, hatte keine Zeitung gelesen, kein deutsches Buch in die Hand bekommen, und nun stand ich mitten unter »den Meinen«, wie ich sie glücklich, aber wohl verwegen nannte, und sie waren kalt wie die berüchtigte Hundeschnauze und kälter als kalt.

Nachdem mich die anwesenden Deutschen sämtlich wie eine heiße Kartoffel fallen gelassen hatten, bat ich, wenigstens die Bücherei besuchen zu dürfen, in der in der Tat alle meine Zeitungen (wieder ein stolzer, unberechtigter Sammelbegriff) vereint waren: Reclams Universum, Velhagen, Westermann, die Leipziger Illustrierte und so weiter. Ich war allein und begann die Nummern alle durchzublättern. Januar, Februar, März ...

Blatt auf Blatt, Zeitschrift auf Zeitschrift. Mir standen die Schweißtropfen dicht auf der Stirne, doch nicht infolge der Tropenschwüle. War ich erblindet? Narrte mich ein Kobold? Oder war alles, was ich mühsam aufgebaut hatte, in *nichts* zerfallen? Vor fast drei Jahren hatte ich in Österreich und Deutschland für 23 Blätter geschrieben – kleine, große, wie es kam – und heute stand ich, nach all dem, was ich durchgemacht hatte, und durchsuchte Blätter und Zeitschriften und begegnete nirgends meinem Namen. Zuletzt durchblätterte ich die Leipziger, von der mein Vertreter geschrieben hatte, daß sie die »Gnomenfackel«, eine der Südseegeschichten, angenommen und sehr gut honoriert hatte. Und die Leipziger war leer ...

In diesem Augenblick hätte ich den Stoß auf die Erde werfen mögen und darauf einen Indianertanz tanzen mögen – nein, den Rrrrr-Reigen der Menschenfresser!

Der Hotelier kam und wir fuhren nach Hause. Ich hätte eigentlich amoklaufen mögen, aber ich antwortete auf die Frage, ob ich gefunden, was ich gesucht hatte, nur mit einem beherrschten »Nein!«

In jener Nacht in Soerabaja ging der letzte Lichtfleck meines Himmels unter. Noch wollte ich nichts sagen. Vor mir lag der Ort versprochener Seligkeiten, lag Batavia.

Quer durch Java.

Java ist ein wunderschönes Land mit hohen Bergen, wilden Schluchten, heißen Quellen, schneegekrönten Bergriesen, aber man darf nicht vergessen, daß ich die Wunder der Tropen fast rund um den Erdgürtel geschaut, die Geyser auf Neuseeland, den Schnee der hohen Anden bewundert, die Lieblichkeiten Japans, das Geheimnisvolle Chinas genossen hatte, und daß auf mich nur das Allerwunderbarste noch einen Eindruck machte.

Auf der Fahrt von Soerabaja nach Weltevreden sieht man überdies nicht das Beste von Java. Es war das Ende der Trockenzeit, Anfang September, und die Wälder waren kahl, verbrannt, unschön. Man sah Bambushaine auf Bambushaine, Zuckerrohr in den tieferliegenden Gebieten, Teakwälder mit den hohen grauen Stämmen und dazwischen die Kampongs oder Dörfer der Eingeborenen, wieder braune Holzbauten wie überall mit dem Kampfhahn unter der Hütte, mit einer zarten Kette wie ein Haushund gefesselt, und sonst nackte Kinder, Frauen, die im Fluß badeten und sich durch den Zug nicht stören ließen, Männer, die ihren Wasserbüffel trieben oder faul auf einer Matte auf einer Hinterveranda lagen und Betel kauten; einige Hühner, ein keifendes altes Weib, und vorüber waren wir.

In Djokjakarta.

Das ist der einzige Ort ganz Javas, der mir gefallen und mich nicht enttäuscht hat. Ich kam am Spätnachmittag an, und nachdem ich mich im Hotel gewaschen hatte, begab ich mich sofort in den Ort und machte Entdeckungsreisen, die sich hoch belohnten.

Das war wieder der ungetrübte Osten, frei von westlichem Einfluß, bis auf das gottgesegnete Pflaster, das Djokja als Fürstenstadt noch hatte. Hier residiert der Sultan des gleichnamigen Staates. Es hat daher einen festumschlossenen Palast und all das Getriebe, das einem östlichen Reiche eigen: Auf dem breiten Fußsteig saßen braune, in Sarongs gehüllte Frauen, die Lippen scharlachrot, das Haar tief im Nacken geknotet, lachten, spuckten, priesen ihre Waren an und musterten die Vorübergehenden mit wachsender Freiheit bei wachsenden Jahren. Es gab Kuchen bunt wie Südseepapageien, man sah an der Leine hängend die Wajang oder Lederpuppen, die bei den berühmten Schattenspielen verwendet wurden und die alle die unglaublichsten Formen und Verzierungen hatten. Es gab unfaßliche Speisen in winzigen bunten Näpfen und Obst neuer Arten; es gab Getränke von dunkelgrünem, hellrotem und schwärzlichem Farbton – alle schon in Gläsern und mit Eissplittern gemischt und alle wie Mittel zur Beschleunigung des Ausbruchs der Cholera aussehend, so daß ich mich mit dem Schauen zufrieden gab, und neben Körbchen, Seidenrestchen, Töpfen, Spielzeug und so weiter, dem tausendfachen Klimbim eines orientalischen Marktes mit allem Geschrei, allen nasendurchdringenden Gerüchen und rippenkostenden Ellbogenstößen tauchte da plötzlich irgend ein alter Kunstladen mit alten Djimatwaffen, Elfenbeinarbeiten und herrlichen Glücksteinen – dem rosa Akik, dem Mondstein, dem blauen Liebesstein und so weiter – auf. Ich durchwanderte den Markt drei Stunden lang, beobachtete, träumte und sog ein halbes Dutzend Geschichten aus der Romantik um mich her. An den Markt schloß sich ein Jahrmarkt mit einer javanischen Tanzbude, in der sich die Mädchen sachte bewegten, im Grunde nur mit Körper und Armen tanzten, ohne sich fast vom Fleck zu rühren; in einem Winkel fand ein Hahnenkampf statt, und die erregten Rufe schwollen zu glücklichem Donner, als der bunte Hahn den weißlichen besiegte. Der glückliche Besitzer leckte seinem Tiere den blutigen Kamm und wusch die erhitzten Füße mit frischem Wasser ab. Geld rollte über den Erdboden, die sonst ruhigen Javaner waren ganz außer sich. In einer Bude zeigte man Wajangspiele, in einer anderen wurde geschossen, und überall erklangen die fremden Instrumente, besonders das Gamelang, topfähnliche Gefäße, die abgestimmt waren und einen schönen glockenartigen Laut hervorbrachten, wenn sie angeschlagen wurden.

Fremde Gesichter, fremde Sitten, der Reiz eines fremden Landes. Das Licht von Karbidlampen und einzelnen Laternchen durchbrach die Dunkelheit des großen Platzes. Furchtlos bewegte ich mich durch all das Getriebe, und weil ich so schnell und sicher und unberührt durchkroch, wurde ich kaum beachtet. Mein Kleid war unauffällig, und ich war braungebrannt wie ein Mischling. Wer kümmerte sich da?

Spät in der Nacht erst kehrte ich in das Hotel zurück. Mein Zimmer lag an der Außenseite, so daß ich niemand zu stören brauchte. Javanische Gasthöfe sind nämlich für unsere Begriffe äußerst unbehaglich gebaut. Sie sind nicht von Mauern umschlossen, sondern ein Viereck von Zimmern. Jedes Zimmer hat eine winzige Vorveranda, die durch eine spanische Wand von der Nachbarveranda getrennt ist, die aber vorn einen Gehweg freiläßt, damit jedermann auf diesem Gange, der gedeckt ist, behaglicher aus dem Badezimmer zurück in den eigenen Raum kann. Dadurch aber geht jedermann an jedem Zimmer vorüber, und man ist im Grunde nie ungestört oder unbeobachtet. Männer und Frauen gehen im leichtesten Bademantel an einem vorüber, und jeder Blick fällt auf den, der auf der Veranda arbeitet. An ein Verweilen im finsteren, dumpfen Zimmer, dem durch diesen breiten Vorbau alles Licht, alle Luft und aller erquickende Durchzug genommen wird, ist nicht zu denken, und läßt man nachts die Fenster offen, so lebt man ungefähr wie in Peru. Die Gasthöfe waren also schon der zweite Stein des Anstoßes in meinen Augen. Entweder ersticken oder Beute sein ...

Die alten Wundertempel.

Mit einer Dampfelektrischen (so etwas Vorsintflutliches findet man auch nur auf Java, wie diese Straßenzüge, die wie ein Dampfmammutding dahinschnauben und an die erste erfundene Lokomotive erinnern), fährt man von Djokja nach Moentilan und von da mit einem Kraftwagen, den man, wenn man Glück hat, mit anderen Reisenden teilt, nach Borobudur, dem berühmten alten Hindutempel, der jahrhundertelang völlig begraben war und erst von einem Gelehrten, dem die Form des Hügels verdächtig schien, entdeckt wurde.

Die Reliefbilder, der ganze Bau mit den Kala-makara-Köpfen oder den Banaspati mit den vorquellenden Augen, der breiten Nase und so weiter, die langsam in Blattornamentik übergehen und die Sinnbilder der allvernichtenden Zeit sein sollen, alles ist großartig, doch schon so oft beschrieben worden, daß ich nicht auf Einzelheiten eingehen will. Der Tempel soll neunhundert Jahre nach Christi Geburt angelegt worden sein und ist das stolzeste Denkmal entschwundener Hindupracht auf Java.

Indessen sollen die nach Java ausgewanderten Hindus schon eine in Schiffahrt und Ackerbau erfahrene Bevölkerung vorgefunden haben, und seit den ersten Jahrhunderten fand auch ein starker chinesischer Einfluß statt, während später der Islam mit seiner Kunst und seiner Weltanschauung die Javaner noch einmal umgeformt hat, obschon Reste ihres Geisterglaubens noch im Volke weiterleben, sowie auch die Überzeugung, daß Tiere unser Schicksal beeinflußten.

Ein fesselndes Volk, das die Naturkräfte kennt und sie auch dort noch bändigen möchte, wo es nicht mehr geht. Ein Volk, das seine Seele im Stein des Borobudur niedergelegt hat. Es ist ein eigener Anblick, erschütternd, unvergeßlich, wenn man auf diese Massen herabsieht, von denen jede einzelne ein Wunderwerk ist. Nur müßte man all das allein, in der Stille einer Mondnacht, genießen können, um sich ganz in all den Zauber zu versenken, um etwas von der Seelenhaftigkeit vom grauen Stein zu lösen und verändert, aber getreu in einer Geschichte verständlich hervorfließen zu lassen. Verändert in der Form, die sonst unverständlich bliebe, doch getreu im Sinne dieser Dämonenköpfe, die da herabgrinsen, den vergänglichen Menschen zum Trotz und Hohn, und von der allvernichtenden Gewalt der Zeit und des Schicksals predigen, dem sich niemand entzieht.

Am Abend saß ich auf der Veranda und hatte die Batikverkäuferinnen um mich her versammelt. Ich handelte wie ein alter Chinese und erstand schließlich einige Stücke, nicht ohne das demütigende Empfinden zu behalten, daß ich auch nach all dem Feilschen noch tüchtig übervorteilt worden war.

»Das Feld für ein Schiff ist das Weltmeer, das Feld für das Herz ist Nachdenken.«

Javanisches Sprichwort.

Ich befuhr dieses Feld eifrig, während der Zug von Djokjakarta hinab auf Weltevreden und Batavia zurollte. Je näher ich kam, desto aufgeregter und besorgter wurde ich. Was würde ich finden? Seit fast einem Jahre erwartete mich da meine gesamte Post. Sie lag beim deutschen Generalkonsulat, weil die Post sie nicht länger behalten wollte. Wie würde der Generalkonsul sein, vor dem mir schon in Djokja graute? Wenn er nett war, würde er sehr nett sein, aber ... aber ...

Die Wälder blieben verbrannt, die Sonne stach auf die Kampongs und die grauen Wasserbüffel nieder, die Kokospalmen, spärlich zu sehen, trugen wenig Nüsse. Alles lechzte nach Wasser.

Am Abend verflachte sich das Land mehr und mehr; der Zug fuhr durch kleine Ortschaften mit niedrigen, nichtssagenden Steinhäuschen. Keine hübschen Gärten, keine anziehenden Bauten; auf jeder Veranda die kleinen kümmerlichen Fächerpalmen, die man ebenso gut einem europäischen Treibhaus entnommen haben konnte. Etwas sparsam Beschränktes, Unkünstlerisches überall, dann hielt der Zug in Weltevreden, und ich stieg aus.

Weltevreden ist das Kopfende von Batavia und bedeutet »Wohlzufrieden«. Wenn das so ist, so ist von seinem Namen nichts in mich übergegangen.

Ich begab mich in das Hotel Binnenhof, wusch mich vom Scheitel bis zur Zehe (etwas höchst Notwendiges, wenn man auf einem niederländischen Zuge gefahren ist, der eine Kohle verbraucht, die einen einfach schwarz rußt) und fragte nach dem Postamt. Es war ein Mittwochabend, der fünfzehnte September. Ich bestieg ein vorsintflutliches Dampfroß und fuhr durch dunkle Straßen von niederen Häuschen begrenzt bis zum Kanal, suchte ein Prachthauptpostamt und fand einen niederen, unansehnlichen Bau, trat ein und erkundigte mich beim Beamten.

Er sah mich an, als ob er mein Hiersein für eine Beleidigung hielte, und erklärte kurz: »Ihre Briefe sind beim Generalkonsul!«

Ich schlich mich geknickt davon. Java hatte mir so lange als Ziel aller Leiden vorgeschwebt, daß ich es als selbstverständlich angesehen hätte, wenn mir halb Weltevreden um den Hals gefallen wäre. Das von Holländern! Der Mensch baut immer Luftschlösser.

»Alang-kah chelaka nasib aka!« (Wie verflucht ist mein Schicksal.)

Das deutsche Generalkonsulat lag jenseits der Eisenbahnschranke auf der sogenannten Königsebene. Es war ein ebenerdiges Gebäude mit einer breiten Veranda, die auf der Steinbrüstung einige Töpfe und sonst die üblichen Tropenstühle um einen runden Tisch hatte. Neben dem Hauptgebäude war der »Paviljong« oder Anbau, in dem bei vielen Familien die dunkle Nebenfrau nicht nur geduldet, sondern oft bevorzugt wohnte oder wo man neben den Weißen gleich die farbigen Mieter hatte. Hier war das Amt als solches untergebracht.

Mir flößte schon der Anblick des reichsdeutschen Adlers das gebührende Ehrfurchtsgruseln ein, und ich ging zweimal auf und ab, ehe ich den nötigen Anlauf nahm, um die Schwelle des geheiligten Raumes zu kreuzen. Nachdem das Furchtbare geschehen, fand ich indessen nichts als eine sehr elegant gekleidete junge Dame mit Krokodillederschuhen und einem grauen Seidenkleid, die sich von ihrer Maschine halb umwandte, um nach meinem Begehren zu forschen.

»Gott steh' mir gnädig bei!« dachte ich, trat zögernd an die Maschine heran, gegen die meine Erika das reinste Baby war, und flüsterte schreckgeschlagen meinen Namen.

Würde sie sofort einen unsichtbaren Hahn aufdrehen, durch den ein reichsdeutscher Wirbelwind kommen und mich bis hinab in den Kanal fegen würde, oder ...?

Sie nickte nur, bat mich, Platz zu nehmen, und verschwand um den Bau herum auf der Suche nach einem Herrn, der mehr geeignet sein würde, das Herausfegen vorzunehmen. Gleichzeitig benachrichtigte sie den Generalkonsul, Herrn von Keßler, von meiner Anwesenheit. Ich saß auf dem Stuhl vor dem Amtszimmer wie ein Sünder vor der Hinrichtung.

Als ich auf dem Stuhl bedeutend kleiner geworden war, als ich meinem Umfange nach sein sollte, vernahm ich Schritte, und ein Herr bog um die Ecke, der einen Stoß Briefe und ein Lächeln um die Lippen trug. Der Anblick beider Dinge flößte mir neue Lebensgeister ein, und ich vermochte in einigermaßen zusammenhängenden Worten zu erklären, warum ich nicht gefressen worden war und warum ich das Konsulat belästigt hatte.

Gleich darauf wurde ich zu Herrn von Keßler vorgelassen, der mir riesig nett entgegenkam, nach meinen Erfahrungen fragte und mich nachmittags zum Tee einlud. Ich dankte innerlich Gott und äußerlich dem Generalkonsul für alle Güte, raffte meine Briefe zusammen und verabschiedete mich. Begreiflicherweise eilte ich sofort ins Hotel zum Binnenhof, setzte mich auf der Veranda, die vor zweihundert Augen offen lag, nieder und begann die Briefe meiner Träume, »die goldenen Berge«, durchzulesen.

Es waren viele, viele Briefe, manche davon schon ganz veraltet, und es brauchte Zeit, sie alle sorgfältig durchzunagen. Je länger ich indessen nagte, desto mehr gelangte ich zur Überzeugung, daß sich der gesamte Inhalt in die Worte »Schwierigkeiten, warten, später, ungünstiger Markt« und so weiter auflöste, daß von einem Gelde keine Rede war, und daß von den vielen Empfehlungen, Einführungen und so weiter, die zu beschaffen wahrlich ein Jahr Zeit gewesen, nichts sichtbar wurde. Ich hatte um einfache Bestätigungen von Blättern gebeten, für die ich immer wieder geschrieben hatte. Solche Ausweise waren der Ersatz für eine im Augenblick nicht zu beschaffende Journalistenkarte, um die ich mich früher aus dem einfachen Grunde nicht beworben hatte, weil das Vorzeigen einer solchen Karte in den deutschen damals noch feindlich gesinnten Gebieten mir nicht nur nichts genützt hätte, sondern mir im Gegenteil zum Schaden und Hindernis geworden wäre, weil man eine Spionin oder weiß der Himmel was in mir vermutet haben würde. Auf Java dagegen ...

Kein Geld, keine Einführungen (die mir Verbindungen erlaubt hätten), nicht nur keinerlei neue Verbindungen mit Blättern, sondern ein bis zum Himmel schreiendes Fiasko! So weit ich ermessen konnte, waren mir von den dreiundzwanzig sehr guten Blättern drei oder vier der unbedeutendsten geblieben, die Manuskripte teils verschickt, teils »verwurstelt«, die Blumenskizzen wohl verpackt in einer Lade (wo sie der Welt und mir sehr nützten) und von den Sammlungen, besonders den Käfern, vieles verdorben. Von allen, die mir Geld schuldig waren, rührte sich niemand. Ich hatte nach dem Durchwaten der Briefe das Empfinden, daß alle damit gerechnet hatten, mich im Menschenfressermagen wohl versorgt zu hinterlassen. Das Gegenteil war ein sehr leidvolles, peinliches Erwachen für sie und auch für mich! In diesem Augenblick, auf der Veranda des Binnenhofes, würde ich viel dafür gegeben haben, wenn mein Kopf in der Höhle von Seko geblieben wäre. Ihn den Wilden neidisch entzogen zu haben, machte sich nun bestraft.

Man übersieht die Folgen eines Erdbebens nicht auf einmal; ich meinen Zusammenbruch auch nicht in den ersten Stunden. Er betäubte mich zuerst bis zur Blindheit, und es bedurfte einer ganzen Woche und einer folgenden Europapost, um mich ihn klar sehen zu machen, aber da sah ich mit einer Klarheit, die meinen Idealismus endlich in Frosthärte band. Ich erlernte in der einen Javawoche, warum Ibsen in seinem »Volksfeind« ausruft:

»Der Mann, der allein steht, ist der stärkste!«

Man muß in allem allein stehen, ohne Helfer, ohne Freund; dann erstarkt man. Dann sind Herz und Sinne ungebunden, und man kämpft allein, mit allen Fasern, um sein Ziel. Was ich erreichen wollte, das mußte ich – wie immer im Leben – durch die eigene Kraft erreichen. Ich dachte nicht an Nachgeben, aber der Himmel meiner Liebe wie der meiner Freundschaft war auf einmal ganz sternenlos. Es gab weder Sonne noch Mond; es gab nicht einmal Sterne, und in diesem unbedingten Dunkel folgte ich dem einmal gewählten Pfad beim trüben Licht des eigenen Ichs.

In so viel Bitterkeit gehüllt stehen wenige Menschen, ohne aufzugeben. Ich gab nicht auf. Ich ging durch die Hölle, wie ich einmal schon durch eine andere Art von Hölle in Peru gegangen, aber diesmal kostete mich der Marsch die Blüten meiner Seele ...

In Batatoelis.

Es waren mir ungefähr achtzig Gulden geblieben, die nicht ganz Hinschmelzen durften, und daher sah ich mich sofort nach einem Privatzimmer um. Ein solches Pech wie auf Java hatte ich auf der weiten Fahrt noch nie gehabt. Ich besuchte die Theosophen und bat sie, mir doch bei einem Glaubensgenossen ein Zimmer zu verschaffen. Ich war krank, arm und elend genug, die Brüder zu einer Tat bewegen zu sollen (nicht daß ich das durchschimmern ließ!), aber selbst die Apostel der Weltliebe waren kalt wie eine Hundeschnauze, versuchten wenig und kümmerten sich nicht weiter um mich. Sie hatten zu viel zu tun, über Liebe und Allhilfe zu predigen, um diese Eigenschaften tätig zu beweisen. Es erboste mich. Ich blieb den weiteren Logen unterwegs ferne. Unnützen Lärm im Weltall mit der Zunge kann ich selbst machen ...

Auch beim katholischen Pater sprach ich vor, und er gab mir die Adresse einer Familie, die einen Raum abzugeben hätte. Ich muß dem Pater wohl mischlingsbraun vorgekommen sein, denn nach langem Wandern und längerem Fragen gelangte ich in eine enge, von Kokospalmen beschattete Nebenstraße, in der es Holzhütten mit umlaufenden Schweinchen, Hühnern und Enten gab, die teils von Chinesen, teils von Malaien bewohnt wurden. Ich fand die Hausnummer und auch die Adresse ganz richtig, doch sah die Chinesin offenbar, daß ich rein weiß war, und winkte sofort verneinend. Wir fühlten beide, daß wir nicht zusammenpaßten. Ich hätte mit keinem Europäer zu verkehren vermocht, würde ich in der Straße, bei diesen vielleicht sehr guten Menschen gewohnt haben. In Europa kann man in irgend einem Loch wohnen, nicht so im Osten.

Indirekt aber hatte mir der Pater dennoch geholfen, denn als ich durch die breitere Batatoelis hinabgondelte, sah ich ein Schild mit »Zimmer zu vermieten« und trat ein. Es war ein Zimmer samt Veranda (der Raum selbst enthielt Bett, Kasten, Tisch, Waschtisch und einen Stuhl, dicht aneinandergeschoben) und kostete 40 Gulden monatlich. Ich legte das Geld auf den Tisch. Vier Wochen lang hatte ich, was immer sonst geschehen mochte, ein Dach über meinem Haupte.

Himmel, aber was für ein Dach! Nebenan war eine Schule und daher morgens bis nach eins Riesengepolter. Die Nachbarn, in zwei Pavillons gegenüber, seitlich, zur Linken, hatten alle Grammophone, die abends losgelassen wurden und von denen jeder einzelne Apparat etwas Grundverschiedenes herabschnarrte. Das Badezimmer war der übliche Raum, in dem man das Wasser über sich gießen mußte, und dort holte man auch das Trinkwasser, das stets einen Beigeschmack von parfümierter Seife hatte, nicht, wie die Vorschrift erforderte, abgekocht war und durch das ich unzweifelhaft die Dysenterie erhielt, die eine beständige Veränderung meiner Gedärme zur Folge hatte. Der Ort der Stille lag ebenfalls fern hinter dem Baderaum (eine Reise bei Nacht!) und hatte Flaschen neben Flaschen wie in einem Biergeschäft stehen. War man fertig mit der einen, so stellte man sie auf den Boden hin.

Auf Java merkte ich zum erstenmal, wie einen das Leiden bösartig macht. Neben mir wohnte ein Zimmerherr, der allerdings einmal wöchentlich seine braune Wäscherin zu sich auf die Kammer nahm, sonst aber ein ganz netter, anständiger Mensch zu sein schien, der sich die Kost daheim leisten konnte und dem natürlich aufgetischt wurde, wenn auch ich in Riech- und Hörweite war. Wenn ich da mein trockenes Brot aß und das lauwarme Wasser, das nach Seife und allem Erdenklichen roch und schmeckte, mit einem Schluck billigsten Weins zu ersticken oder doch zu vergessen versuchte, dachte ich mir immer, was der Nichtsnutz nebenan im Leben leistete, um wie ein König Suppe, Fleisch und womöglich drei Zutaten essen zu dürfen. Dabei war sein javanisches Essen wahrscheinlich so, wie ich es gar nicht gemocht hätte. So oft indessen der Unglückswurm etwas zu essen bekam, verwünschte ich ihn ...

Kurz, ich verstand plötzlich die Kommunisten.

Abends, wenn die sechs Lärmmaschinen samt ihren Besitzern endlich verstummt waren, hörte man das scharfe Saugen der fliegenden Hunde und das Rascheln im Blattwerk der Bäume, das von Baumratten oder von einer Nachtschlange herrühren konnte. Ich hatte schon der Leute wegen meine Holzbalken immer geschlossen und verriegelt. Manchmal saß ich auch nach dem mehr als bescheidenen Abendbrot draußen auf meiner Veranda – vorwiegend, um niemand anderen auf den Gedanken kommen zu lassen, sich dahinzusetzen – und las ein Buch, denn eine Leihbücherei hatte ich entdeckt, und sie war der einzige Lichtpunkt in meinem tintenschwarzen Dasein.

Eines Abends, gerade als ich in Tränen schwamm, rief jemand meinen Namen. Es war Frau von Keßler in ihrem Kraftwagen, und man kann sich denken, wie ich mich innerlich krümmte, sie in dieser Mördergrube empfangen zu müssen. Ich versuchte auszusehen, als ob das Leben ein Tanz wäre, was mir mit Augen wie die eines Albinohasen nur mittelmäßig gelang, freute mich aber über die mir gebrachten Blumen und über den Schinken, der mir geschenkt worden war. Unter jenen erträumten Umständen würde ein Verkehr sehr leicht gewesen sein; so besaß ich nicht das Geld zu kleinen Aufmerksamkeiten wie Blumen, Bonbons und so weiter, und war auch in Kleidersachen so sehr auf den Hund gekommen, daß ich nicht mitkonnte. Das Schlimmste war der Hut, ein Rest aus den Fidjiinseltagen, schwarz, verbogen, zeitverwittert. Ich hatte mir sofort auf Java einen neuen Hut kaufen wollen. Nun konnte ich es nicht tun – und wollte es auch nicht! Wenn alles beim Teufel war, durfte der Hut ruhig die Totenarie blasen. Aber die Gattin des Generalkonsuls besucht man doch nicht zu Fuß und in Hüten, die eine Totenarie singen ...

An ein Verdienen war nicht zu denken. In Niederländisch-Indien verlangte man überall Ausweise, Papiere, Empfehlungen. Nun hatte ich allerdings Brandbriefe nach Europa gesandt, doch ehe eine Antwort einzutreffen vermochte, war ich längst wieder verreist oder in die Ewigkeit, zwei Orte, an denen man keinerlei Empfehlungen braucht, denn in englischen Gebieten, gelobt sei's dem Herrn! kommt es auf eigene Tüchtigkeit, nicht auf viele Wische an, die ebenso gut gestohlen sein konnten.

Oh die Engländer, die Engländer!

Ach, ich aber saß auf Java und mußte mich von jedem Holländer anblasen lassen ...

Rosa Kleister ...

Frau von Keßler nahm sich meiner trotz meines Totenarienhutes an, denn sie erschien eines Tages und erklärte, sie hätte mich bei Dr. Siebert, dem deutschen Arzte und bekannten Magenspezialisten, angemeldet, und meine sehr einfache Ausrede, nicht gehen zu können, weil mir die Mittel fehlten, fegte sie kurz hinweg, indem sie sagte, Dr. Siebert behandle Deutsche hier draußen unentgeltlich. So begab ich mich gehorsamst zum Arzte.

Er wohnte am anderen Ende von Weltevreden in einer sehr hübschen, gartenreichen Straße, aber auch sein Haus war ebenerdig, und auf der Veranda standen die üblichen Rohrstühle neben den unvermeidlichen Zwergpalmen. Draußen warteten wir, und es kamen alle Rassen bei ihm zusammen. Da wir vorwiegend Magenleidende waren, machten wir sämtlich blitzböse Gesichter, ich – da ich in einer Art Selbstmitleid zerfloß – das blitzböseste von allen. Ein Diener in weißer Hose und Jacke und mit weißem Turban behaftet, nahm unsere Namen entgegen, und plötzlich wurde ich vorgerufen, untersucht und zur Röntgenaufnahme bestellt.

So sorgsam hat mich nie wieder ein Arzt untersucht, noch jemals so gut beraten, so daß ich noch heute all das befolge, was er mir damals vorgeschrieben. Vor der Aufnahme, zu der ich nüchtern erscheinen mußte, wurde mir ein Riesenteller rosa Kleister vorgesetzt, und ich aß diesen Papp mit großem Widerwillen in mich hinein, während die holländische Schwester neben mir stand und mir weiter und weiter zu essen befahl. Mir kam der Kleister fast schon bei Mund, Nase und Ohren heraus, als es endlich hieß »Aufs Lager!« und ich mit einer Nickelmünze versiegelt und röntgenisiert wurde. Man fand sieben Narben, und der Arzt verbot mir Suppe, Fleisch, Kaffee und so weiter und empfahl nahrhafte Pflanzenkost und Ruhe. Das war gut bei Brot und Wasser!

Ich war ihm sehr dankbar für all das Gesagte. Einer Kur unterwerfen konnte ich mich nicht, aber ich war froh, alles zu wissen, was in und an mir nicht richtig war. Ein Dauerleck war also geblieben! Magen und Malaria! Und dazu *dieser* Lohn!

Vielerlei Kronen hatte ich in meinem Leben angestrebt, doch die einzige, die mir endlich zugefallen war und mir blieb, war die Dornenkrone.

Sic transit ...

Am Kanal.

Morgens begab ich mich in die Museumsbücherei, wo ich auf alten berühmten Stühlen saß und wirklich viel über Java nachlesen und lernen konnte; wo ich der vorherrschenden Ruhe wegen die meisten meiner Geschichten schrieb und wo ich bis halbzwei Uhr nachmittags sitzen blieb; dann ging ich in der größten Mittagshitze zwanzig Minuten weit heim und aß zum erstenmal etwas. So lange ich nämlich nichts gegessen hatte, war ich auch nicht durstig, und gerade auf Java, wo das Wasser so jämmerlich war, fühlte ich einen verzehrenden Durst. Nach dem Essen war ich in der Regel so elend, daß ich mich auf eine Stunde niederlegen mußte, und später arbeitete ich bis Sonnenuntergang auf der Erika, wobei ich den Lärm um mich her nicht so arg fühlte. Nach sechs Uhr aber ging ich hinaus, um selbst zu beobachten, und das Leben zu betrachten, das an mir vorbeiflutete.

Die Holländer mögen rein sein – in Holland! In Batavia lassen sie diesen Kanal angehen, und der ist nichts als der erweiterte Schmutzbach von Arequipa in Peru. Alles, was an Unrat in Weltevreden sich ansammelt, kommt in den Kanal, der in langen Windungen die bedeutendsten Straßen und besten Hotels begleitet. Man sieht darin losgerissene Äste, tote Vögel, unnennbare Dinge, und in diesem lehmbraunen Wasser baden Hunderte von Javanesen mitten in der Stadt, entkleiden sich bis auf den Badesarong mitten auf dem Pflaster, steigen vor allen Weißen in den schmutzigen Kanal, waschen sich darin die Zähne, waschen ihre mitgebrachte, schmutzige Wäsche, ihr langes, fettiges, verlaustes Haar, ihre windellosen Kinder und kleiden sich wieder vor allen Leuten an, winden den nassen Sarong auf der Straße aus, so daß alles fließt, und erfüllen den Luftkreis weithin mit dem Dunst nasser Sachen und nasser Menschen. Frauen und Kinder tollen da herum, und jeder kann sehen, wie der andere aussieht. Nirgends aber in ganz Weltevreden kann man sonst auf einem Fußsteig laufen oder Licht finden. Die Königsebene ist düsterer und voll Liebespärchen, lästigen Speisenumträgern und allerlei Fußball- und anderen Spielenden. Ich pendelte also rund um den langgestreckten Kanal und verfluchte die Götter, die Welt und mich selbst.

Erlernen konnte man viel. Alles spielte sich offen ab, und auch die stilleren Straßen enthüllten spät am Abend ihre Geheimnisse. Da waren die Babus, die zu kleinen Jungen herausliefen und sie ins Haus lockten, denn so ein halbwüchsiges Bürschlein gab unerhoffte Kraft. Später würde die Babu dann ein schönes, starkes Kind haben ...

Oder es plauderte auf der Vorderveranda der Hausfreund mit der Dame seines Gastgebers, während dieser hinten, im Dunkel der spärlichen Palmen oder Tamarinden, die braune Babu gierig betastete. Vorn wurden die Weißen vertrauter, im Schatten – – kurz, ich wanderte in der Regel zurück zum Kanal und roch dessen erbaulichen Inhalt weiter. Nur nicht daheim sein mit meinen Gedanken in der schrecklichen Bude, für die ich gezahlt hatte, und in der ich leiden und hungern durfte.

Manchmal beobachtete ich den Glückszauber, der mit kleinen Mädchen getrieben wurde, denen man allerlei Glücksdinge um den Hals band und mit einer kostbaren Erbwaffe über Brust und Rücken fuhr, wohl weil sie dann einen besseren Gatten oder Liebhaber finden würden. Später am Abend fuhren gewisse Frauen in der »Ekka«, dem kleinen einspännigen Wägelchen, langsam den ferneren Kanal von Batavia (der Altstadt) auf und ab, winkten unmerklich, fanden Mitreisende.

Tag auf Tag in Hitze und Elend. Einmal wurde ich fast ohnmächtig, weil ich zu lange gefastet hatte, und nun gab es nicht mehr wie einst die Hoffnung auf einen glänzenden Lohn. Nirgends hatte ich scheinbar versagt, und dennoch war um mich alles zusammengebrochen. Es gab einen Rechenfehler, den zu entdecken ich nicht imstande war. Hatte ich mich überschätzt? Es gab Abende am Kanal von Weltevreden, an denen mir die Bitterkeit in fühlbarer Galle in den Mund stieg. Ich hätte mich gewiß ertränkt, wenn ich mir nicht zwischen einem Restchen von Humor und blinder Wut gesagt hätte, daß ich wohl sterben, nicht aber im Dreck ersticken wollte …

Als ich nun wieder ganz verlassen herumgondelte, unterernährt, verbittert, überarbeitet, sagte ich mir finster:

»Wenn du wieder angesprochen wirst, gehst du mit dem Mann und ißt dich auf seine Kosten satt. Das erstens; dann …«

Unterdessen kam ich ins Träumen, entwarf eine neue Javageschichte (der Stoff quoll förmlich aus dem Erdboden, und reich hatte mich mit Wissen der Kreisrichter von Hollandia erfüllt) und wurde erst durch eine Stimme aufgeschreckt, die dicht neben mir sagte:

»Wollen Sie nicht mit mir gehen und etwas zum Abendbrot nehmen?«

Ich schüttelte wie ein zur Unzeit berührter Marabu den Kopf und beschleunigte stumm den Schritt. Der Fremde schwang sich wieder auf das Fahrrad und fuhr langsam voran. Ich erkannte im Halbdunkel einen recht hübschen jungen Mann und dachte angestrengt:

»Du wolltest dem Manne etwas sagen? Was nur?«

Er war längst verschwunden, als es mir plötzlich einfiel: »Himmel, mit dem habe ich ja gehen wollen!« Ich hatte es ganz vergessen. Ich wußte auch, mit einem Seufzer, daß ich nie gehen würde. Zu sehr wurzelte ich im Ungreifbaren – in meiner Kunst.

An jenem Abend aß ich mein Brot mit größter Zufriedenheit und verfluchte nur ganz wenig meinen Zimmernachbar, der einen Curryreis mit sechzehn Zutaten verspeiste und dazu frisches Bier trank.

Mein Verbrechen.

Wo ich auch ging und stand, immer saß mir das Gespenst der Verhaftung im Nacken. *Das* wenigstens hatte ich niemals vorher mitgemacht. Es war ein nervenkitzelndes Gefühl, das ich meinem Todfeinde nicht anhängen wollte, und dennoch war ich im Grunde unschuldig.

Die Sache lag so: Jeder Europäer, der Java betreten wollte, mußte hundert Gulden beim Landen erlegen, die er zurückerhielt, wenn er noch vor drei Monaten das Land wieder verließ. Hatte er nun aus irgend einem Grunde beim Landen diese Steuer nicht erlegt, so wurde er zu einer Geldstrafe von dreihundert Gulden verurteilt, und konnte oder wollte er sie nicht bezahlen, so mußte er auf drei Wochen ins Gefängnis wandern. Ich hatte nun weder ein Visum von Holland, noch die hundert Gulden erlegt, weil ich beim Menschenfresserloch hereingekommen war und dann immer nur Lokalschiffe benützt hatte, bei denen die übliche polizeiliche Untersuchung wegfiel. Nun aber konnte die Regierung jeden Tag auf mich aufmerksam werden, die hundert Gulden, die ich nicht mehr hatte, verlangen und mich, weil ich sie nicht erlegt hatte, in den Kerker werfen. Schöne Aussichten!

Ob ich daher frühmorgens zur Bücherei ging, auf dem Wege am Polizeiamt vorbei mußte und in jedem Javaner in Uniform einen geheimen Feind zu sehen glaubte, oder ob ich, auf meiner Veranda sitzend, jemand näherschleichen sah, immer war ich auf das Schlimmste gefaßt. Wegfahren aber konnte ich nicht, weil mein Paß veraltet war und ich nirgends im weitesten Umkreis einen jugoslavischen Konsul besaß. Der nächste war unten in Sydney.

Endlich hatte ich noch das Pech, daß der Vertreter des Textilblattes, dessen Sonderkorrespondent ich war, nicht in Soerabaja weilte, sondern eben erst aus Europa erwartet wurde, so daß eine mögliche Anleihe bei ihm oder eine Empfehlung an ein Handelshaus, wo ich als Korrespondentin eventuell hätte verdienen können, ausfielen. Wo und was ich auch versuchte, der Böse hielt sichtlich seine Pfoten darauf.

Beim Konsul der Tschechoslowakei.

In meiner wachsenden Verzweiflung begab ich mich zum Konsulat meines Paßvetters und bat um eine Verlängerung oder um die Ausstellung eines neuen Passes, denn der meine war zum Überlaufen voll. Nach langem Überlegen riet mir der Konsul, ein Kabel nach Sydney zu schicken und anzufragen, ob das hiesige Konsulat den Paß verlängern dürfe. Wir gaben Zahl und Nummer an, doch nach Tagen traf die belustigende Antwort ein, daß infolge nicht vollendeter Militärpflicht eine Verlängerung des Passes unstatthaft sei. Ich lachte und hätte weinen mögen. Der junge Beamte fragte mich, warum ich denn so gern abfahren wollte, und ich erzählte ihm von meinem Leiden nur das eine, daß ich nichts zu lernen vermochte (außer den Büchern), da ein Besuchen der interessanten Orte allein unmöglich war und ich bei den ungastlichen Holländern noch keinerlei Bekanntschaft gemacht hätte, die mir meine Studien erleichtern könnte. Ich haßte Java ...

Dem jungen Beamten schien das Land auch nicht das Paradies auf Erden. Er lebte bei Russen, hatte es so weit ganz schön, litt indessen auch an der Vereinsamung der Tropen und dem wüsten Farbmischtum ringsumher. Er schlug mir vor, mich zu begleiten, und wir vereinbarten schon an diesem Tage eine Zusammenkunft, besuchten die Fischhalle, den alten Hafen und den sonderbaren alten Wald, in dem die Steintafel des hingerichteten Elberfeld am Wegrand stand und nachts angeblich spuken sollte. Damals spukte sie nicht, denn es goß zum Schluß unserer Entdeckungsfahrt in Strömen, und wir saßen in einem jener javanischen Zweiradwägelchen, bei denen man die Beine zusammenklappen oder zur Tür hinaushalten mußte, weil drinnen kein Platz für sie war.

Von nun an kamen wir zwei- oder dreimal wöchentlich zusammen und erforschten Batavia zu Fuß. Mit einem Manne graulte ich mich nirgends, und seine Stellung sicherte mich anderseits. Wenn man im Ausland die Regierung vertritt, geht man sehr vorsichtig auf fremdem Pflaster. Zudem merkte ich zu meinem freudigen Erstaunen, daß Herr H. allen braunen Frauen fern blieb, indem er ganz richtig sagte, daß eine Art Zauber sie umgab, der einen Weißen, der sich mit ihnen einließ, im Lande zurückhielt und endlich zu ihnen in den Schlamm hinabzog. Mehr als Befriedigung der Sinne war von ihnen nicht zu hoffen, denn zärtlich im Sinne der Europäer waren sie nicht. Nur in jeder Beziehung willige Werkzeuge ...

In der Opiumhöhle.

Ich fühlte meine Erziehung vernachlässigt, weil ich noch nie in einer Opiumhöhle gewesen war, und teilte diesen meinen Wunsch dem Begleiter meiner nächtlichen Irrfahrten mit. Wir gingen daher zum Pasar Senen, dem sogenannten Montagsmarkt und der größten Markthalle der Stadt überhaupt, beobachteten die Händler, wie sie das Gemüse zu Haufen türmten, schmutzige Süßkartoffeln am Brunnen mit den Füßen reinschabten, die Mangos zu Fächern, die Nüsse zu Bergen bauten und wie sie um jedes Fleckchen Erdboden zankten und keiften; wir trieben hinter dem Markte dahin, wo in winzigen Löchern um Geld gespielt wurde und die gierigen Augen wie schwarze Kugeln auf dem weißen Grunde der Augenhöhlen kreisten. Wir sahen viele hübsch gekleidete junge Javanerinnen an uns vorbeigleiten, das kennzeichnende entfaltete Taschentuch lose in der Linken, und endlich, als die Uhr des Montagsmarktes elf schlug, verschwanden wir durch die finstersten Gassen, die ich je gesehen. Ich hielt mich am Stock Herrn K.'s fest, und so gelangten wir in das Viertel der Freudenmädchen, die vor ihren schmucklosen Zimmern, die ganz Bett zu sein schienen, standen und die Vorbeigehenden anriefen. Manchmal blieb jemand stehen, und eine Tür fiel krachend ins Schloß. Unendlich viel Tragik umfaßten diese nassen, ungesunden Wände.

Dahinter lagen die Opiumhöhlen. Aus den Unratkisten davor sprangen bei unserem Nahen die Ratten. Drinnen, auf den harten, leicht abfallenden Liegebänken waren vorwiegend Chinesen und rauchten mit seltsam hochgezogenen Beinen. Der süßliche, im Grunde abstoßende Geruch von Opium erfüllte die Luft. Wie ich mich nach einer starken Opium-Kugel sehnte! Aber nicht zum Rauchen! Wenn man schon stirbt, so bitte angenehm. Das Leben als solches war schlimm genug, warum noch das Scheiden peinvoll machen?

Wir wanderten von Hölle zu Hölle, durch Straße auf Straße, doch wir blieben nirgends. Lange sprachen wir nichts auf der Heimfahrt, nur beim Marabu diesseits der Schleuse hielten wir und besahen den schlafenden Patron. Er schien uns menschlicher als die Wesen, von denen wir eben gekommen. Ich schrieb am folgenden Tage »Jenseits des Montagsmarktes«, und vielleicht weil diese Geschichten so tief ins Menschliche schneiden, verkaufte ich sie sehr schnell ...

Allzeit fühlte ich nur, daß ich mein Leid im Leid der Welt ertränken mußte.

Beim alten Händler.

Zuzeiten wanderte ich allein durch Alt-Batavia, durch die fieberbrütenden Straßen den Kanal entlang und in die Winkel, die aus den ersten Zeiten noch auffindbar waren, über den Chinesenmarkt und zur fruchtbringenden Kanone, die angeblich ein Mann sein sollte, immer mit Blumen geschmückt war und auf die sich Frauen, die Kinder haben wollten, setzten. Ich hütete mich wohl, der Kanone mit mehr als den Augen näherzukommen. In diese elende Jammerwelt noch ein beseeltes Wesen zu werfen, war ein Verbrechen sondergleichen, das ich nicht auf mich laden würde. Wie oft hatte ich die Stunde verflucht, in der meine Vorfahren so unvorsichtig gewesen ...

Meist wanderten wir indessen vereint, denn wir waren zwei einsame Europäer, und das Gefühl gemeinsamer Erlebnisse nahm den Tagen ein wenig von ihrer Bitterkeit. Herr K. sammelte sehr gern östliche Altertümer und hatte im Marktviertel einen Händler, der manchmal etwas preiswert weggab, doch nur, wenn er zufällig in Geldverlegenheiten war. Wir durchstöberten alle seine Räume, bis zum letzten, wo seine Gattin mit einem Kind an der Brust (es gibt immer *eins* in der Familie im Brustalter!) saß und uns zulächelte. Es wurde eine Stunde gefeilscht und geschachert, gelacht und gezankt, geprüft und erklärt, und dann verließen wir den Laden, um viel Wissen und selten um einen Gegenstand reicher. Zeitweise war der Alte jedoch einsilbig, hatte vielleicht viel verspielt oder Geld in einer Opiumhölle verbraucht, dann winkte er mürrisch und gab das ersehnte, vielumkämpfte Ding um den Preis, den Herr K. erlegen wollte.

Einmal besuchten wir einen chinesischen Bazar und hörten die vollständige javanische Kapelle, sahen ein Theaterstück mit viel Firlefanz und Getue und entzückenden Handbewegungen, in denen die Javanesinnen echte Künstler sind, bestaunten die modernen Chinesinnen in ihren weißen, kurzrockigen Seidenkleidchen mit dem vielen Schmuck im geknoteten Haar und erstanden nach vielem Feilschen einen grünen Steinhund, der keinem Hund der Welt im geringsten ähnelte und von dem ich Herrn K. prophezeite, daß er daran noch viel Freude erleben würde. Er steht heute in seiner schönen Wohnung in Prag.

Nur als er zum Schluß ernstlich ein junges Krokodil kaufen und als Schoßhund erziehen wollte, lachte ich und riet ab. Es ist unglaublich, wie undankbar für genossene Gnaden schon die winzigsten Krokodile (ich kannte sie von den Inseln her) sein konnten und wie begierig auf

Menschenfinger – für sie so schmackhaft wie die Frankfurter Würstchen für uns – sie alle waren.

»Ohne Sorgen«.

Post auf Post, ohne mehr als schöne Worte zu bringen. Wohl mochte ich meinerseits eine verschobene Perspektive haben, denn schließlich war mir Herr H. ja nur aus Freundschaft so nahe getreten und hatte sich allmählich mit meinen Geschäften wie ein Packesel beladen, bis auch er unter der Last zusammenzubrechen drohte, und wer nicht alle seine Zeit hineinzulegen vermochte, der konnte nur schwer mit genügendem Absatz rechnen. So fern von Europa war mir das alles schwer verständlich, und die eigenen erfahrungs- und arbeitstiefen Jahre verdrängten jedes andere Bild, jeden klaren Horizont. Ich fühlte nur eins: Daß ich auf einmal nicht länger wollte!

Zwei oder drei frühere Male hatte ich unterwegs schon auf diesem Standpunkt gestanden, und immer wieder hatten die Götter einen Knochen der Gnade hingeworfen. Diesmal wollte ich indessen nicht nur einen Knochen, sondern auch Fleisch darauf haben, sonst ...

Sonst würde ich mich in die nächste Welt befördern und zwar an einem Dienstag. Das paßte mir am besten. Daher fuhr ich an einem Sonnabend nach Buitenzorg.

Wenn die Holländer so praktisch wie andere Ansiedlervölker wären, würden sie schon längst das hübsche »Ohne Sorgen« mit Batavia durch eine Elektrische verbunden und so für jeden ein Wohnen im gesunden Klima ermöglicht haben. Der Hafen lag ja ohnehin noch weit vom eigentlichen Batavia, warum daher das Verbleiben an jenem heißen, schmutzigen Orte.

In Buitenzorg liegt der schöne botanische Garten, von dem die Leute mit umgekippten Lidern sprechen. Er ist schön, aber so großartig schön nicht, denn die Städte Balboa und Ancon in Panama sind bedeutend schöner und dabei behaglicher. Immerhin das Beste, was ich auf Java bis dahin gefunden. Mein Besuch galt indessen nicht dem Garten als Feld der Wissenschaft, obschon ich eine Dame um Cocablätter bat und sie auch erhielt. Was ich wollte, war die Rinde des gefürchteten Upasbaumes als wissenschaftliches Muster. Wenn man sie feucht mit Blut in Berührung brachte, mußte man unfehlbar sterben. Daß sie mit meinem Blute zusammenkommen würde, dafür wollte ich schon sorgen. Auch sammelte ich sonst alles, was an Giftsamen (und die Tropen sind reich daran!) aufzufinden war. Zuletzt sagte ich dem liebenswürdigen Beamten, dem ich genug von der Botanik Neu-Guineas vorerzählte, um jedes Mißtrauen einzuschläfern, daß ich gern ein Muster der Rinde hätte, und nachdem er mich gewarnt hatte, versprach er mir, eins feucht verpackt zu schicken, da gerade kein Arbeiter zur Hand war. Ich dankte ihm sehr höflich und sehr lächelnd (vergnügt auszusehen, war nun die Hauptsache) und kehrte mit den Ersatzgiften nach Weltevreden zurück. Sonntag hüllte ich mich in Griesgram, und Montag früh sagte ich, nachdem ich richtig, feucht in Bananenlaub verpackt, die Rinde hatte:

»Entweder fahre ich Donnerstag von dieser Blitzinsel ab, oder ich fahre Dienstag in die Ewigkeit, aber fahren werde ich!« Hierauf begab ich mich zum britischen Konsul, dem Retter in aller Not, legte den altgebackenen Paß vor ihm nieder und erklärte meine Schwierigkeiten.

»Hm, wenn Sie keinen anderen Paß haben, *muß* der genügen!« meinte er und fügte mit einem kaum merklichen Lächeln hinzu: »Gehen Sie zum siamesischen Konsul und bitten Sie um das Visum nach Siam. Gibt er Ihnen das, so gebe ich Ihnen das Transitvisum durch die Malaienstaaten!«

Ich dankte, begab mich zum siamesischen Konsul, der jung und unerfahren war, redete viel von den erhofften Reizen Siams und bat ihn, meinen Paß zu visieren. Ich hielt den einzigen noch freien Platz offen und hütete mich sehr, etwas vom Altgebackensein zu erwähnen. Der junge Mann visierte flott draus los, und ich bezahlte die Taxe mit einer verdächtigen Hast und Bereitwilligkeit, nahm das Schriftstück an mich und lief zum britischen Löwen, der nichts sagte und nichts fragte, sondern visierte. Ein Wink genügt dem Weisen ...

Herr von Salzmann hatte mich an Herrn W. beim Deutschen Generalkonsulat empfohlen, und da Herr von Keßler schon einmal gesagt hatte, daß man mir nötigenfalls einen kleinen Betrag borgen würde, fragte ich nun an, ob dies in der Tat möglich sein würde, und erhielt fünfzig Gulden zugesagt. In Siam lebte ein Cillier, der unsere Verhältnisse genau kannte und von dem ich annahm, daß er mir eine Summe leihen würde, die ich durch mein Haus decken würde. Alles, alles nur, um aus der Hölle draußen zu sein.

Nun kam indessen der schlimmste Schritt. Ich mußte die Schiffskarte besorgen und den Paß vorzeigen, der altgebacken war, kein Visum Hollands und keine Bestätigung hatte, daß die hundert Gulden bezahlt worden waren. Ich stand gegen den Schalter gelehnt und sah starr vor mich hin, während ich den Paß mit gelangweilter Miene über den breiten Amtstisch hinschob. Die Upasdrohung wirkte bei den Göttern, denn der Beamte blieb mit Blindheit geschlagen, nickte, durch tausend Visa verwirrt, ganz befriedigt und gab mir den Paß samt der Schiffskarte. Mittwoch um zwölf Uhr fuhr das Schiff nach Singapore ab.

Ich wunderte mich.

Die Rinde legte ich obenauf in den Koffer. Man konnte nicht wissen. Es gab noch genug Brandungswellen vor mir.

Der Götze in der Kiste.

Auf Java beschloß ich, mich von Li Tie Guai zu trennen. Vielleicht verdankte ich alles Pech letzten Endes wirklich ihm. Er ließ sich nicht photographieren, und erst dem materialistischen Konsul der Tschechoslowakei gelang endlich eine Aufnahme, auf der er nicht seltsam verwackelt zu sehen war. Nun packte ich ihn zu meinen übrigen Schätzen in eine Kiste und übergab den Schatz dem Generalkonsulat zur Beförderung. Die Reichsdeutschen machen alles flott. Diese Kiste war über Hamburg in vier Monaten daheim, meine weiteren Kisten, näher der Heimat aufgegeben, fuhren endlose Monate herum.

Vor der Abfahrt.

Zehn Wochen war ich auf Java gewesen – genug zum Leid und auch genug, um einen kleinen Einblick in das Tun des Volkes zu erhalten. Viel von dem eigenartigen Aberglauben war mir geoffenbart worden, viel vom Treiben der Leute hatte ich hinter dem Montagsmarkt belauscht, und den Zauber Weltevredens (denn jede Stadt, auch die unangenehmste, hat den ihren) hatte ich im alten Hafen, im Wilhelminenpark, auf der trostlosen Königsebene, in den Gäßchen und Straßen genossen. Am meisten Eindruck auf mich aber hatte etwas gemacht, das den meisten Touristen entgeht und das zu vergessen ich noch heute nicht imstande bin. Ich stolperte auf diese Weisheit nur infolge der plötzlichen Kommunistenausbrüche, die Häuserverbrennungen und andere Ausschreitungen nach sich zogen und alle Leute in Furcht versetzten, so daß mich sogar meine Hausleute zum Abendbrot einluden, um gemeinsamer die Angst zu tragen. Und hier möchte ich hinzufügen, daß vielleicht auch die Holländer geschmolzen wären – die Menschen sind sich ja im Grunde alle sehr ähnlich – wenn ich ihnen Zeit zum Schmelzen gegeben, aber Eis schmilzt langsam und so auch einige Holländer, so daß ich den Taugrad nicht erlebte. Was mich aber so aus den Denkfugen brachte, war folgendes:

In Niederländisch-Indien haben die Soldaten ihre Frauen mit in den Kasernen (ich sah es ja schon in Ifaar Besar), weil sonst niemand beim Militär bliebe, aber was ich nicht verstehen konnte, war der Umstand, daß sie in einem sogenannten zivilisierten Lande (bei Wilden sagt man nichts) alle zusammen in einem Raume schliefen und zwar nicht mit Vorhängen abgeteilt, sondern Bett an Bett, Mann, Frau, Kinder – wieder Bett mit Mann, Frau etc., und um neun Uhr abends machte der Leutnant die Runde und inspizierte diese Bettwirtschaft. Zur Begütigung wurde mir gesagt: »Es machen ja alle das Gleiche!« Sehr richtig! In dem Fall sehe ich nicht ein, warum wir nicht an jeder Straßenlänge ein Loch zur Allgemeinbenutzung haben, denn auch in dem Fall tun wir Menschen vermutlich alle dasselbe ...

Auf dem Schiff.

Mein Gepäck stand unten in der Kabine, und ich durchwanderte rastlos das ganze Schiff, beobachtete die Abschiednehmenden und hatte ein besonders scharfes Auge auf alle Säulen der Gerechtigkeit. Am Morgen war ich bei Herrn von Keßler gewesen, hatte fünfzig Gulden in Empfang genommen und war vom Kraftwagen des Generalkonsuls samt Gepäck bis an den Schiffszug gebracht worden. Alle waren sehr nett gewesen, und ich beklagte nur den Totenarienhut, mit dem ich noch immer herumlief. Ich glaube wirklich, daß ich damals entschlossen war, ihn bis zum Ende der Zeiten zu tragen und ihn am Tage des jüngsten Gerichts aufzusetzen – als Protest!

Nun stand auf dem Deck der Zweiten, dicht am Rauchfang, ein Polizist, und ich war allmählich zur Überzeugung gelangt, daß er nur auf den Abschied der Reisenden von den Gästen wartete, um sich wie ein Menschtiger auf mich zu stürzen und mir, wenn nicht das Nierenfett, so doch das Taschenfett zu entreißen. Der Gong erscholl um dreiviertel zwölf, die Gäste gingen lachend oder weinend, je nach Veranlagung, vom Schiff, und siehe da! hinter ihnen, ganz langsam, ging auch der Schutzmann. Die Brücke wurde eingezogen, die schweren Taue lösten sich, die Erde von

Java löste sich von den Seiten meines fahrenden Heims, und ich fuhr samt den hundert Gulden ab. So viel ungemischte Freude habe ich nie, weder früher noch später, aus einer bösen Tat geschöpft. Alle Kälte der Holländer schien damit ausgeglichen. Sie hatten mich zehn Wochen lang eisig angehaucht; ich hatte dafür mein Geld behalten ...

Die Vorsehung erinnerte sich auch sonst wieder wohlgefälliger meiner trauernden Wenigkeit, denn ich hatte die Kabine für mich allein, weil es ein Europadampfer war, der folglich fast keine Mischlinge führte. Die fuhren immer mit dem Samstagsdampfer nur bis Singapore, der Grund, warum ich Mittwoch fahren wollte. Es gab daher im Salon kein Klimpern auf der Laute und die Menschen benahmen sich als Weiße, nicht als Menschenfresser. All das beruhigte mich einigermaßen. Immerhin saß ich noch stark als brummender Löwe in einer Ecke und las ein Buch.

Am Nachmittag erlebte ich zum erstenmal eine Schiffsübung. Ich kann gar nicht verstehen, warum das nicht auf jedem Dampfer bald nach der Einschiffung geübt und meinetwegen im Lauf einer langen Fahrt zwei- oder dreimal wiederholt wird. Man würde im Augenblick einer Gefahr doch nie wissen, was man zu tun hat, wenn man keine Vorkenntnisse besitzt. Wir merkten alle, daß nicht einer den Rettungsgürtel richtig anzulegen verstand, der dicht unter dem Kinn sitzen sollte und nicht als Brustlatz. Wir wurden dann der Reihe nach an das Rettungsboot gestellt, an das wir gehörten, und es wurde uns mitgeteilt, wie man sich beim Untergang, bei Feuer und so weiter zu benehmen habe. Der Rettungsgürtel war so groß, daß er mich halb verdeckte. Ein Holländer gab ihm einen Ruck nach oben, und erklärte lächelnd: »So hinauf, mein kleines Mädchen!«, worauf alle lachten, ich mit. Im Spiegel sah ich mich, und es war, als ginge ein Rettungsgürtel allein auf zwei Beinen.

An der Küste von Sumatra.

Das ist so richtig das Land der Tiger. Hier schleicht er gegen Sonnenuntergang durch das hohe scharfe Alang-alang-Gras und nur die Augen, die schrecklichen, funkeln im wachsenden Dunkel und verraten ihn. Tiere wittern ihn, dem Menschen nähert er sich meist unbemerkt.

Die Küste ist vorwiegend flach, doch dahinter steigen, in blauer Ferne, erst die Hügel an, dann die hohen Berge des Innern der Insel, und auf diesen Hügeln, die sich so großartig dazu eignen, wächst der Pfeffer, so daß Sumatra so richtig das wahre Pfefferland ist. Heiß, ungesund, noch unbehaglicher als Java, wenn auch in mancher Beziehung fesselnder, weil unberührter, hat man recht, seine unliebsamen Nachbarn dahin zu verwünschen.

Der Pfeffer ist eine Schlingpflanze, nicht ein Baum, und wenn man von Pfeffergärten spricht, so will man sagen, daß diese Schlingpflanzen auf alte Baumstümpfe gepflanzt werden, weil sie aus dem morschen Holz noch weitere Kraft außer aus dem Boden ziehen und daran schön emporklettern. Man läßt sie höchstens fünfzehn Fuß hinaufwachsen, weil sonst das Ernten zu umständlich wird, müssen die roten Pfefferchen doch sorgfältig mit der Hand abgezupft und in einen Korb gelegt werden. Der schwarze Pfeffer wird schneller und weniger umständlich getrocknet, ist daher eben gröber und schwarz; der weiße Pfeffer verursacht viel Arbeit und erzielt höhere Preise. Schon im Altertum schien die Ranke bekannt zu sein, denn Pfeffer wurde nach Ägypten gebracht, würzte die Speisen der Großen in China und war eine der Hauptursachen, weshalb die großen Weltumsegler ihre Reisen ins Pfefferland antraten. Columbus hoffte, nach Westen fahrend, zum Schluß Ostindien und das darunterliegende Pfefferland zu treffen; Vasco da Gama umschiffte aus diesem Grunde Afrika, und die lange Fehde zwischen den Portugiesen und Holland hatte den Pfeffer zur Grundlage. So eine kleine Ursache für so viel Wirkung!

Sumatra ist voll Aberglauben; ich sammelte ziemlich viel davon. Zu den sonderbarsten Bräuchen gehört die sogenannte Sittenreinigung der Lampongermädchen, die sich sagen, daß das, was man alle Tage als Kind schon bei ihnen gesehen, keiner besonders scharfen Bedeckung bedarf, auch nachdem sie groß geworden, daß aber das, was später hinzugekommen (die Brüste) von niemand betrachtet werden darf, daher verliert ein Mädchen die »Ehre«, wenn ihm ein Mann das lose Jäckchen losreißt, und um die befleckte Sitte wieder rein zu waschen, muß vom Mädchen selbst ein Karabao oder Wasserbüffel geschlachtet und an alle Verwandten und Bekannten bei einem Feste verteilt werden. Viele kaufen sich damit los, daß sie einen Ballen weißen Kattuns zerschneiden und als »Büffel« verteilen.

Jenseits der Berge gibt es noch fast ununterworfene Urvölker, die der Regierung nicht übel zu schaffen machen. Das Tierleben ist äußerst fesselnd und die Zahl der Giftschlangen groß. Sonst wie überall Hitze, Palmen. Man macht heute große Versuche mit der afrikanischen Ölpalme.

In das Reich der Malaien.

Obschon den Malaien engverwandte Stämme auf Borneo, Celebes, den Sundainseln, Java und Sumatra wohnen und Malaiisch durch ganz Niederländisch-Indien als Hauptsprache gesprochen wird, liegen die eigentlichen Malaienstaaten doch jenseits von Singapore und enden an der Grenze von Siam einer-, von Birma andrerseits. Nun sollte ich in dieses neue und weit unbesuchtere Gebiet als Java kommen.

Singapore liegt nicht, wie häufig angenommen wird, auf dem Festlande selbst, sondern auf einer so großen Insel, daß man hinter der Stadt kurz nach meiner Ankunft einen Tiger schoß, der über den nicht lange bestehenden

Damm von Johore, dem unverbündeten Staat, herübergekommen sein mußte.

Die politische Einteilung ist ziemlich verwickelt. Singapore mit den ganzen Straits Settlements von Penang, Port Swettenham und so weiter gehört direkt unter die britische Krone, während das große und reiche Hinterland in die verbündeten Malaienstaaten von Negri Sembilan, Selanger, Perak und Pahang und in die unverbündeten oder unabhängigen Staaten mit eigenem Sultan von Johore, Trengganu, Kelantan, Kedah und Perlis zerfallen. Der Hauptreichtum der Staaten besteht in Zinn und in Kautschuk, die beide in großen Mengen ausgeführt werden. Perlis besitzt überdies Guanofelsen, sehr viel Fische und so viel Geflügel, daß jährlich 220 000 Eier ausgeführt werden; Johore hat Eisenerz, das besonders nach Japan verschifft wird, Kelantau erzeugt die prachtvollen Seidenschals (Hausindustrie), Trengganu führt über 5000 Tonnen getrocknete Fische aus, macht schöne Arbeiten aus weißem Messing und stellt einfachere handgewebte Sarongs, mit Gold- und Silberfäden, in einzelnen Dörfern her; doch Kautschuk und Zinn werden in Perak und Selanger gewonnen, weil man da die chinesischen Kulis einerseits, die Hinduarbeiter für die Pflanzungen andrerseits angeworben hat, denn der Malaie liebt, pilgert nach Mekka, fischt und tötet, aber er arbeitet nicht. Es ist das Schicksal eines Menschen in den Sternen geschrieben: Steht Geld darin, bekommt man es ebenso; steht kein Geld darin, nützt alles Arbeiten nicht. Ich war halb geneigt, diese Anschauung in Zukunft zu der meinen zu erheben.

Die Landungszwickmühle.

Einen Tag vor unserer Ankunft in Singapore verbreitete sich die Nachricht, daß in der Stadt die Cholera ausgebrochen sei, und niemand ans Land dürfe, außer denen, die hier ausgeschifft wurden, die aber dafür auch nicht wieder auf das Schiff zurückdurften. Das bedeutete, daß man mit seinem Gesamtgepäck herabklettern mußte und nicht erst eine Wohnung suchen konnte. Wohl hatte ich die Adresse einer guten und billigen Pension, aber immerhin war es besser, zu fragen. Unter den Umständen blieb mir natürlich nichts übrig, als einen Wagen zu nehmen und dahin zu fahren, denn in Singapore bleiben wollte ich, da ich erst das Geld aus Siam abzuwarten gedachte. Meine Mutter hatte so oft schon an jenen Herrn geschrieben, daß ich sicher war, auf den ersten Anruf hin Geld zu erhalten. Wie man im Leben oft zu sicher sein kann!

Am Morgen fuhren wir in den rühmlichst gelobten Hafen von Singapore mit seinen schönen Hafenbauten, den unzähligen Schiffen aus aller Herren Ländern, den Buchten und Parkanlagen, den Inseln und Vorinseln ein. Schlimme Menschen wurden da einmal in Steine verwandelt, behauptet man. Was man über die Vorgeschichte dieser, der wichtigsten Stadt an der ganzen siamesischen Küste weiß, ist nur, daß der Sohn Sang Superbas, der sich die Gunst des Häuptlings von Palembang auf Sumatra zugezogen hatte, weil er behauptete, ein direkter Nachkomme Alexanders des Großen zu sein, ans Festland fuhr und im Jahre 1160 eine Stadt gründete, die in der Mitte des dreizehnten Jahrhunderts vom Radja von Majapahit angegriffen und durch Verrat erobert wurde. Später wurde die Stadt der Sitz der ostindischen Gesellschaft, und 1819 kaufte der vielbeschuldigte, doch im Grunde sehr tüchtige Raffles die Insel dem Sultan von Johore ab und verwandelte sie in einen Freihafen. Seither ist Singapore ständig gewachsen und heute, wie schon erwähnt, der einzige Hafen, den alle Schiffe – sie mögen nun kommen, woher sie wollen oder fahren, wohin es ihnen beliebt – unfehlbar anlaufen, sei es um Post, Kohle oder Lebensmittel an Bord zu nehmen, sei es, um sich neue Papiere und Ersatzmannschaft zu beschaffen, sei es nur, um auch hier im herrlichen Becken einmal ganz sturmgesichert zu ruhen.

Von hier waren es gerade noch achttausend Meilen bis Europa ...

Die Reisenden waren schon alle abgefertigt, und nur mich hielt der Beamte noch zurück. Ich hatte einen Paß, wie ihn sonst niemand hatte, und was in aller Welt war ein Jugoslave? Etwas ganz Seltenes, das man erst gehörig untersuchen mußte, und das man nicht wie Trixi und Pixi ins Land lassen durfte. Das mir, die ich weniger wog als mein bescheidener Koffer!

Ich war neuerdings bereit, wie der Vater Flucher des Märchens zu klagen, daß alles Glück nur für die anderen und alles Pech auf Erden für mich bestimmt war, als der Inspektor begütigend hinzufügte, daß ich trotz meiner möglichen Erzgefährlichkeit ans Land dürfe, mich aber um Punkt elf Uhr beim Paßamt der Polizeiabteilung im Innern der Stadt melden solle, weil man sich bis dahin schon überlegt haben würde, inwieweit ein Jugoslave das Reich vernichten oder nicht vernichten konnte. Damit war ich in Ungnaden entlassen und schritt über Deck, um mein Gepäck zu holen, das samt den schaurigen, zwei Meter langen Neu-Guinea-Pfeilen gegen die Reeling lehnte und das zwei Mitfahrende eifrigst untersuchten, da sie meinten, es müsse ein Forscher sie aus den Tiefen gebracht haben. Mein Träger kam, und ich ergriff die Speere selbst. Die Herren lächelten und riefen: »Platz für die Waffen!« Wenn diese ungefährdet durchkamen – das wußten sie –, kam auch ich durch das Gedränge. Und mich hatte der Schutzmann (ohne Pfeile nota bene) gefährlich gefunden! Wenn ich diese heilsame Angst nur einer einzigen saumseligen Schriftleitung hätte einimpfen können! Aber *die* fürchteten sich wahrlich nicht ...

Die Holländer (sie mögen das freundlichst entschuldigen und ein andermal um einige Grade wärmer gegen Fremde sein!) machten in meinen Augen alles verkehrt. Da hatten wir also die Cholera in Singapore, und kein Reisender (der ohnedies nie in die einfachen Hafengastlöcher gegangen wäre) durfte landen, aber die hiesigen fragwürdigen Händler standen unten auf dem Damm und boten ihre Waren feil. Alle schmutzigen Kulis durften die Warensäcke unbeschadet aufs Schiff tragen, und die Agenten konnten drinnen an der Schiffsbar lehnen und zechen. Kam dadurch die Cholera weniger aufs Schiff? Nein. Aber die Reisenden mußten möglichst geärgert werden.

Ich winkte der »Koningin der Nederlanden« Lebewohl zu und dachte mir, daß mich Niederländisch-Indien nie wiedersehen würde.

Beim nettesten Generalkonsul der Welt.

Diese Plagen! Die genannte Pension, die weit draußen um einen Hügel gelegen war (wo ich nie eine Wohnung gesucht hätte!) war überdies voll besetzt, zwei weitere Hotels ebenfalls, und ich konnte nicht in alle Ewigkeit mit einem teuren Mietswagen von Pension zu Pension fahren, daher bat ich, im Empire-Hotel (der stolze Name zeigte ein sehr einfaches Absteigquartier im chinesischen Hafenviertel) mein Gepäck hinterlassen zu dürfen, bis ich irgendwo Unterschlupf gefunden hätte, und weil ich mehrere Tage zu bleiben versprach, richtete mir die Frau sofort ein kleines Zimmer zurecht, das die Straße überschaute und zudem eine lange, finstere Galerie führte.

Es war zwischen zehn und elf Uhr, ich hatte Zeit. Aus wie vielen Zufälligkeiten ein Menschenleben zusammengesetzt ist! Die Unfreundlichkeit oder eher die Wachsamkeit der Behörde, das fragliche Zimmerchen, die nötige Zeit – alles bestimmte mich, Herrn von Keßlers Rat zu folgen und Legationsrat Weber, den reichsdeutschen Generalkonsul in Singapore, zu besuchen. »Der Herr interessiert sich für die Presse!« hatte er gemeint, und das überwog endlich meine Bedenken. Ich würde gehen. *Beißen* konnte mich niemand. Diesen Trost wenigstens flüsterte ich mir im Aufzug beruhigend zu, dann stand ich im zweiten Stock des Union Building und dem Adler gegenüber.

Die junge Dame, die mir entgegenkam, hielt nicht viel von meinem Hut (ich auch nicht), lächelte mir aber dennoch begütigend zu und fragte, was ich eigentlich vom Generalkonsul wollte. Die Frage warf mich eine Sekunde lang aus dem Sattel, denn im Grunde wollte ich nichts. Höchstens ihn anschauen, und das zu äußern, wäre grausig und frevelhaft gewesen. So sagte ich bescheiden, daß ich Grüße von der Behörde in Batavia auszurichten hätte. Ein Empfehlungsschreiben an die Gesandtschaft in Siam hatte ich mit, so daß ich immerhin einen Ausweis für meine Behauptung hatte.

Nach einigen Minuten wurde mir gewinkt und ich in das Allerheiligste eingelassen. Vielleicht wäre ich zusammengeknickt – ich weiß es nicht –, denn der Vertreter des Deutschen Reiches war das Reich selbst. Groß, fest, ehrfurchtgebietend und streng, aber es blieb mir zum Einknicken keine Zeit, da ich sofort einem sehr ausführlichen, aber liebenswürdigen Kreuzverhör verfiel, das sich auf meinen gesamten Lebenslauf bezog und mit der Frage nach dem Paß endete, der noch beim Polizeiinspektor verweilte. Die Unterredung endete wider alles irdische Erwarten mit der Frage, ob ich nicht eine Weile in Singapore bleiben und am Konsulat arbeiten wolle – man eröffnete gerade ein Reisebüro oder richtiger einen Fremdenwerbedienst, der bezweckte, durchreisende Asiaten zur Fahrt nach oder über Deutschland zu bestimmen, und überhaupt merkte ich gleich, wie sehr bemüht um das Wohl seines Landes der Generalkonsul war und wie gut er sich mit der englischen Presse – ein wichtiger Punkt für einen Reichsvertreter – stand. Ich überlegte. Singapore war sehr interessant, und Siam lief nicht davon. Wenn ich hier verdiente, so brauchte ich kein Geld aufzunehmen und ich vermochte meine Schuld in Batavia schnell zu regeln. Ehe ich drei Stunden in Singapore gewesen, hatte ich eine Stellung, einen lieben Menschen und eine Einladung zum Mittagessen gefunden. Ungeachtet meines Hutes speiste ich im Raffles-Hotel und sollte Montag schon in meine neuen Pflichten eingeweiht werden.

Meine hübsche Kollegin kam mir sehr freundlich entgegen. Nach den ersten Einleitungen fragte ich sie, wo man in Singapore einen Hut kaufen könne, und sie empfahl mir ein nahes Geschäft. Am nächsten Tage beerdigte ich meinen Fidji-Inselrest feierlichst im Papierkorb der reichsdeutschen Behörde. Ein ehrenderes Ende für einen abgedienten Gehirnschoner kann man sich füglich nicht vorstellen. Mit dem Hute legte ich auch etwas von dem angesammelten Welttrotz – doch nie wieder alles – ab.

Die Nacht der gehobenen Speere.

Es ist nicht gut, wenn der Mensch eine zu freudigblühende Einbildungskraft besitzt, und die meine schlägt immer wie ein Kirschbaum im Frühjahr aus. Kaum war ich daher in meinem Stübchen im Chinesenviertel, als ich mir allerlei Schrecknisse vorzumalen begann. Die Gestalten der Matrosen unten auf dem schlecht erhellten Bogengang, die Chinesenfrauen mit ihren Kleinen an der Brust oder auf der Hüfte nach Art der Malaien, die dunklen Gesichter der Hafenarbeiter, die aus Borneo, aus Afrika oder aus dem Innern der Malaienstaaten stammen mochten und die scheinbar planlos auf- und niederstrichen, der ganze, nie endende Lärm vor meinem Fenster erregten und bevölkerten mein Denken mit immer neuen Vorstellungen, aber all das wäre in einer Geschichte ausgeklungen, wenn nicht unglückseligerweise die Wand zum Nebenzimmer eine sehr niedrige gewesen wäre. Meine peruanischen und Filipino-Erfahrungen von niederen Wänden waren nicht danach angetan, mir den Umstand hier erfreulicher zu machen, und das Unglück wollte es, daß mein Wirt an Asthma litt und die ganze Nacht hindurch nicht schlafen konnte, weshalb er von Zeit zu Zeit aufstand, keuchend herumhumpelte und sich stöhnend zu seiner sanft schnarchenden Ehehälfte zurückbettete. Es schliefen auch Kinder in dem Raum und ein Bettherr, wenn ich mich nicht irre, aber anstatt daraus Trost zu ziehen, bildete ich mir ein, daß unbedingt der eine oder der andere über die Wand klettern werde – sei es, um mich zu ermorden, sei es aus schlechteren Absichten. Dann lachte ich mich selbst aus und versuchte einzuschlafen, aber gerade in dem Augenblick schlich mein Wirt dicht an der Wand entlang, und ich war schon auf einen Tigersprung gefaßt und saß wieder aufrecht im Bette.

Wozu hatte ich aber Speere aus dem Lande der Menschenfresser? Ich kroch vorsichtig heraus, öffnete das Bündel und stellte die Speere so gegen die Wand, daß ich sie gleich erfassen konnte. Sobald sich nun ein Kopf zeigen würde ...

Nun mag man noch so heldenhaft neben Speeren liegen – es nützt nichts, wenn man dabei unter dem Mückennetz bleibt und nach einigem Ach und Weh mußte ich mich bequemen, das Netz zurückzuschlagen, mich tüchtig beißen zu lassen und, unbehindert von einem Schleier, die Wand im Auge behalten. Der Straßenlärm dauerte bis nach drei Uhr morgens, dann flaute er etwas ab, und ich versuchte einzuschlafen. Wer bis gegen vier Uhr früh nicht über die Wand kletterte, der würde es sicher nicht nach vier Uhr tun. Das Asthma hatte sich erschöpft, Wirt und Wirtin schnarchten in seligem Einklang, doch mich ließen die Mücken nicht schlafen. Früh am Morgen band ich meine Waffen wieder zusammen, und am Nachmittag holte mich der Kanzler vom Generalkonsul und führte mich in eine teure, doch sehr anständige Pension. Gern hätte ich mir selbst ein Zimmer gesucht, das ich da wohl ohne Kost genommen hätte und das natürlich weit billiger gewesen wäre (so zahlte ich 25 Straits Dollar wöchentlich ohne Gabelfrühstück), doch bei einer Behörde kommt es sehr darauf an, wo man wohnt, und ich wagte keinerlei Einwürfe. Selbst wenn mir von meinem Verdienst wenig bleiben sollte, so lebte ich doch endlich wieder wie ein richtiger Christenmensch und fütterte mich für weitere Entbehrungen auf. In dem Lichte gesehen, hatte die Sache immerhin ihre Vorteile.

Sicher ist, daß Armut gütiger macht. Nur einen Abend hatte ich unten im Empire-Hotel gesessen, das eine Zufluchtsstätte für verkrachte Europäer schien, und dennoch hatte mir schon dieser oder jener gesagt, daß er mich da- oder dorthin führen, mir dies oder jenes zeigen werde – ohne Hintergedanken, nur vom Wunsche beseelt, jemand zu dienen.

Wanderungen …

Bis auf die Hafenanlagen, den bekannten Raffles Square, mit seinen schönen Geschäftshäusern in europäischem Stil und die gotische Kirche unweit des Raffles-Hotels, die öffentliche Bücherei im Museumsgebäude und einige Villen in den Vorstädten ist ganz Singapore chinesisch. Auf dem trägen Fluß schaukeln Sampans, die überdachten Boote, wie in Kanton; die Kulis, die aus den Warenhaustoren stolpern, vorwiegend kautschukbeladen, sind Südchinesen; die winzigen Geschäftchen unter den zahllosen Steinbogengängen sind rein chinesisch und bieten immer wieder Neues, und so ist der Markt, so sind die einzelnen Straßen, besonders der berühmte Eierklub, weil man in dieser Straße zwischen elf und zwei Uhr nachts nichts als Eierspeisen bekommt, an kleinen Tischen sitzt und eine Frau bei sich hat, mit der man nie gesetzlich verknüpft ist.

Zwischen eins und zwei durchwanderte ich diese Gäßchen, Markte, Bazare mit einer Begeisterung, die meine Konsulatsfreunde nie verstanden hätten. Meine Butterbrötchen verschluckte ich in fünf Minuten, und die weiteren fünfundzwanzig Minuten schwelgte ich in den Wundern Asiens. Es war ein Studium, denn nur um zu beobachten, wie der Chinese ein Stückchen rosa Teig in die langfingrigen braunen Hände nahm, ihn gewandt und liebevoll knetete, ihn mit Schwung in das siedende Sesamöl warf und diesem einen Kügelchen in rasender Eile andere Kügelchen folgen ließ, verlohnte schon der Mühe des Stehens. Oder jemand buk Fische, die im Fett durcheinanderflogen, in henkellosen blauweißen Näpfen auf Reis landeten, mit Stäbchen zerstampft und mit Hast in offene Münder geschaufelt wurden; oder man beobachtete den Schuster bei seiner Pantoffelarbeit und sah, wie die Schuhe nur ein Drittel von unserer Damengröße, dafür aber einen unheimlich hohen Rist hatten; oder ich beschaute die Räucherstäbchen, die immer in goldbeschriebenen roten Papiertüten steckten und nach all dem Sandelholz und Benzoin der Welt rochen, es gab Brautkronen, Brautbaldachine, Brautsänften zu bestaunen, oder es hingen an einer Tempelwand eine Anzahl Bilder aus chinesischen Legenden oder Geschichten mit Feen, die auf Phönixen ritten, Männern mit Bärten wie wehende Wolkenzipfel, Tieren, wie sie nur dem Traum eines Irrsinnigen entsprungen sein konnten, und Festungen mit Türmen, deren Gold die Augen blendete. Daneben verkaufte ein alter Mann Kinderspielzeug, wie wir es nie kennen lernen, und johlten Rikschakulis, Verkäufer, Weiber, Bettler wüst durcheinander.

Aber nicht immer sah man nur Chinesen oder Chinesisches, denn es gab eine Unmenge von Tamilen und Südindiern überhaupt in der Stadt, und auch diese taten alles, was sie wollten, auf dem Pflaster. Ein Koch in einer Ecke des Raffles Square machte Tschipati, das indische Flachbrot, und ich stand oft andächtig neben ihm und sah ihm zu. Er nahm ein Stücklein Teig, schlug es flach zwischen den Fingern, bis es einem Pfannkuchen glich, warf es auf die Pfanne eines winzigen Holzkohlenherdes, drehte nach einer Minute die Herrlichkeit um, knetete unterdessen wieder eine Tschipati, legte die fertige auf den Stoß und die geklopfte Tschipati auf die heiße Pfanne und tat, als ob ich die reinste Luft wäre. Indier kamen zuzeiten und kauften ihm gleich mehrere Stück um wenige Münzen ab.

Sehr viel Eindruck machten auf mich auch die schneeweißen Kühe, die ungewöhnlich groß und steif aufstehende Hörner hatten. Um die Geister abzuhalten, war ein Horn scharlachrot, das andere hellgrün gestrichen, was sehr malerisch wirkte. Hühner waren oft violett oder lila, rot oder goldgelb gestrichen, damit jeder Besitzer sofort sein eigenes Tier erkannte. Die Kinder hatten eine Schnur mit einer Münze wie eine Hundemarke um den Hals, auf der Name und Wohnort geschrieben waren, damit man sie zustellen konnte. Finderlohn wurde wohl kaum gegeben, man rechnete das eben als gute Tat für die Zukunft an.

Jeden Abend ging ich am Hindutempel vorüber (ich lief so gern, daß ich nur bei strömendem Regen eine Rikscha nahm), und immer wieder wirkte er stark auf mich. Er war am Ende der Orchard Road, ein kleiner, unansehnlicher Bau aus grauem Stein. Die Kuppel mag einmal grün gewesen sein; nun schimmerte sie wie ein grünspanüberzogener Löffel, aber gerade dieses verwitterte Aussehen verlieh ihm einen eigenen Reiz. Drinnen im Heiligtum brannte ein großes Feuer, und das Standbild des Götzen aus Gold leuchtete grell. Weiße Lendentücher tragende, dunkelbraune, schöne Priester, den Oberleib nackt, räucherten den Altar mit brennendem Benzoinharz und warfen sich flach in Anbetung auf den Boden aus roten Fliesen nieder, über die der Feuerschein blutigrot tanzte, oder sangen mit erhobenen, über dem Haupte gefalteten Händen, während alte Priester zwischen den Säulen kauerten und Sanskritverse sangen oder öfter eintönig herableierten. Der starke, weit ausströmende Duft, das Glitzern der Kerzen, das Schimmern des Standbildes, die sich lautlos bewegenden Priester, das Geheimnisvolle des Ortes hielten mich jedesmal fest – in aufrichtiger Andacht und stärker als manche Kirche, denn ich dachte mir, daß Gott überall zu finden war, für die, die ihn suchten – – – im Stein, in den Gestirnen, im eigenen Herzen, und daß wir alle nur um eins flehten, um eins beteten: Vom Leid dieser Welt erlöst zu werden. So stand ich andächtig vor dem Götzenbild, doch bescheiden draußen auf der Straße, und die Priester verscheuchten mich nicht, denn sie lasen besser in den Menschenherzen als viele meiner Rasse, die zur Seligkeit nur den *einen* engen Weg sahen. Wohl dem, der seinen Gott in irgend einem Glauben, irgendwo fand! Ich war so schicksalgebrochen, daß ich ihn nirgends mehr sah als in der kalten Unerbittlichkeit seiner uns unverständlichen Gesetze ...

In der Pension.

Die Orte folgen aufeinander, sie ähneln sich nicht. Ich wohnte in einem hohen Holzgebäude inmitten eines Gartens jenseits der langen Orchard Road in einem jener verruchten Tropenzimmer, die keine echten Wände, leider aber ein Stückchen nutzloser Veranda (weil andere darauf Lärm machen können) davor haben. Im Zimmer war es so dunkel, daß ich die beiden Türen zur Veranda offen lassen mußte, und hatte ich sie offen, so gingen die Leute an mir vorbei ins Badezimmer, bügelte die Babu oder Dienerin womöglich dicht neben mir und schnatterte unaufhörlich, bis ich es ihr zu untersagen gezwungen war, oder es nahte meine Hausfrau, ein gutes altes Fräulein, aber in chronischer Geldverlegenheit, so daß sie immer wieder auf ihren Ledersandalen angeschlürft kam und einen Vorschuß haben wollte, etwas, das mir sehr unangenehm war, da es ewige Verwirrung in meine Angelegenheiten brachte. Indessen lieh ich ihr dennoch öfter etwas, nur um sie loszuwerden und zu meiner Arbeit zu kommen.

Tropenpensionen sind echte Brunnen schriftstellerischen Erfahrens. Ich hätte nirgends mehr Charaktere an die Oberfläche schöpfen können. Jede Bewohnerin hatte ihren Roman, und von jedem Zimmer hörte man Bruchstücke des Gesprächs und mehr als Bruchstücke oft von anderen Dingen.

Bald nach meiner Ankunft war Weihnachten, und ich kann gar nicht sagen, wie lieb alle Leute gegen mich waren. Ich erhielt Geschenke beim Generalkonsulat, in der Pension und verplauderte den Abend sehr angenehm bei einer Reichsdeutschen. Wir hatten ein handhohes Christbäumchen und tranken Champagner. Der Christschmaus in der Pension war sehr gut, wir hatten wie jeden Sonntag abends herrliches Eis und dazu ein Schnäpslein zur Magenwärmung. Dies war mir zwar verboten, aber ich erinnerte mich Gott sei Dank immer erst an das Verbot, nachdem ich es getrunken hatte. Kurz sind bekanntlich Schnaps und Leben, und lange ist das Leid ...

Wir speisten auch sonst sehr gut in der Pension, und ich aß – wohl zum letztenmal im Leben – nach vorwärts und nach rückwärts, wie ich es nannte, das heißt, ich aß genug, um für vergangene Entbehrungen und künftigen Mangel alles wettzumachen. Zum Frühstück hatten wir Bratwürstchen, geblähtes Brot, Eierspeise, Butter und, wer wollte, auch Schinken oder anderes Fleisch, ganz guten Kaffee und ein Futterpaket von dünnen belegten Brötchen für den Tiffin; nachmittags erwartete mich der ausgezeichnete chinesische Tee mit Butterbrötchen und einer Banane, und zum Abendbrot gab es Suppe, Fisch, Braten und Zulage, Mehlspeise und Obst, von einem Diener in weißer Uniform serviert. Das erste Frühstück, das einen »aufwecken« soll, wurde um sieben Uhr früh aufs Zimmer gebracht und bestand aus einer Tasse Tee und einer Banane.

Sonnabend war nach englischer Sitte Halbfeiertag, da aßen wir zu Hause um zwei Uhr Reiscurry mit Zutaten und eine Mehlspeise, und den Tee tranken wir schon um vier Uhr.

Im Amt.

Der Generalkonsul hatte gesagt: »Die Amtsstunden beginnen um neun Uhr früh und enden um vier Uhr – oder später!« Nun war ich bei einer Botschaft gewesen und kannte die Dehnbarkeit reichsdeutscher Zeitbegriffe. Ich teilte es mir immer so ein, daß ich vor sieben Uhr abends nichts festsetzte, und ich hatte ohnedies sehr viel Glück und kam schon oft um fünf Uhr weg; sonst blieben wir bis sechs, auch bis halbsieben, und den Feiertag gab es nicht, an dem nicht gearbeitet wurde, obschon ich – auf meine Einnahme verzichtend – den Weihnachts- und zweiten Christtag wegbleiben durfte. Um neun Uhr früh begann das Amt, aber wenn ich extra früh war und nach halb anlangte, saß der Kanzler schon bei der Arbeit und hatte eine Zigarre durchgekaut (denn er kaute). Er hatte zuerst die barsche Art, die mich so leicht auf den Rücken warf, und er hatte mir bei unserem ersten Zusammensein im Tone eines Grenadiers aus den napoleonischen Kriegen zugerufen, daß, wer sich mit ihm nicht vertragen konnte, ein Hund war, was mich einige Tage hindurch glauben machte, schon meinen Hundeschwanz zu sehen, aber er hatte recht gehabt: Ich blieb Mensch und fand ihn ungemein nett, heiter und entgegenkommend. Die Art war nur die Stachelhülle von draußen.

Vor dem Chef zitterten wir alle. Er kam oft schon um neun, doch wenn er Besprechungen hatte, erst gegen elf, und wenn dann eine von uns nicht an ihrem Orte war, schossen wir wie auf Skiern unserem Tische zu. Ich hatte zum Glück die lautlosen Gummisohlenschuhe, und es gelang mir auch nur, weil die Tür nach Art der Tropen die bekannte Lederschürze hatte, die den Körper verdeckte, nicht aber die Füße. Sah ich daher die generalkonsuligen Hosen aus dem Lift steigen, so sauste ich Hals über Kopf meinem Tisch zu, und Fräulein L. begann auf ihrer Maschine zu tippen, als ob die Welt um uns versunken wäre.

Wenn er wünschte (wir wünschten es gar nicht!), uns in seinem Bau zu sehen, so mußten wir über den offenen Gang gehen, und nie sah ich eine so kurze Spanne Raum so einschrumpfend wirken. Im Amt waren wir groß, aber wenn wir vor ihm standen, waren die Knie wie eine Ziehharmonika, und unsere Stimme kam gehorsam aus den Zehen. Es ist das der Geist des deutschen Adlers, und man kann dem Luftkreis nicht entgehen, selbst wenn man, dem Paß nach, nicht dazu gehört. Dabei war er als Vorgesetzter wohl streng, doch nie unhöflich, und ich glaube, es war das Einglas, das er ans linke Auge hob, wenn unser Gewissen nicht rein war (oder er auf dem reinsten Gewissen Flecken fand, denn ich ließ mir bewußt nichts zu Schulden kommen), was einen so tiefen Eindruck in uns hervorrief.

Überdies kam es mir da schlußgebend zum Bewußtsein, daß ich nie eine Stelle annehmen durfte, die mit meinem Beruf in keinerlei Einklang stand. Ich hatte den besten Willen – das kann ich ehrlich beschwören –, mein Bestes zu tun und zu geben, aber ich war wie eine Mutter, die auswärts waschen geht und das Kind jenseits eines Plankenzauns läßt. Sie wäscht und wäscht, aber ihre Gedanken, ihre Blicke, ihr Sehnen gehen alle über den Zaun, und zum Schluß leistet sie bei allem Fleiß nicht das, was ein gewöhnlicher Arbeiter leistet. Meine Gedanken, vergeblich an das Generalkonsulat gefesselt, rannten stets zu den Kindern meiner Schöpfung. Ich sog all den Zauber um mich her ein; ich witterte tausend Geschichten, ich brannte darauf, sie festzuhalten, aber ich verlor sie, weil ich mich verkauft hatte. Nutzlos zu sagen: Schreibe am Abend! Man kann nicht eine Geschichte, die reifen muß, die wie ein Teewasser langsam zu brodeln beginnt und nicht früher ausgeschüttet werden darf, ohne den Teegeschmack zu verderben, in aller Hast hinwerfen, besonders wenn man abgespannt nach Hause kommt. Die Arbeit war leicht und angenehm, aber ich war von neun bis eins im Amt, bis zwei im Galopp auf der Straße gewesen, war gegen sechs zu Fuß begeistert heimgelaufen, hatte den kaltgewordenen Tee verschluckt und – – war plötzlich müde zusammengesunken. Noch konnte ich einen Beitrag für ein Blatt, nicht länger aber irgend etwas aus mir selbst schreiben. In Java waren bei aller Entbehrung fünfzehn Geschichten in zehn Wochen entstanden; in Singapore in acht nur zwei.

Ein Maler darf nicht Zäune streichen, ein Musiker nicht im Kino Klavier spielen, und der geheiligte Gebrauch einer Schriftsteller-Erika ist nicht das Abschreiben von Dokumenten, das Aufsetzen von Depeschen, noch das Niederklappern von Übersetzungen. Es läßt sich tun – gewiß;

aber es erstickt für die Zeitdauer des anderen Unternehmens das Künstlerisch-Schöpferische. Ich habe oft, und, wie man behauptete, ausgezeichnet unterrichtet, mir indessen geschworen, es nicht wieder zu tun. Wir haben ein nicht feines, aber wahres Volkssprichwort, das sagt, man könne mit einer menschlichen Kehrseite nicht auf zwei gleichzeitig fallenden Kirchtagen tanzen. Im Worte des Volkes liegt wie immer die gesunde Wahrheit. So tanzte ich auf zwei Kirchtagen weder mir noch anderen ganz zum Nutzen.

Ein unendliches Hindernis war für mich nämlich meine politische Unkenntnis. Wenn ich vom Mond gefallen wäre, würde ich nicht weniger gewußt haben. Die britische Politik hatte mich als Ausländerin kalt gelassen, aber ich war in ihr erfahren und bewandert genug, die Grundzüge zu verstehen. Von der deutschen Politik wußte ich *nichts*. Ich sollte Depeschen übersetzen, und obschon ich Wort für Wort verstand, blieb mir natürlich oft der Sinn unklar. Dem Kanzler leider auch. So wurde ich zum Chef gerufen. Himmeldonnerwetter! Was will die Deutsche Volkspartei?? Ich hatte nicht den Schatten einer Ahnung. Der Chef hatte die ganze Politik im kleinen Finger und sehr viel Übersicht über Unterströmungen. Er war ein ausgezeichneter Beamter und arbeitete Tag und Nacht. Ihm war es unfaßlich, daß mir irgend eine Partei wurst war (nicht daß ich so etwas Ketzerisches je laut werden ließ), und daß ich nicht in deutscher Politik wie eine Ente im Teich schwamm. Um im Bilde zu bleiben, war mein Teich zugefroren und mir zu kalt, um darüber hinzuwatscheln. Ich nahm daher in ehrfurchtsvoller Haltung die Riesennase in Empfang, die so zu geben künstlerische Begabung der Reichsdeutschen ist, verbeugte mich und verschwand auf meinen Gummisohlen wie ein Spuk. Wenn er einmal nichts sagte, wußte ich, daß er zufrieden war. Bei einer deutschen Behörde ist kein Tadel schon Lob.

Aus dem Gesagten braucht man indessen nicht zu schließen, daß ich unglücklich war! Die Nasen bei einem

Konsulat sind wie Sternschnuppen im November, und sie fallen auf Gerechte und Ungerechte; man schüttelt sie, wenn der Urheber des Schnuppenfalls verschwunden ist, sanft ab und freut sich seines Daseins, denn es ist doch schön bei einem Generalkonsulat. Nicht so abgeschlossen fein wie bei einer Botschaft, aus deren Tor man mit der Miene eines Menschen treten darf, der die Geheimnisse des Weltalles hinter dem linken Ohr trägt, aber dafür lebhafter und immer noch über dem Kaufmannston. Es wurde uns eingeschärft, gegen alle Besucher sehr höflich zu sein, und wenn Fräulein L. zufällig nicht da war, schoß ich auf den zitternden Besucher zu (es zittern die meisten, die ein unseliges Geschick zu einer fremden Behörde führt) und fragte nach seinem Begehr. Er gab mir den Paß mit dem Gesichtsausdruck Egmonts, als er das »Oranien, Oranien!« sprach, und ich nahm ihn wie Graf Alba entgegen, aber was ich tat, war, ihn zum Kanzler zu tragen (der schnell den Kautabak ausspie und den Rock anzog), um mit der Meldung zurückzukehren, daß der Herr nun selbst eintreten möge. Übrigens geschah sehr viel für alle, die Auskunft wünschten. Es wurden alle Adressen von Kaufleuten hervorgesucht, man unterstützte Anknüpfungen, man erteilte jederzeit Auskunft, und man vermittelte billige Heimfahrten für Reichsdeutsche, hätte es auch für Österreicher getan, wenn sie nur dem Konsulat unterstellt gewesen wären. Ich habe es nicht verstehen können, warum die Österreicher ihre Interessen nicht den Reichsdeutschen zur Wahrung übergeben haben. Weit und breit ist kein Konsul, und oft sind die Reisenden in der bittersten Verlegenheit, können sich weder Rat noch Papiere verschaffen und sitzen fest; gerade weil Singapore der Knotenpunkt aller Schifffahrtslinien ist, sollte da unbedingt auch eine den Österreichern helfende Behörde vorhanden sein, und in welch bessere Hände als die des dortigen deutschen Generalkonsuls könnte sie gelegt werden?

Ich denke immer gern an meine konsularischen Tage zurück. Nie hätte ich an irgend einem anderen Orte in so kurzer Zeit so viel gelernt, denn meine Aufgabe war es, alle Blätter durchzulesen und alles das rot anzuzeichnen, was in irgend einem Blatte für das Konsulat von Interesse war. Dadurch erfuhr ich auch, was sich sonst in Selanger, Perak und so weiter ereignete, wie der Markt stand, was geboten wurde, und auf Grund dieses Wissens konnte ich meine Fragen und Forschungen klarer einstellen.

Ferner konnte ich in den Mappen alte Berichte nachlesen – sollte es sogar tun und sie ordnen – und erweiterte dadurch meine Kenntnisse und endlich ordnete ich auch alle deutschen Zeitungen, doch leider interessierte mich an ihnen weit mehr die Tendenz ihrer Feuilletonbeilagen (zu späterer Beschickung) als die ihrer Politik.

Endlich bot der Parteienverkehr Wissen und Abwechselung, und selbst die Diener waren interessant. Es waren islamitische Malaien, und sie rührten unsere Schinkensemmeln selbst nicht von außen an. Zu Mittag holte mir Ibrahim meinen Kaffee aus einer Sudelküche, und ich trank ihn, weil er heiß und ich in glücklicher Unwissenheit war, wie man ihn zubereitet hatte. Er hatte schon eine Frau, obwohl er selbst kaum zwanzig Jahre zählte, und wurde während meines Konsulatsdienstes Vater, was ihn sehr entzückte.

Es fehlte aber auch nicht an Versuchungen, denn in Singapore herrscht die sonderbare Sitte, daß die Händler in alle Ämter gehen und ihre Waren anbieten dürfen. Nutzlos zu betonen, daß man einen Hausierer sofort davonschickte, wenn der Chef in nächster Nähe war; da er aber gar oft zu Besprechungen, Sitzungen oder an Bord eines deutschen Dampfers mußte und es offizielle Tiffins im Raffles-Hotel gab, boten sich genug Gelegenheiten, die Zudringlichen nicht sofort wegzujagen, sondern sich die Waren anzusehen. Manchmal brachten die Leute Felle von Tibet-Fuchs, Marder, Bär, Berghund und so weiter; ein andermal Tigerfelle oder Krokodilhäute, und immer ließen sie gern mit sich handeln; an diesen großen Sachen glitt ich mit leerem Beutel natürlich sehr glatt vorüber, doch wenn die anamitischen Krämer mit den schönen Einlegearbeiten, die chinesischen Holzschnitzer mit ihren reizenden Nachahmungen chinesischer Volkstypen, die Muschelkleber mit ihren gelungenen Tieren, aus kleinen Muscheln zusammengestellt, oder ähnliche Händler kamen, waren wir, besonders ich, Feuer und Flamme, und man erstand immer wieder eine Kleinigkeit. Die meisten hätten auch ruhig Kredit gegeben, doch das wollte ich nicht. Was ich kaufte, das bezahlte ich bar, oder ich verzichtete.

Meine Kollegin bestand auch darauf, daß ich mir einige Kleider kaufte, und ich fügte mich klaglos ihrem Willen, denn ich wußte, daß ich selbst – so lange ich in einer Haut steckte – nie daran denken würde. Sie war wie jedermann (erstaunlich, *wie* gut die Menschen stets gegen mich waren!) sehr lieb gegen mich und machte mir drei davon selbst, und meines Haares nahm sich, sozusagen, das ganze Konsulat an, denn eines Morgens, als ich wieder auftauchte, band mir mein Kollege das Diensthandtuch um, nahm die riesige Papierschere, die länger als mein Unterarm war und schnitt mir unter Begutachtung Fräulein L.'s ritsch! ratsch! das Haar, bis wieder ein anständiger Bubikopf an den Tag trat. Mit dem Rasiermesser des Kanzlers rasierte er, mit der Amtsseife mich einseifend, den Hals, und ich wußte vor Lachen und Angst nicht, was ich tun sollte, denn es war neun Uhr früh, die Haare lagen rund um den Stuhl, und jeden Augenblick konnte der Chef eintreten. Ich glaube, er hätte uns allen dreien mit der Papierschere den Kopf abgeschnitten. Zum Glück kam weder er noch sonst eine Seele, und das Herz meiner Kollegen sowie mein Kopf waren bedeutend leichter.

In Johore.

Eines Nachmittags erschien Herr Elias beim Generalkonsulat und forderte uns Mädchen auf, mit ihm nach Johore zu fahren. Er war Multimillionär mit eigenem Kraftwagen und konnte sich das schon leisten. Selten bin ich einem Menschen begegnet, der das Leben so gut auszunützen verstand – ohne dabei hartherzig oder selbstsüchtig zu werden – wie er, denn er hing dem Glauben des Augenblicks an. Wenn etwas Gutes kommt, genieße es heute! Wenn etwas Trauriges dich befällt, überwinde es, vergiß es – schon heute! Unbehindert durch die Vergangenheit, unerschreckt durch die Zukunft. Er meinte, daß die Mehrzahl der Menschen an erfundenen Übeln kranke – an etwas, das längst gewesen und dessen Wirkungen aufgehört haben oder in jedem Falle nicht mehr zu ändern sind; an Furcht vor dem Zukünftigen, das vermutlich nie eintreffen würde, ihnen jedoch die Gegenwart, die einzig in ihrer Macht lag, nützlich verbitterte. Als wir daher bescheiden einwandten, es könne der Chef noch nach fünf Uhr auftauchen, meinte er, daß diese Furcht auf nichts durchaus Bestimmtes begründet wäre und wir nur kommen sollten. Der Kanzler war der gleichen Meinung, und nachdem der Chef wirklich nicht wiederkam, hatten wir auch nachher weder Sturm noch Gewissensbisse.

Johore ist der nächste der unverbündeten Staaten, hat seinen eigenen Sultan und einen britischen Berater, der sagen muß, was in der Außenpolitik sein darf oder nicht sein darf. In der Innenpolitik ist der Sultan ziemlich frei und in seinem Harem, der über sechzig Frauen enthalten soll, ganz frei.

Auf dem Wege dahin sieht man zum erstenmal um Singapore die hübschen einfachen Malaienhäuschen, die, über das Wasser geneigt, neben einer windgebeugten Kokospalme stehen und von der Veranda aus das ganze Meer überschauen. Man trifft Malaien unterwegs, und sie sagen: »Möge dein Weg (deine Reise) erfolgreich sein!«, worauf man stilgemäß antwortet: »Und dein Bleiben friedvoll!«

In dieser Richtung liegt auch die Fabrik des Chinesen Tan Kah Kee, der meine geliebten absatzlosen Gummisohlenschuhe herstellt, so daß ich tatsächlich in Schuhen schwelgte und auch drei neue Paare mitnahm, doch erschöpft sich im Leben alles, und bei einer Forschungsreisenden, deren Füße immer in Bewegung sind, Schuhe zu allererst. »Oh, daß sie ewig kräftig blieben, die Schuhe, die wir Menschen lieben!«

Dort, wo sich kleine Ortschaften an den Weg schmiegen, findet man neben den sorglosen Malaien schon wieder den ewig strebsamen Chinesen mit seiner unvermeidlichen Bude, in der man alles kaufen kann, wonach sich ein schlichtes asiatisches Herz sehnt. Da vernimmt man auch zuzeiten die ohrenzerreißende chinesische Musik, von der die Malaien behaupten, sie erinnere an »Frösche in einem Sumpf nach starkem Regen!«

Später kommt man zu dem Grab eines islamitischen Propheten oder Heiligen, das geschmückte Stäbchen umgeben und zu dem die wilden Affen herunterkommen, denn es liegt ziemlich einsam, außer an Festtagen, wenn die Pilger nahen und hier picknicken. Der Busch zieht sich hier dicht an den Weg heran mit Gummibäumen, Palmen, dem üppigen Unterholz der Tropen, und hierauf steigt die Straße aufwärts durch einen Nadelwald (oder den tropischen Ersatz dafür), schütter und ernst, bis man das Meer sieht – die Meerenge von Tebrau und dahinter das Festland mit den Häusern von Johore. Eine sehr lange Brücke, besser Damm genannt, verbindet seit kurzer Zeit die Insel mit dem Festland, und nachdem man eine kleine Steuer erlegt hat, ist man in der Hauptstadt des freien Staates. Die Häuser sind im maurischen Stil erbaut, schmucklos, einfach, da und dort von malaiischen Holzhütten im Inselstil unterbrochen; wirklich schön ist nur der Park um den Palast und die ehrwürdige Moschee, die man als Frau ohnehin nicht betreten darf. Die Ebene rund umher bietet wenig, wölbt sich allmählich zu Hügeln, führt tiefer hinein ins Unbekannte ...

Nach unserer sehr interessanten Rundfahrt durch Johore kehrten wir ein und tranken Tee, während ein starker Regen draußen niederprasselte. Herr E. plauderte gern und sehr gut, und wir lachten viel.

»Wer kennt den Morgen? Heute wollen wir genießen!« meinte er, und ich trank noch eine Tasse Tee, weil das zu den harmlosen Genüssen gehört, die weder Vor- noch Nachwehen haben. Da ich ihn ohne Milch und Zucker trinke, bleibt er, wie die meisten meiner Genüsse, ohnehin ziemlich geschmacklos.

Der Kraftwagen war gut gefedert und weich. Er tat meinen Knochen wohl. Ich hatte Johore kostenlos gesehen und war Herrn Elias dankbar.

Fräulein L. bedauerte, nicht jeden Tag einen Kraftwagen zu haben, doch ich segnete meine Füße und den Herrn Tan Kah Kee, der für sie gerade die richtigen Schuhe erfunden hatte, und lief wie ein Hase um alle Ecken. Da konnte ich träumen und vergessen, daß ich lebte! Schöner war es als alle Kraftwagen aller Multimillionäre zusammen genommen.

Das große Fest der Wucherer.

Einmal im Laufe des Januars feierte man in Singapore das Taipusam, das Sühnefest der Geldverleiher und Geldwechsler, die alle Indier waren und einer besonderen Kaste angehörten. Ihr Tempel lag ebenfalls auf dem Wege zum Amt (auf meinem Regenwege, der kürzer, doch nicht so fesselnd war) und war sehr groß und schön. Man durfte, wenn man eingeladen war, hineingehen und sich Siva sowie die anderen Gottheiten in aller Ruhe ansehen. Da war Siva als Mahakala oder Zerstörer aller irdischen Wünsche mit den Totenschädeln zu Kränzen gewunden; als Mahadewa oder oberster Gott mit der Wurfschnur und den übrigen göttlichen Abzeichen; da war Ganesa mit dem Elefantenkopf, der Gott der Weisheit, und Kali, die Gattin Sivas, mit der weit aus dem Munde hängenden Zunge, dem Zeichen ihrer Beschämung.

Der feine Duft fremder Räucherstäbchen durchzog die hohen Räume, und im Hofe staute sich die Menge; den Gästen schlossen sich die Priester an, beschütteten mit

Parfüm, bekränzten mit Blumen; vor dem Tempel war schon früh am Morgen ein großer Markt, und die Kuchen brannten einem mit ihren Farben fast die Augen aus, nicht erst zu erzählen, was einem alles die Geruchsnerven zu Grunde richtete. Ich hatte mein Frühstück so früh als möglich eingenommen und stand nun voll Begeisterung mitten im Getriebe, sah dem Bäcker zu, der Reis zu Festzwecken röstete, bis die Körnchen hoch angeschwollen waren, und beobachtete den Zuckerkünstler, der durch ein Loch in einer Papierschlange viele schneeweiße Würmer herauszauberte, die alle aus Zuckerteig sein mußten und die nur über einer starken Glut geröstet wurden; ich sah die Papierfächer entstehen und all das Getriebe, das Haschen der Kinder nach Verbotenem und die frühreifen Blicke der Mädchen, die mit ihren Eltern hierher gekommen waren; ich fühlte auch, nur zu gut, all die unvermeidlichen Rippenstöße, die man als freie Zugabe vom Fest mittragen mußte, doch zum Schluß kamen die beiden heiligen, schneeweißen und herrlich bekränzten Stiere, der goldstrotzende Baldachin über dem schimmernden Götzen – Subramaniam, dem Sohne Sivas –, und es versammelten sich die Priester und deren Jünger, alle nur mit langen, schneeweißen Lendentüchern, die hosenartig gerafft waren, bekleidet, schöne braune Gestalten mit finsterernstem Blick, alle ihrer Würde bewußt. Dann nahten die bußesüchtigen Tschetties oder Geldwechsler, und ihr Anblick war etwas stark für empfindliche Augen, denn viele von ihnen hatten Pfeile, Spieße oder dicke Stahlnadeln quer durch Lippen und Wangen gesteckt, andere hatten auf Brust und Armen Nadeln wie in einem Nadelkissen, und der Hauptbüßende hatte sogar ein schauriges Stachelrad auf dem Rücken, dessen scharfe Haken tief ins Fleisch gingen. Alle diese Sühnenden eröffneten den Zug, gefolgt von den Priestern, den heiligen Stieren, dem Götzen auf seinem Thron, weiteren Priestern und endlich vom bunten Getriebe einer orientalischen Stadt. Der Silberwagen des Gottes leuchtete weithin wie Mondlicht auf Schnee.

Ebenso feierlich kehrte der Zug gegen Abend in den Tempel zurück; die Priester das Haupt mit den weißen wächsernen Melatiblüten geschmückt, die Opferbecken mit den unzähligen Opferstäbchen vor sich in den Händen, und alles, was die heiligen Tiere unterwegs verloren und wir keineswegs aufbewahren, das behielten die Leute als kostbares Ding, das getrocknet und zu heiliger Asche verbrannt wurde, mit der sich die Männer das Kastenzeichen jeden Morgen auf der Stirn, den Armen und der Brust erneuerten.

So schmerzhaft das Hineinstecken der Nadeln und Pfeile sein mag, so soll der eigentliche Schmerz erst im Herausziehen bestehen, und man behauptet, daß alle, die sich dieser Folter unterwerfen, vom Tempel mit Geld entlohnt werden, und daß sie, bevor sie sich dazu hergeben, sehr viel Opium zur Betäubung einnehmen. Das glaube ich gern: überdies sind die Nerven der Asiaten nicht so fein oder so verbraucht wie die unsrigen, und ich glaube auch, daß sie eine größere Beherrschung besitzen, Schmerzen ruhiger zu ertragen als wir. Jedenfalls wirkt der Anblick dieser grausen Verstümmelungen unheimlich genug auf den Beschauer.

Am nächsten Tag fährt der mächtige Gott Subramaniam noch einmal aus und steht auf den Recreation Grounds, gegenüber dem Raffles-Hotel, dann zieht er sich wieder in sein Heiligtum zurück und träumt bis zum nächsten Januar. Die Büßer aber wechseln weiter ihr Geld – ehrlich oder unehrlich – und borgen Geld auf Zinsen. Haben sie nicht schon genug getan, wenn sie sich Wangen und Lippen dem Gotte zu Ehren durchstochen haben? Warum liegt hinter der Schönheit einer Religion (oder besser *vor* ihr) solch ein Schutt von rein äußerlichen Bräuchen?

Durch die verbündeten Staaten.

Über die Sträucher im Hausgarten krochen die braunen Riesenschnecken, die einmal, mit Heu, herübergekommen waren, und sich nun wohl wie in Südafrika fühlten. Ich sammelte einige. In der Pension verwickelten sich die Liebesgeschichten, mehrten sich die Schulden der Pensionsmutter, wurden die beiden schwarzen Pinscher von Tag zu Tag räudiger; sonst floß das Leben einförmig dahin – viel zu schnell für mich, die ich von Anfang an nur zwei Monate zum Aufenthalt bestimmt hatte. Meine Mutter wurde immer älter, die Briefe immer dringender, und meine Sachen waren gewiß in den eigenen Händen am besten aufgehoben, und in denen waren sie erst, wenn ich die gute alte Europaerde wieder unter den Füßen hatte.

Das Leben war in Singapore zu teuer, als daß ich mehr als hundert Dollar zu ersparen vermocht hätte. Das Abzahlen einzelner Schulden, das Anschaffen der nötigsten Sachen hatte den Rest verschlungen. Dennoch fuhr ich ganz vergnügt in die Zukunft hinein. Es *mußte* sich ja klären, bessern! Nicht umsonst ist die Hoffnung als das einzige Gut genannt, das in der Büchse der Pandora uns Menschen geblieben. Heute ist es mir oft, als hätte sie meinen Anteil auch noch entweichen lassen ...

Beim Konsulat war man reizend gewesen. Der Generalkonsul hatte sich meinetwegen zur Bahn bemüht, mir Bonbons geschenkt, und seine Gattin war sehr lieb gegen mich, so daß ich mir wieder sagte, daß die Reichsdeutschen – wenn sie es einmal waren – zu den allerliebenswürdigsten, herzlichsten Menschen der Welt gehörten. Sie mußten nur erst auftauen.

Auch von Fräulein L. und den Kollegen trennte ich mich schwer. Warum war gerade mein Schicksal so bestimmt, daß ich – sobald ich jemand lieb gewonnen – auf immer von ihm scheiden mußte? Wie ein Kometlein mit unendlich langer Bahn schoß ich an allen Sternen und Sonnensystemen vorüber und verlor ihr Licht wieder, nachdem sie alle aufgeleuchtet hatten. Ganz sittsam schoß ich weiter einem von mir selbst kaum geahnten Ziele zu. Wie wenig bestimmte ich letzten Endes über Fahrt oder Ziel! Wenn der Ruf erklang, mußte ich gehen und vermutete nur, woher der Ruf kam. Wir waren wie die Figuren auf einem Schachbrett, mit denen eine höhere Macht spielte. In mir reifte Auflehnung. Warum sollte ich streben, entscheiden, wenn alles doch einmal von Anbeginn an festgesetzt war? Nur über unsere Gedanken, unsere Träume war uns in bescheidenem Maße eine geringe Freiheit gelassen.

Negri Sembilan pflanzt vorwiegend Kautschuk. So weit das Auge reicht, stehen die Gummibäume mit ihrer seitlich angeschnittenen hellen Rinde und die Inder in dem hosenartigen Lendentuch, die von jedem Baume die Porzellanschälchen lösen, in die allmählich das Harz des verwundeten Stammes fließt und die aus der Ferne wie die Glöckchen an unseren Telegraphenstangen wirken. Das Land ist zum großen Teil eben und sehr fruchtbar, die Dörfer sind Malaiensiedlungen mit geringen Unterschieden.

Die Malaien setzen gern alles aufs Spiel, wenn ihnen das Glück nur kurze Zeit hold ist, und das gilt auch vom Würfeln, der Hauptschwäche des ganzen Volkes. In alten Zeiten durchwanderten fünf schöne Jungen mit ihren Lauten das Land, spielten vor allen Türen und begeisterten alle Frauen, so daß viel geliebt, doch wenig gearbeitet wurde. Da ließ der erboste Sultan die fünf verführerischen Sänger ergreifen und in einen tiefen Brunnen werfen. Zuzeiten steigen sie noch aus ihm heraus, und dann entsteht im ganzen Land die Cholera, denn das ist die Rache der Getöteten.

Die schwarzen Blattern hält man ab, indem man einen schwarzen irdenen Topf mit weißen geheimnisvollen Zeichen bemalt und auf einen Pfahl unweit des Garteneingangs steckt. Um die Penanggalan abzuhalten, die der Seele der neugeborenen Kinder nachstellt, bindet man Zitronenäste zwischen dem Türstock auf, denn die langen Dornen halten den Geist ab, und ebenso verfährt man mit dem Pontianak, dem Vogel, der Wöchnerinnen gefährdet und schrill warnend vom nächsten Ast herabschreit, doch müssen alle Türen, Fenster, Schachtel- und Topfdeckel offen bleiben, sonst kann das Kind nie richtig das Licht der Welt erblicken.

Reich, reich an Aberglauben sind alle Malaienstaaten ...

Der fortschrittlichste Staat ist indessen wohl Selangor. Auch da findet man die üblichen Pflanzungen, aber dazwischen liegen noch die Besitzungen des Sultans und die einiger Großen des Landes. Kuala Lumpur, die Hauptstadt, bietet einen unerwartet schönen Anblick, denn schon das Bahnhofsgebäude ist schneeweiß im fremdartigen Stil, den der Islam bevorzugt; noch malerischer, noch prunkvoller ist der Palast des Sultans, das Gerichtsgebäude und die Moschee, die sich in einer Kanalvergrößerung spiegelt. Die Straßen sind rein, breit, oft baumbeschattet, mit ausgezeichnetem Pflaster, und rund um das Bahnhofsgebäude liegen die Villen der Europäer und der ganz reichen Einheimischen. Erst jenseits des Postgebäudes beginnt die Geschäftsstadt, die sehr bald ins Chinesenviertel ausläuft.

So lange bin ich selten an einem Orte herumgelaufen. Der Zug traf früh am Morgen ein, und ich durchwanderte zweimal die ganze große Stadt, besuchte das schöne Museum, durchwanderte den freien Platz, beschaute die Auslagen der Geschäfte und fand doch zwei Dinge nicht: das christliche Mädchenheim und eine Bank, auf der ich hätte ruhen können ...

Fragen? Wen? Es gab außer im Postgebäude am Schalter niemand, der Englisch verstand. Die Chinesen, die feiertäglich angetan herumliefen und jeden Augenblick Feuerkracher losließen, verstanden nur malaiisch außer der eigenen Sprache; die Malaien nur ihre eigene Sprache, und Europäer sah ich keine. Man hatte die Geschäfte geschlossen, weil das chinesische Neujahr, das ungefähr zehn Tage dauerte, angebrochen war, und jedermann dem Steigen der Papierdrachen, dem Feuerwerk, dem Krachen an allen Straßenecken, den Festgelagen beiwohnen wollte. Alle

Häuser und Geschäfte waren mit langen roten Glücksstreifen mit schwarzer oder goldener Schrift beklebt, alle Leute festlich geputzt, die Mädchen einmal alle in neuen Seidengewändern und dem Familienschmuck auf der Straße, die Kinder die Arme mit Spielsachen bepackt und überall ein ohrenbetäubendes, sinnverwirrendes Knistern und Knattern, Blenden und Glimmen.

Alle Schulden waren gezahlt worden – nun wanderte man dem Glückstempel des laufenden Jahres zu und vergnügte sich, wie und wo man konnte. Laternen und Stoffstreifen flatterten tief hernieder, und die beklebten Türen wirkten wie scharlachrote Asiaten – rotbetupft auf gelbem Grunde.

Ich fühlte mich erschöpft, fiebernd und unwohl, als ich endlich das Heim fand, und war vergnügt, da in Ruhe zu Mittag zu essen, zu ruhen und mit einem Mädchen zu plaudern, das ein weiblicher Schulinspektor war. Eigentlich wohnte sie in Kuala Lumpur, doch hauste sie nur alle drei oder vier Wochen einmal wieder daheim, denn jede Woche fuhr sie in einen anderen Staat und in diesem Staat wieder in verschiedene Orte. Nicht nur war es ihre Aufgabe, die Schulen zu prüfen – sie trug auch überall selbst etwas vor: den Kindern Erdkunde, den Lehrerinnen modernes Freihandzeichnen, neue Handarbeiten und verbesserten Sprachunterricht. Es war ein Beruf doppelter und anstrengender Pflichten, denn sobald sie Kuala Lumpur erreichte, mußte sie mehrere Malaiinnen auf die Lehrbefähigung vorbereiten. Sehr wenige Mädchen fanden sich nämlich bereit, Lehrerinnen zu werden, und wenn sich auch einige meldeten, so waren es höchstens Mädchen, die erst die Bedingung stellten, nur in ihrem Heimatdorfe angestellt zu werden, und die, wenn sie heirateten (und das wollten sie über kurz oder lang alle) auf immer austraten, so daß man immer mit neuen, ungeschulten Kräften rechnen mußte und überdies nie jene berufliche Hingabe fand, wie sie uns selbst eigen, da jedes Mädchen die Berufsarbeit als eine Zwischenzeit ihres Seins ansah, die mit der Ehe bald endete. Bezahlt wurden sie nicht hoch genug, um Begierde zu erwecken, wenngleich zwanzig Dollar für jemand, der daheim wohnte und aß und vielleicht nur fünf Dollar monatlich beisteuerte, ganz hübsch war. Nur Witwen, vorwiegend jedoch indische, und jene Mädchen, die in der ersten Jugend eine unglückliche Liebe gehabt oder im Anfang schon von ihrer Ehe enttäuscht waren, blieben bei ihrem Berufe.

Dann erzählte die Schulinspektorin – ein zartes Frauchen, kaum etwas größer und breiter als ich – von ihren einsamen Wanderungen durch den Busch und wie ihr in Negri Sembilan, im Hügelgebiet an der Grenze von Pahang, ein Tiger begegnet war, und wie ein anderer die Hütte, in der sie geschlafen, umschlichen hatte. Das ist viel gefährlicher, als man sich das bei uns denkt, denn kann der Tiger von unten die Leiter herauf nicht in den Raum einbrechen, so wagt er den Satz auf das Dach, das nur mit leichten Betellatten und Kokospalmenstroh gedeckt ist und durch das er nach einigem Scharren mit seinen wuchtigen Krallen leicht bricht. Dann springt er in das Innere und tötet nicht nur, was er verzehren will, sondern der Reihe nach, was er findet, und saugt jedem ein wenig Blut aus. Den besten Braten schleppt er, wenn es hoch kommt, mit, die übrigen Leichen läßt er liegen und holt sie, wenn er unterdessen nichts Besseres gefunden, an einem der folgenden Tage.

Wir plauderten den ganzen Nachmittag. Hierauf kamen die übrigen Bewohner des Heims und erzählten weiter, so daß ich eine ganze Menge erfuhr und vieles, was mir von den Büchern her unklar geblieben war, erläutern und richtigstellen konnte. Selbst über Aberglauben gelang es mir, mehreres noch nicht Gehörtes in Erfahrung zu bringen. Um acht Uhr fuhr ich mit der Rikscha zur Bahn und nach Perak, dem reichsten Staat, weiter.

Hier liegen die großen Zinnbergwerke, und man arbeitet Tag und Nacht. Chinesen, die in vielen Tausenden nach den Staaten kommen, finden hier einen Verdienst. Sie sind fleißig und ganz handbar, wenn man sie nur zu behandeln weiß und ihrem Aberglauben nicht entgegenarbeitet. Ich vermute, daß sie von den Malaien den Glauben an die Geister in den Bäumen übernommen haben, denn sie fürchten sich, einen wirklich alten Stamm zu schlagen, weil sie behaupten, daß der Baum sich rächt. Man wird von Wahnvorstellungen befallen und verletzt sich dabei selbst. Ein Europäer wollte einen Riesenbaum schlagen, weil kein Chinese oder Eingeborener daran wollte. Als er eben das Beil hob, zeigte sich ihm zu Füßen etwas wie der Auswuchs einer Wurzel, aber so widrig, so häßlich, so abscheuerregend, daß er voll Ekel und Widerwillen das Beil hob und mit aller Kraft auf das Ding loshieb – mit dem Ergebnis, daß er sich das eigene Bein abschlug. Er konnte es sich nie erklären und ließ später nie wieder jemand an den Baum heran. Die Asiaten sagten »der Baumgeist!«. Sie bringen von Zeit zu Zeit kleine Opfer, um sich die Geister willig zu erhalten. Das muß geschehen, wenn jemand das Adler- oder das Benzoinharz einsammeln geht oder andere Urwaldschätze heimtragen will. Die Wälder enthalten Elefanten, den Seladang (ein mächtiges Tier mit ungeheuren Hörnern, das erst in die Luft wirft und dann, zertrampelt), den Tiger, den kleinen Bären, den komischen, schuppenbedeckten Ameisenbären und das schöne kleine Mauswild.

Die Hauptstadt von Perak ist Ipoh. Wieder sieht man die maurischen Bauten, die Chinesengeschäfte, das kleine Viertel der Weißen, die Buden der umziehenden Inder und dazwischen, wenn auch ganz vereinzelt, die sonderbaren Sakai der Dschungeltiefen, die klein, stark dunkel in der Farbe, mit etwas welligem Haar und so schmutzig sind, daß sie nur durch Zufall gewaschen werden. Sie wohnen oben in den höchsten Bergschluchten an der Grenze von Kelantan, und ihre Dörfer liegen so dicht im Urwald, daß sie mit den Tieren alle gewissermaßen auf du und du sind. Affen sind unter ihnen anzutreffen, und sie behaupten, daß alle Affen auch Menschen, aber ohne Sprache sind. Das sei kein Mangel, sondern eine von den Affen absichtlich gebrauchte Vorsichtsmaßregel. In alten Zeiten sprachen auch sie, aber als sie sahen, daß die Weißen alle Leute zur Arbeit zwangen, die sprechen konnten, gewöhnten sie sich diesen Verkehr ab, weil sie dadurch in ihrer Freiheit blieben ...

Einmal, gerade an seinem Hochzeitstage, wurde ein Sakai von einem Orang-Utan-Weibchen (orang-utan bedeutet »Waldmensch«) entführt und eine Woche in engster Gefangenschaft gehalten. Die Äffin sprang mit ihm kühn von einem Ast auf den anderen, fütterte ihn und legte ihn zu sich ins Nest und man kann sich denken, wie die Frau Orang-Utan gestunken haben muß, wenn selbst der Sakai, der selbst einige Meter weit schon riechbar wird, diesen Geruch als das Unangenehmste seines im ganzen unbehaglichen Abenteuers anführte. Affen verlieben sich nicht selten in Frauen und erwürgen sie aus Eifersucht. Schon deshalb verlohnt es sich nicht, einen Affen als Hausgenossen zu halten.

In Penang.

Man kann sich bei uns keine richtige Vorstellung von den Entfernungen machen. Je länger ich fuhr, desto mehr gewann ich an der Überzeugung, daß die Welt doch größer ist, als ich sie mir vorgestellt hatte, wenn auch nicht groß genug, um darin das zu finden, was man am meisten sucht ...

Von Singapore, quer durch die beiden Staaten bis nach der Insel Penang, zu der ein Schiff vom Festland einen in einer Viertelstunde bringt, braucht man, wenn man ununterbrochen mit dem Eilzug fährt, mehr als vierundzwanzig Stunden. Ich, die ich unterbrach, brauchte mehrere Tage.

Penang gefiel mir besser als irgend eine Stadt der Tropen. Ich könnte kaum sagen, warum. Der hohe Berg mit seinen Ausläufern bildet einen schönen, schattengebenden Hintergrund; die Abhänge wimmelten von Affen, die

Straße um die Insel herum von Tempeln; darunter war auch der Schlangentempel, in dem die Tiere frei herumlaufen und sich um die Altarleuchter und die Säulen winden. Betäubt mögen sie sein, aber unheimlich bleibt es, so zwischen Schlangen dahinzuwandern. Dann hat Penang den östlichen Zauber, der sonderbarerweise ohne Chinesen nie seinen Vollreiz erhält; das östliche Duften, das so viel umfaßt und daneben doch westliche Geschäfte, lachende Malaien, schöne Inder, stolze Araber, einige Schwarze. Die Stadt ist rein, sehr rein, und vielleicht hat mich etwas bezaubert, was meine Leser schwer begreifen werden. Die Straßen waren teilweise geteert und fest, man ging dahin – ich in meinen Pantöffelchen flog – und weil es überall Bäume gab, die gerade die tropische Winterszeit beendeten, so fielen, wenn auch nicht in großen Mengen, braungelbe Blätter hinab und sammelten sich zu Häufchen am Straßenrand. Es war wie daheim; das war ein leiser Hauch des Herbstes und heimelte mich an – – bis zu Tränen, bis zu einer wehmutsvollen Traumseligkeit. Ich stellte mir all das erfüllt vor, was ich angestrebt hatte, und ging vergnügt im raschelnden Laube ...

Ich wohnte im christlichen Heim, und bis auf eine Schlange oder einen besonders großen Tausendfüßler, der nachts in mein Zimmer kam und wieder zur Gartentür hinaushuschte, ereignete sich nichts Ungewöhnliches. Ich durchwanderte tagsüber die Straßen und besuchte die eigenartigen Tempel, den Fischmarkt mit seinen hundert Formen, den komischen Fischkörbchen aus Bambus, den Obstmarkt dahinter und rieb Schulter mit den halbnackten Chinesen unter den Säulengängen. Zwei oder drei Stunden nach Tisch aber erholte ich mich, denn der ewige Klima- und Kostwechsel begann mich sehr zu erschöpfen, und das Leben in Singapore mit seinen langen wachen Nachtstunden, einige dem Vergnügen oder eher dem Erfahren, andere der Arbeit geweiht, hatten mich arg ausgesogen. Man reist nach sieben Jahren nicht mehr wie im ersten Jahre. Vor dem Morgenfrühstück und nach dem Tee schrieb ich auf der Erika. Wenn ich plötzlich in die Hölle fiele (obschon ich meist das Gefühl habe, dort zu sein!), würde ich gewiß sofort einen leeren Platz neben einem Kessel finden und auf meiner Erika klappern, und im Himmelreich ..., aber da versagt meine Einbildungskraft, denn alles habe ich auf Erden einmal durchkostet, nur Glück nicht, so daß mir davon keine Vorstellung möglich wird.

Der Bangkok-Expreß fährt nur zweimal die Woche, und so wartete ich von Samstag bis, glaube ich, Dienstag auf die richtige Verbindung, nahm Abschied von den Malaienstaaten mit ihrem eigentümlichen Reiz und machte mich daran, noch einmal, auf fremdem Boden, aufzubauen.

Durch Kedah und Perlis.

Ich fuhr in der Ersten, und obschon ich später den Luxus beklagte, bereute ich es im Grunde nie. Es ist furchtbar, in der Zweiten unter all dem Farbenriffraff zu fahren und alle Gerüche ihrer Speisepakete mitzumachen. So bekam ich eine richtige »Zelle« für mich allein mit einem breiten Sofa am Tage, das nachts in ein Bett verwandelt wurde, auf dem es sich gut lag. Die Fenster hatten Jalousien gegen die sengenden Strahlen der Tropensonne, schließbare Glasfenster gegen den plötzlichen gußartigen Tropenregen und nachts ein regelmäßiges Drahtnetzfenster gegen Moskiten, die stellenweise sehr zahlreich und bösartig waren. Bangkok ist verrufen ungesund, hat sich jedoch in den letzten Jahren etwas gebessert, obgleich die Cholera noch immer epidemisch auftritt und die Malaria zur Regenzeit gefährlich wird.

Es war noch sehr früh, als ich der Fähre zueilte, und das Meer leuchtete wie ein von vielen Kerzen jäh getroffener Opal – eine Fläche voll wechselnder zuckender Lichter. Erst in Prai erlosch all der Glanz, der kupferfarbige Feind erkletterte rasch die Himmelsleiter, und der goldig-rote Abglanz lag auf all den unzähligen Urwaldgewächsen, die sich dicht an die Bahn heranschoben und die mit Pflanzungen abwechselten, um endlich ganz den Boden zu behaupten. Hügel rückten näher und aus einsamen Pfaden tauchte plötzlich ein Elefant auf und besah sich erstaunt das Dampfding, das, weißen Schaum ausstoßend, vorbeipustete. Von den Bäumen hingen Affen, Vögel stoben bei unserem Nahen davon, Dörfer kamen und gingen, und überall, wo wir hielten, drängten sich die Dritteklassereisenden in verwirrender Hast an den Zug heran, stießen, lachten, polterten, sprangen hinein und heraus – Hindus mit wehenden Turbanen, Malaien in flatternden Sarongs, Chinesen mit Riesenkörben und ein unbestimmtes Wesen, wahrscheinlich zur Menschrasse gehörig, weil mit einer Karte (dem magischen Zauberschlüssel) versehen, mit einem Gesicht wie ein verfehlter Neandertaler – kroch in meine geheiligte Erste, starrte sich an mir erst das eine, dann das zweite Auge aus und wurde vom Schaffner aus dem Abteil geworfen. Hierauf kamen vier Chinesen, die »nachzahlten«, um sitzen zu können und die in mein Frauenabteil geschoben wurden, wo sie einer auf den Knien des anderen saßen und mich zuerst ärgerten. Später begann der eine von ihnen, der trotz seines einfachen Ischangs und seiner billigen Lederpantoffel wahrscheinlich steinreich war, da er von seinem Kraftwagen und von den Pflanzungen an der Grenze redete, langsam Englisch zu mir zu sprechen und erzählte mir eine Menge über die Provinzen, in denen er schon seit zwanzig Jahren Kautschukgeschäfte betrieb. Die anderen waren weniger auf unser Denken oder Handeln eingestellt, zogen sich die Röcke aus, daß die dicke, haarige Brust seitlich herausschaute (warum wir Menschen oder einige von uns dort Haare haben, wo sie keinen ersichtlichen Zweck erfüllen, während auf dem Kopf, wo sie hingehören, oft nur eine Wüste ohne Sand oder Oase ist?) und saßen in Strümpfen mit hochgezogenen Knien wie Affen auf dem Sitz.

So erreichten wir Kedah. Ich war entzückt von der Gegend, die mich fremd anmutete, und von den Leuten, die so unberührt vom Westen schienen. Kein Wunder, denn die meisten Reisenden nach Bangkok wählen die Schiffahrt durch die chinesische See und den Golf von Siam, fahren behaglich vier Tage und haben die Kost in den Fahrpreis eingeschlossen, doch durch die Staaten bis nach Siam sieht man weit mehr, wenn man auch von Penang allein über sechsunddreißig Stunden mit dem Eilzug fährt.

Auf der Straße sah man urkomische Wägelchen von langhornigen Rindern gezogen. Sie hatten ein breites, überhängendes Strohdach und Seitenwände aus schütteren Holzlatten, die an einen Käfig in einem kleinen Tiergarten erinnerten, und seitlich nur je ein Rad, das aber so groß wie der halbe Wagen war. Vorn, auf der Lenkstange selbst, saß mit untergeschlagenen Beinen der Kutscher und erhielt irgendwie sein Gleichgewicht. Alles ging vornehm langsam, denn Eile spielt im Osten nicht die geringste Rolle. Der Weiße, der einen Asiaten zum Hasten bringen will, stirbt selbst an der nutzlosen Anstrengung. Morgen ist auch ein Tag. Allah sei's gedankt!

Hindufrauen mit safrangelbem Schleier (dem Sari, das Rock, Bluse und Schleier in einem macht) eilten mit einem halben Dutzend Paketchen herbei, Malaiinnen, das zweite, obere Sarong über das runde Gesicht gezogen, das mich mit seiner freundlichen Ausdruckslosigkeit an einen Faschingskrapfen denken ließ, watschelten heran, verstauten die Eßkörbe mit Fischwürze, daß einem schon von weitem der Atem verging; Männer in schlappen Hosen, im Sarong oder im indischen Lendentuch, schoben sich eifernd näher, gackerten ihre Frauen zusammen, schubsten die Kinder auf die Bündel und nahmen endlich die Kleinsten auf den Arm, ehe sie selbst in den Zug kletterten. Einzelne Kinder hatten nur eine lange Franse nach vorn und sonst einen glattrasierten Kopf, andere hatten langes, glattes, ungekämmtes Haar, und die echten islamitischen Inder trugen auch schon im zartesten Alter eine Kopfbedeckung, die wohl ein Fez sein sollte.

Auf manchem Bahnhof sah man auch die Reiswaggons, die gesenkte Flächen haben, durch die der Reis sofort in bereitgehaltene Säcke fließen kann, während oben mittels eines Hebekrans geladen wird. Daneben standen andere Lastwaggons, aus denen es wie Wasser tropfte und die mit einer Masse wie feine Sägespäne gefüllt schienen. Das war Ampas, der Rest von Tapioca, aus der bekanntlich das beliebte Mehl gemacht wird. Wenn das Mehl indessen durch das letzte feine Stoffsieb durchgewaschen wird, bleibt das Fasernwerk zurück, und das verkauft man als Rinderfutter. Für einen Waggon Ampas zahlt man hundertfünfzig Straits Dollar.

Auf den Padifeldern (Reis) banden noch einzelne Frauen die Garben, aber in der Regel sah man nur gelbe Stoppeln, über die der Wind die zarten, weißlichgelben Bambusblätter wie Schnee wirbelte, und im Schlamm, entlang der Bahnstrecke, wälzten sich vergnügt eine Anzahl Wasserbüffel. Links blieb auf einer Höhe der einzige Kurort Kedahs, das »Kedah-Peak-Sanatorium«, liegen, und dann näherten wir uns der Hauptstadt Alorstar, einem weitverstreuten, von leichten Hügeln umgebenen Dorfe. In einiger Entfernung davon war auch der Sultanspalast, doch scheint mir mein Haus in Cilli schöner, und in einer Holzbude, zu der mehrere Stufen hinaufführen, liegt die hochlöbliche Post.

Hier stieg die erste Siamesin ein. Sie war asiatischer im Aussehen als die Malaiinnen, zart und klein, nackt bis über das Knie hinauf, und hatte das Panung um, das heißt, das Lendentuch so gerafft, daß es eine kurze Kniehose bildete, was schlanken Gestalten ganz gut steht. Die Brust war erst durch ein Pahom oder Brusttuch gedeckt, und darüber fiel eine kurze, durchsichtige Bluse mit Ärmelchen, die nicht den Ellbogen erreichten. Sie ging in tief gebeugter Haltung durch den Zug, denn das erfordert die Höflichkeit, besonders wenn ein Mann zugegen ist ...

Das nächste Mal werde ich Mann im Osten, damit alle krumm vor mir gehen müssen. Was für ein Gefühl das sein mag?

In Padang Besar, an der Grenze, muß man umsteigen. Hier findet die Paß- und die Zolluntersuchung statt, und vielleicht weil ich die hohen Pfeile in der Hand trug und daher so kriegerisch wirkte, fragte mich niemand nach meinen Papieren, die erst vor Bangkok durchgesehen wurden und den Paßbeamten nicht wenig Ehrfurcht und Wunder einflößten, denn die Visa zeigten alle Schreibformen, und allen voran, dort wo man gewöhnlich noch etwas verstand, las man nur Cyrillica.

»Wo das Land?« fragte der Beamte, aber ehe ich ihn von Kleinasien bis Italien gebracht (das war der einzig feste Punkt, an den ich immer anknüpfen konnte, sonst flog man sofort in die Tschechoslowakei) war sein Gehirn erschöpft, und er hatte mir die Papiere mit einem hinsterbenden Dank zurückgegeben. Wer konnte auch so weit außerhalb der Welt wohnen?

Hinter diesen Urwäldern beginnen die so gut wie unbesuchten Gebiete um die Höhen von Kelantan, wo die Sakai hausen, wo ein Zwergvolk leben soll und man auch die Iakun, ein ziemlich vermischtes Bündel Menschen, findet. Ihrem Glauben nach werden sie durch die Hölle und in den Himmel von einem Hund und einer Katze geleitet, und zwar geht der Kater voran und sprengt Wasser rund um sich auf den Boden, um die Luft etwas zu kühlen, und der Hund verrichtet hinter der Seele das gleiche Geschäft. Der Weg ist lang und geht durch die Tiefen der Erde. Weil die Tiere helfen, dürfen sie auch nicht getötet werden.

Die Sakai haben einen sonderbaren Schwur, den ich noch erwähnen möchte. Sie sagen: »Möge ich von einem Tiger gefressen, von einem Baum erschlagen oder von einem Geist getötet werden, wenn ...« Zwillinge sind verhaßt und werden oft beseitigt, und selbst Doppelbananen usw. werden nicht gegessen, weil man Unglück auf den Genuß hin fürchtet.

Durch Südsiam.

Wieder änderte sich mit der politischen Grenze auch das Bild. Das Land weitumher bestand aus Sümpfen, erstreckte sich öde bis an Hügel, die so seltsam zerbissen wirkten, wie ich ähnliches nie gesehen hatte. Als ob man Kuchenreste, an denen ein Wickelkind mit zahnlosem Munde ungeschickt genagt hatte, auf die Ebene gestellt hätte, und immer endeten diese Erhebungen so jäh, wie sie begonnen hatten. Dazwischen sah man Wasserbüffel, Reisfelder, Kraniche, Krähen in großen Zügen und Fächerpalmen, die sehr süße eßbare Früchte tragen und in Siam als Zuckerpalmen bekannt sind. Man macht daraus auch eine Art Wein, ähnlich wie den berauschenden Toddy, der aus den Blütenstengeln der Kokospalmen gewonnen wird. Man erklettert die Palmen mit Hilfe einer aus Rattan geflochtenen Leiter, die an unsere Strickleiter erinnert, und die jemand, der zuerst hinaufkletterte, oben um die Krone befestigt.

Ich hatte es unterlassen, mir etwas zum Essen mitzunehmen, und war zu schüchtern und zu wenig aufgelegt (um die Wahrheit zu sagen), in den Speisewagen zu gehen. Das Abteil war leer, ich hatte Gedanken genug, zu schauen gab es immer etwas, die Nacht hindurch schlief man ohnedies, daher vergingen die beiden Tage sehr gut, ohne daß ich etwas aß oder trank oder mich so richtig vom Sitz erhob. Ich habe immer gefunden, daß ich Dharmaveranlagungen hatte, und wenn ich sieben Jahre in einer Fahrt auf einem Zuge um die Welt sausen müßte, würden mir vermutlich wie einst dem Weisen die Füße abtrocknen. Meine Träume fliegen da so schnell, wie die Palmen am Zug vorübersausen.

Endlich erreichten wir den berühmten Inlandsee von Singora, erkannten in der nebeligen Ferne die mächtig ansteigenden Bergketten von Birma, und von da ab sahen wir auch immer öfter die eigentümlichen Wat oder Tempel, die Siam eigen sind. Nicht wie in Japan oder China haben sie geschweifte Dächer, sondern es sind unten weite, sich nach oben allmählich verengende Steinmassen, die oft in einer scharfen, manchmal in einer stumpfen Spitze oder einer Art Kuppel enden, die dann wunderbar vergoldet ist. Daneben stehen kleinere Bauten, ebenfalls in einer Spitze endigend, und diese Pagoden nennt man Pratschedi. Wer eine verdienstliche Handlung begehen will, der legt solch eine Pagode an, und daher sieht man in Siam Pratschedi, wohin man geht, wohin man schaut.

Den Feldrain hinab bewegen sich gelbe Gestalten – buddhistische Priester, die irgend einem Tempel zuwandern – und immer tragen die Männer nichts als das faltige Gewand, das in hundert Windungen malerisch um den Körper geschlungen wird, den großen Fächer aus trockenem Palmenlaub (um dahinter verborgen an einer Frau, der größten aller irdischen Versuchungen, vorbeizugleiten) oder den großen schwarzen Regenschirm, der die Sonne vom hutlosen, glattrasierten Haupt und den etwaigen Schauer abhält, und unter dem Arm die Bettelschale von länglicher Form, manchmal ein Flaschenkürbis, doch weit häufiger ein kunstvoll gearbeitetes Gefäß aus weißem Messing oder Eisen, das stumm voran getragen wird, wenn der Mönch bettelt. Wer gibt, der opfert der Seele eines Toten diese Gabe, die allein im Dunst aufwärtsfliegt, so daß dem Mönche eigentlich nichts geschenkt wird, und er, der das vermittelnde fromme Werkzeug ist, braucht nicht zu danken, denn er tut mit der Annahme allein schon ein gutes Werk, so daß sich alles ohne Gespräch vollzieht. Eine Frau breitet ihr Brusttuch auf der Erde aus und legt ihre Gabe darauf, doch opfert sie auf der Straße, so wirft sie in Ehrfurcht das Pahom über die linke Schulter, hebt die Hände gefaltet bis über die Stirne hoch und überreicht dann ihre Gabe auf der flachen Hand, wortlos.

Jeder Sohn muß sechs Monate seines Lebens in einem Kloster Jünger werden, um der Seele seiner Mutter willen, und in diesen sechs Monaten lernt er die nötigen Gebete, versieht den nötigen Dienst, lernt nur vormittags zu essen, nimmt an den Betrachtungsübungen und den Gebeten teil und dringt einmal in jedem Falle in die Geheimnisse seines Glaubens ein – gewiß eine schöne Sitte, die gleichsam aus jedem Manne einen Priester macht. Später geht er den weltlichen Pflichten nach, doch nie, ohne sich an das Gelernte zu erinnern.

Etwa zwei Stunden vor Bangkok verließ ich meine Zelle, um mich auch draußen umzusehen, und dabei erblickte mich ein älterer Herr, der nach kurzem Zögern auf mich zutrat und fragte, ob er mich denn nicht beim deutschen Generalkonsulat in Singapore gesehen habe. Als ich dies bejahte, stellte er sich als Handelsreisender R. aus Deutschland vor, und wir begannen zu sprechen, wie man eben im Zuge spricht. Er nannte mir ein sehr gutes Hotel, das billiger als andere und dabei gut sein sollte, und ich war gern bereit, dahin zu gehen. Er war Jude, doch bin ich keineswegs Antisemitin (ich habe von Juden immer so viel Freundlichkeit erfahren), und so geschah es, daß wir zuerst im Speisewagen einen Tee zusammen einnahmen und ich hierauf in Bangkok im Hotel Rosenberg, geleitet von Herrn Rosenberg, der zwei bildhübsche Töchter hatte, Unterkunft suchte und fand. Für unsere westlichen Begriffe war es noch sehr teuer, denn ich zahlte, so viel ich mich erinnere, acht Tical täglich (allerdings mit den Mahlzeiten, die man sich nicht wie bei uns ersparen kann), aber für östliche Vorstellungen war dies billig, und ich muß gestehen, daß die Kost sehr reichlich und ausgezeichnet war, abends zum Beispiel aus Suppe, Fisch, Braten und Zulagen, einer eingeschobenen Speise, Mehlspeise oder Eisgericht und Kaffee bestand und wir genug Eiswasser hatten, um jeden Durst zu löschen.

Nach dem Abendbrot fragte mich Herr R., ob ich die schreiende Elektrische sehen wollte, die zu den ältesten des Ostens gehöre, und er begleitete mich auf diesem Marsche, zeigte mir den Weg, den ich am folgenden Morgen zur Deutschen Gesandtschaft einzuschlagen hatte, und stellte mir feierlichst die Elektrische vor. So gelacht hatte ich schon lange nicht, denn jedesmal, wenn der olle Karren weiterfahren wollte, stampfte der Lenker auf eine ganz vorsintflutliche Einrichtung, und ein quietschender Laut wie der eines Kindes in einem Wickeldeckchen wurde hörbar. So winselte und plärrte die Elektrische durch ganz Bangkok, die »wilde Olive«, die heutige Hauptstadt von Siam (während bis 1750 Ayuthia, malerischer, tiefer im Innern gelegen, der Mittelpunkt des Reiches und eine Stätte herrlicher Wat war, deren Ruinen noch heute bewundert werden können.)

Auch sonst ist diese Elektrische anders als andere Fuhrwerke dieser Art. Es gibt eine erste und eine zweite Klasse, und in die zweite kann man als Europäerin nicht steigen, wenigstens nicht ohne ein unbehagliches Aufsehen zu erregen. Die erste Klasse besteht aus einer Abteilung des langen Wagens, durch einen Holzvorbau von der Zweiten getrennt und mit roten oder weißen Kissen auf den Sitzen. In der Zweiten sitzen Priester in gelben Gewändern neben Frauen, deren dicke Brüste unter dem ungenügenden Pahom hervorschwellen, neben Chinesen in Nachthosen und Nachthemden, die aber, nebenbei bemerkt, ein tadelloses Gehkostüm bilden, neben kleinen Schulmädchen und armen Umträgern, neben Hindus mit nacktem Oberkörper und Arabern mit wehendem Turban und Burnus. In der Ersten sitzt, wer zehn Satang zahlen will – auch ein besseres Kindermädchen, vorwiegend indessen Europäer und höhere siamesische Beamte in ihren schönen meerblauen Panungs und den steifen weißen Jacken, denen anstelle von Knöpfen die alten runden Silberticals aufgenäht sind. Die Beine stecken in weißen Strümpfen, die Füße in weißen oder braunen Niederschuhen, und auf dem Kopf tragen diese Siamesen den weißen Tropenhelm aus Kork. Der Schaffner übergibt die Fahrkarte immer mit der linken Hand fest um das Handgelenk der Rechten – eine uralte Sitte, um anzuzeigen, daß er keinerlei Waffe darunter verborgen habe. Kommt eine Frau, so muß ihr ein Mann in der Ersten (und nur da) nicht nur Platz machen, sondern er muß ihr auch Raum lassen, das heißt, er darf den Platz neben ihr nicht einnehmen. Für uns Frauen eine angenehme, für die Männer eine unangenehme Sitte. Stieg ein Europäer ein, so deutete ich manchmal mit einer Bewegung an, daß ich auf mein gutes Recht zu verzichten geneigt war. Wenn einem die Männer nur an schlimmeren Orten fern blieben, nicht nur auf einer luftigen, ungefährlichen siamesischen Elektrischen, die zur Warnung wie ein Kakadu im ersten Jahr oder ein verwöhntes Kind schreit.

Gegen zehn Uhr gingen wir in das Hotel zurück, und ich suchte mein Zimmer auf, das sehr hübsch war und einen großen Vorteil, nämlich die elektrische Abknipstrommel unter dem Mückennetz, hatte, so daß ich im Bett liegen und lesen konnte und dann imstande war, das Licht abzudrehen, ohne aus dem Bett zu steigen, das will sagen, ohne neuerdings Mücken unter das Netz zu lassen.

Im Venedig des Ostens.

Der Vergleich hinkt wie manch eine Anspielung. Wohl liegt Bangkok am breiten Tschao Phiya Menam, der mächtigen Mutter der Flüsse, der sehr gut den Canal Grande ersetzen könnte und um ein gutes Stück breiter ist; wohl liegen die Mühlen und Häuschen sowie verträumte Gärten dicht an den Kanälen oder Klongs, die trübwässriger als in Venedig und um Bedeutendes übelriechender sind, aber sonst erinnert nichts an den Traum Italiens, die Stadt der Liebenden, denn in Bangkok kennt man kein Pflaster, und wer da durch die sogenannte Hauptstraße eilt (die ein elendes Gewürfel kleiner, unregelmäßiger Chinesenbauten aus Holz, in der Regel höchstens einstöckig, ist), der muß alle fünf Sinne beisammenhalten, denn es zwängen sich Kraftwagen hindurch, es rollen Rikschas, die immer blind dahingondeln, es rasseln schwere Holzwagen mit Büffeln bespannt vorbei, es schaukeln Radfahrer von einer Straßenvertiefung zur anderen, es schieben sich die Händler mit den langen, schwerbeladenen Schulterstangen an den Gehenden vorbei, es geschieht alles auf der Straße, was im Haus nicht verrichtet werden kann, und Abfälle sowie überflüssiges Wasser sausen nicht selten dem Fußgänger dicht an der Nase vorüber. Hier wird ein Kind gebadet, daneben jemand rasiert, weiter unten heilt ein Arzt einen Kranken unter dem engen Vordach, in breiten, niedrigen Körben sind eben ausgekrochene Küchlein, die ein Chinese vergnügt wie Eier abzählt, dann geht er an den Entenkorb, dann an das geschlachtete Geflügel, und immer muß man aufpassen, nicht in irgend etwas hineinzugeraten. Auch wird hier sehr viel Betel gekaut, und man muß Ausschau halten, sonst saust der scharlachrote herbe Saft einem auf Kleid oder Strümpfe.

Aber nur so lernt man, und ich durchwanderte die Straßen täglich und lernte jedesmal etwas Neues, das Aufschluß über den Charakter des Landes oder der Leute gab und in mir später etwas auslöste. Das sind alles Keime, die ein Schriftsteller in die warme Denkerde versenken muß; später gehen diese auf und jene gedeihen, doch kann er nie zuvor sagen, *was* davon Blüte und Frucht werden wird ...

Die Knaben laufen nackt, und der einzige Punkt, wo eine »Toilette« erkennbar ist, mag der Kopf sein, der glatt rasiert wird, vorn oder seitlich indessen eine viereckige Franse behält. Mädchen haben das Haar nach Pagenart, nur etwas kürzer, geschnitten, laufen auch nackt, nur tragen sie um die Lenden eine Schnur und daran ein Täschchen oder Netz aus Silberdraht in Herzform. Nun weiß man, wenn man es an der breiteren und bauchigeren Gestalt noch nicht erraten hat, daß es sich hier um eine künftige Dame handelt. Die Siamesen lieben es, lange und sehr biegsame Finger zu besitzen, daher streckt man den Kleinen schon kurz nach der Geburt die Dingerchen und gewöhnt sie so weit zurück, daß sie zum Schluß die Hand fast auf das Gelenk zu legen vermögen. Das läßt ein herrliches Tanz- und Gebärdenspiel zu, schwächt jedoch die Hände so sehr, daß die meisten vornehmen Frauen gar nichts tragen können. Wer die schönsten, biegsamsten und ausdrucksreichsten Hände hat, geht in der Regel zum Theater. Es gibt sogar Nagelverlängerungen aus Silber, die gern getragen werden, und das Krachen der Finger ist so stark Sitte, daß Siamesen, die mit einem sprechen und ein wenig verlegen werden, derart an den Fingern zu reißen beginnen, daß sie unaufhörlich krachen ...

In den Gärten sieht man kleine Häuschen wie unsere Vogelschutzhütten und darin kauern aus Holz und meist weiß und rot gestrichen zwei Figürchen. Das sind die Phi oder Hausgeister, denen Opfer gebracht werden; daher sieht man winzige Schälchen mit Reis davor stehen und Räucherkerzen brennen, während die Zweige des nächsten, das Häuschen beschattenden Baumes mit kleinen weißen Elefanten behangen sind. Der weiße Elefant ist nämlich das heilige Tier Siams.

Zuzeiten sieht man indessen auch Sachen, die einem den Atem vernehmen, weil sie in englischen Kolonien nie gezeigt werden dürften und man sie auch bei uns nur in einem anatomischen Museum findet: In einem Apothekerladen sah ich in großen Flaschen voll Brennspiritus eine Anzahl Kinder, die meisten Mißgeburten schauriger Art; in einem anderen Gefäß waren allerlei Glieder von Kinderkörpern, vorwiegend Arme und Beine. Man kann aber Studien über das Wachsen und Werden eines Menschen auch an den Klongs machen, in die fast durchweg ein frühgeborenes Kind geworfen wird. Diese cholerabrütenden Klongs fließen langsam dahin, und was sie mitführen, staut sich an den Brücken. Da stehen dann die Leute und betrachten sich die angeschwemmten Wunder.

Oder man bleibt an dem Heilkramladen eines Chinesen stehen. Da liegen Rhinozeroshörner, die angeblich stark und wunderbar alt machen sollen, auf weißer Baumwolle, Ginsengwurzeln zur Verjüngung, Tigerknochen zu Kraft und Stärke, Tigerschnurrbarthaare, die angeblich gegen Schlangenbisse gut sind und die auch bei Liebestränken Verwendung finden, in Täschchen Stücke eines Bärenmagens, der alle Magenübel heilt, Schlangen und Eidechsen in Spiritus, allerlei Kräuter und Wurzeln unbekannter Art und Steinchen, die zerrieben gegen alles gut sind – gegen Liebesschmerz wie gegen Bauchgrimmen.

Überall sieht man den Garuda, den heiligen Vogel Wischnu aus Gold mit einem halbmenschlichen Gesicht und vier ausgespannten Armen – das Wappen Siams, und überall erblickt man neben den chinesischen Aufschriften die siamesischen, die fast ebenso schwer scheinen, doch geradlinig zu lesen sind und deren Selbstlautzeichen über oder unter den Buchstaben angedeutet und sehr verwirrend für den Anfänger sind.

Die Auslagen sind unbeschreiblich – sie enthalten alle Schätze des Ostens, doch so bunt zusammengewürfelt, daß man oft und oft schauen muß, ehe man das Wertvolle vom Wertlosen trennt: Elfenbein, Pelikanfedern, altertümlichen Schmuck, altes Porzellan, Tongeschirr aus dem Innern usw.

Die umfliegenden Krähen lassen sich plötzlich mitten im innersten und lebhaftesten Straßengetriebe auf irgend einen Büffelrücken nieder und ziehen ihm die Zecken aus der Haut; nackte Kinder überkugeln sich, halten Papierdrachen in der Hand; um jeden der öffentlichen Brunnen ist ein schlammiger Teich und stehen fünf oder sechs Chinesinnen, die sich gegenseitig die Vorfahren verfluchen, weil jede zuerst an das Wasser heran will und niemand ausweicht; Betel kauende alte Siamesinnen wiegen das Enkelkind auf den Armen und spucken von irgend einer niederen Veranda herab, Rikschakulis fahren einem mit der Lenkstange unbekümmert ins Kreuz, Bettler heulen um Almosen, aus den Blumenläden dringt der Duft von Tropenjasmin und Tuberosen, aus kleinen Tempelchen östlicher Weihrauch ...

Die Klongs entlang gleiten die großen Reisboote mit ihrer gelben Last, dem ungereinigten Reis; daneben fahren in winzigen Schifflein Gemüse- und Fischhändler, und in noch kleineren Kähnen ein Priester mit seinem Fächer, seinem Regenschirm und seiner Bettelschüssel, eine ganz in Gelb gerollte malerische Gestalt.

Das ist eine Ansicht Bangkoks.

Auf Wohnungssuche.

Im Hotel konnte ich nicht bleiben, so viel stand fest. Frau B., eine Bekannte des Herrn R. und eine ehemalige Wienerin mit Wiener Humor und Herzlichkeit, ging mir sehr an die Hand, doch ließ sich im Handumdrehen nichts finden. Mein engerer Landsmann war in den Busch gezogen, verarmt, seine Tochter in Bangkok an einer Bibelschule, wo viel zu tun und wenig zu verdienen war. Die Klosterfrauen, die einst eine oder zwei Zellen an ruhige Frauen abgegeben hatten, vermieteten nicht mehr, da sie zu viele Schulkinder unterzubringen hatten, und im Hospital wollte ich nur recht ungern wohnen. Man trat da zuzeiten ein Zimmer ab, doch bestanden verschiedene Hausregeln, und endlich war es nicht einladend, in einem Lande im Krankenhaus zu wohnen, in dem es allzeit Cholera, Typhus, Beri-beri und manchmal auch einen Pestfall gab. Zudem hatte ich Angst, von den Ärzten, die mich zu Gesicht bekommen würden, auf die Abteilung der Kranken, nicht die der Gesunden, gebracht zu werden, denn daß ich krank war, das sah man mir genau an, wenn ich auch nach wie vor wie ein geölter Blitz um die Ecken schoß und wie ein Schuster auf der Maschine klapperte.

Schon war ich nahe daran, bei einer Dame mit Kindern unterzukommen – etwas ebenso Bedauerliches für die Kinder wie für mich – als sich eine Ärztin, die Frau eines Missionars der Bibelverbreitungsgesellschaft, bereit erklärte, mich als Hausgenossin, nicht als Pensionärin (also als zahlenden Gast) auf einige Wochen zu übernehmen. Ich zog sofort ein und hatte es nie zu bereuen. Es kostete mich einundzwanzig Ticals wöchentlich (ein Tical ungefähr eine Mark sechzig), aber billiger war im Osten in einem anständigen Hause nichts zu haben und in einer Spelunke zu wohnen war mir, abgesehen von allen damit verbundenen Leiden und Unannehmlichkeiten, auch beruflich nur ein Hindernis. Wer solch eine Adresse hatte, konnte keinerlei Aufnahme in europäische Kreise erwarten.

Was ich immer beschwerlicher empfand, war das ewige Umschalten, das Anpassen an neue Verhältnisse. Es gab Augenblicke, wo es mir schier undenkbar schien, doch fügte ich mich bald in die fremde Umgebung und lebte äußerlich wenigstens mit. Wenn ich die Hausordnung immer so genau beschreibe, so geschieht es, weil dadurch mehr als ein Streiflicht auf die Sitten und Gebräuche von Leuten und Land fällt. Wir standen um halb sieben Uhr auf, weil ein junger Mann, auch ein Hausgenosse, Lehrer an einem Gymnasium, so früh zur Schule mußte. Das Frühstück bestand aus Hafergrütze mit Zucker (wer wollte, erhielt Milch), gefolgt von kleinen heißen Pfannkuchen an einem, von warmen Waffeln mit Melassen an einem anderen Tage oder von Eieromelette an einem dritten. Nach amerikanischer Sitte wurde vor dem Frühstück Obst gegessen – Baummelonen, Pomelos, Bananen oder irgend eine andere Tropenfrucht. Kaffee, der sehr leicht war, kam zum Schluß. Die Dame wußte als Ärztin, was mir gut tun würde, und sie war sehr streng im Einhalten der Diät. Daher bekam ich kein Fleisch. Zu Mittag hatten wir einen großen Teller Obstsalat, das heißt, es wurden Ananas, Melonen, Bananen, Pomelos und andere Früchte zusammengeschnitten und gut gemischt, in den Eisschrank gestellt und vor dem Essen leicht mit Ölmayonnaise übergossen; hierauf hatten wir manchmal eine Gemüsesuppe oder etwas frisches Gemüse; von eins bis drei Uhr ruhte die Dame, und ich schrieb mit der Hand oder las etwas, dann nahm sie ihr Bad (das ich schon vor drei Uhr in einem richtigen Badezimmer nahm), und später hatten wir Tee mit braunen Butterscheiben und Zwieback. Um sieben Uhr abends wurde Abendbrot gegessen – Suppe, zwei Gemüse, Pudding, und dann lasen wir oder plauderten, und gegen zehn Uhr, wenn nicht früher, mußten wir alle militärisch streng im Bette sein. Ich ging ganz gern zu Bett, denn ich war immer müde, doch oft befiel mich ein Sehnen nach den sündigen Zeiten in Singapore, wenn ich mit Fräulein L. auf der nachtumkosten Veranda saß und ihren Portwein schlürfte, etwas mir hier ganz Verbotenes. Einmal hörten wir einen wissenschaftlichen Vortrag an, und in der Pause wurde Wein geboten. Mein Cilliermagen, von Jugend an schon an den verderblichen Rebensaft gewöhnt (obschon unterwegs oft Monate vergingen, ohne daß ich im Ernst daran dachte), verlangte danach; doch Dr. I. führte mich fort, indem sie behauptete, daß man ohne Alkohol gesünder in Kopf und Magen verbliebe. Von besonderer Gesundheit merkte ich indessen aus diesem einen Grunde nichts, und im Kopf war ich nach Aussage der Wissenden ohnehin nie gesund gewesen ...

Es war ein stilles Leben. Am Tage arbeitete ich fieberhaft, am Spätnachmittag verschwand ich in die Stadt, wanderte stundenlang herum, wie das so meine Art war, sog ein, lernte, forschte; nach Sonnenuntergang ging ich rastlos auf dem Rasen auf und ab, obschon ich wußte, daß sich Giftschlangen da aufhielten, und dann, nach der Mahlzeit, wenn sie alle in ihre Bücher vertieft waren oder Herr I. aus dem Buche Ruth oder anderen Bibelteilen vorlas, lauschte ich dem Rufe des Toke, der großen Hauseidechse, die über einen halben Meter lang, aber ganz ungefährlich war und die an der Mauer emporkletterte, den Kopf zurückwarf und ihr lautes to-ke, to-ke hören ließ. Um uns war indessen auch ein ganzer Tiergarten. Frösche sprangen bis an die Verandastufen heran und quakten bekümmert, denn die Trockenheit wollte kein Ende nehmen; Eidechsen liefen um uns herum, und allerlei Nachtgetier, vom Licht angezogen, umschwirrte uns: Mücken, die gehörig stachen, Bananenfalter, braune Motten, fliegende Ameisen, schwarze Nachtkäfer, und manchmal mußten wir direkt das Licht ausblasen, um uns ihrer einigermaßen zu erwehren. Zum Weinen war's!

Die erste Nacht, als Herr I. von einer langen Fahrt durch das Innere bis nach Südchina hinein zurückkehrte, hörte ich ein Brüllen wie das eines eingesperrten Rindes, und zu all dem Lärm, der schon vom Dienerviertel hinter dem Haus immer erklang, brachte mich das ganz zur Verzweiflung. Nun schnarchte der arme Missionar zu allem Überdruß noch wie ein Wasserbüffel, der hungrig war! Am Morgen aber sprachen alle über die lästigen Brüllfrösche im Garten, und ich bat Herrn I. im Stillen ab. Von da ab hörten wir sie jede Nacht und oft schon vor dem Schlafengehen.

Meine Qual waren die Dienerinnen und ihre unzähligen Kinder, die meine Nerven ewig in Unruhe brachten. Ich will von ihnen nur ganz wenig erzählen. Wenn sie die menschlichen Lärmmaschinen gewaschen hatten, puderten sie den Mädchen immer das Gesicht, doch nicht wie wir das tun, sondern sie machten aus Mehl feine weiße Punkte darauf, daß die Wangen wie ein Sternhimmel aussahen. Das fanden sie schön. Nackt durften sie nicht sein, daher trugen sie ein Hemdchen oder ein kleines Lendentuch. Sie suchten im Gras um den Klong die dicken roten Käfer, die gebraten wurden, Fieber heilten und so gut schmecken sollten. Jeder Händler wackelte zu ihnen hinein, saß auf der Stufe des Dienerhauses und bot seine Waren feil. Dabei kaute und spuckte er Betel nach Leibeskräften. Der Speisenmann kam mit seinem Herd, seinen Schüsselchen und Töpfen und kochte im Hofe unter dem Mangobaum, dann setzten sie sich alle im Kreise – Urgroßmutter, Großmutter, Mutter und Kinder – und aßen mit den Pfötchen aus einem großen Napf. Nachts, wenn es zu unerträglich schwül war, lagen sie draußen auf den Steinfliesen im grellen Mondlicht.

Sie sprachen nur ihre eigene Sprache, und ich verständigte mich schlecht mit ihnen. Sie lachten über meine Versuche, doch das machte mir nichts. Es kommt bei dieser Sprache immer auf die richtige Betonung an, und lange sagte ich »Bitte, Dornen!«, wenn ich »Bitte, Wasser!« sagen wollte.

Sehr unterhielt uns der Bäckerjunge. Er wußte, daß er das Brot unbedingt im Papier bringen mußte, warum, ahnte er nicht. Auf der Brücke über unseren Klong blieb er denn auch immer stehen, nahm ein schon abgegriffenes, staubiges Laib Brot heraus und wickelte es ein. So übergab er es stolz an der Hintertür. Es war eingewickelt, wie verlangt ...

Frau I. kam in die verschiedensten Häuser. In dem einen wohnte ein Junggeselle, und sie bewunderte da die Gläser, die immer so schön glänzten – viel schöner als die ihren daheim. Eines Morgens kam sie zufällig dahin und fand den bewunderten Boy damit beschäftigt, mit dem abgelegten Nachthemd seines Herrn ein gewisses Geschirr auszuwischen, dann das Trinkglas zu nehmen, es anzuspucken und mit diesem Nachthemd gut abzureiben. Seither hatte sie keine Sehnsucht mehr nach glänzenden Gläsern. So ist der Osten!

Die Dienstboten hatten es gut: jede Dienerin bekam zwanzig Ticals monatlich und freie Wohnung. Für die Kost für sich und ihre Familie sorgte sie selbst, doch da jede verheiratet war, lebten sie ganz gut. Der Gärtner, der die Bäume und schnellwachsenden Sträucher beschnitt und den Rasen kitzelte, bekam zwölf Ticals monatlich, und außerdem gab es noch Gehilfen für dies und das. Montags wurde gewaschen, Dienstags gebügelt. Es war alles gut und schön und mühelos. Ich dachte oft an meine armen katholischen Schwestern, die sich so plagen mußten, so einsam waren und die mir nie von Geld gesprochen hatten. Ich wünschte ihnen den Himmel; mehr konnte ich damals nicht tun.

Damit will ich nicht sagen, daß die protestantischen Missionare nicht gut gegen mich waren. Sie nahmen mich viel zu Festen mit, und jeden Mittwochnachmittag hatten wir Prayer Meeting (Gebetsvereinigung) in einem Privathause. Ich weiß nicht, wie es kam, aber ich hatte von Leiden und Gebeten genug. Je öfter ich zu den Meetings ging, desto bockbeiniger wurde meine Seele, und je mehr wir von der Liebe Gottes beteten und sangen, desto sicherer wurde ich, daß er auf mich eine Pike hatte und mir nichts Gutes mehr geben wollte. Je näher der Kirche, desto ferner von der Gnade, bewahrheitete sich bei mir, oder war es, weil man einem leeren Magen (oder einer ausgehungerten Seele?) nicht predigen durfte? Morgens hatten wir Gebete, abends wieder, Sonntags Besprechungen außer dem Gottesdienst, und von Gebet zu Gebet wurde ich innerlich bösartiger. Ich konnte mir nicht helfen. Die Sorgen würgten mich, und das Leben war schal wie eine Suppe ohne Salz oder Fett. Ich war, was die Neu-Guineawilden treffend »rakuk« nennen. Zuwider, verärgert, bekümmert, willvoll böse und ungebärdig, gegen Gott und Menschen auflehnend gestimmt.

Auf dem Tschao Phiya Menam.

Wie seltsam es war, das Kind wiederzusehen, das ich daheim gekannt hatte und das mir nun als fast erwachsenes junges Mädchen hier im fremden Lande entgegentrat! Wir sprachen von unserer Vaterstadt, und meine kleine Halblandsmännin behauptete, daß da am Sonntagnachmittag selbst die Fliegen schliefen und es still wie in einer Kirche wäre. Ich wünschte, ich befände mich in dieser Stille, obschon ich mich an die schlafenden Fliegen nicht entsinnen konnte; unsere Fliegen schienen immer lebendig gewesen zu sein.

Sie erzählte von einer Riesenschlange, die sie am Vortage eben im Missionsgarten gefunden und mit einem Messer erschlagen hätten. Es war viel Gebüsch um den einfachen braunen Holzpfahlbau; kleine Klongs bildeten natürliche Zäune, hinter denen eine Unzahl lästiger Köter kläffte. Auf den trüben Wassern schwammen Wasserhyazinthen und Lotosblätter, in deren Mitte zuzeiten eine heilige rosenrote Lotos emporschoß. Von der Veranda aus sah man eine Pagode (einen Wat) auf einem mächtigen Hügel.

Ein kränklicher Fürstensohn hatte noch niemals einen Berg gesehen und sehnte sich hinauf nach dem Norden, um einen kennen zu lernen. Da errichtete sein Vater diesen Hügel für ihn und baute einen Tempel darauf. Es wird nicht erzählt, ob dies das Herz des Prinzen beruhigt und befriedigt hat, doch die Bangkoker sind stolz auf ihre malerische Erhebung.

Die Häuser der Eingeborenen sind sehr einfach. Nur Asiaten können auf Matten in fast möbellosen Räumen in ewigem Halbdunkel leben und sich von Pflanzen und sonderbaren Gewürzen nähren. Ich war öfter Gast in der Bibelschule, und wir aßen alle unten im Hofe unter einem Blechschuppen, in dem auch gewaschen und geplättet wurde. Ein langer Holztisch in der fernsten und dunkelsten Ecke (ich bin zeitlebens ein Feind der Dunkelheit gewesen und habe nie das Licht, auch nie das Tropenlicht ausgesperrt) war Speisetisch, und darauf standen Blechteller und Blechschüsseln. Weil den Siamesen die starken Gewürze abgewöhnt werden sollen (ich weiß nicht, warum man den Bekehrten nicht wenigstens ihre unschuldigen Bauchfreuden läßt), wurden die ohnehin geschmacklosen Papayas oder Baummelonen einfach in all ihrer magenspaltenden Geschmacklosigkeit gekocht, und dazu gab es Reis, einen Tropenkohl, Süßkartoffeln in Scheiben oder nur in heißer Asche gebraten, und wenn einmal eine siamesische Würze hereindurfte, war es nie Pfeffer oder Paprika, sondern eine Fischmasse, die stark gesalzen war und zwei Meilen weit roch. Bis alles angerichtet war, war es halbkalt, etwas, das Asiaten auch unseren heißen Speisen vorziehen. Für uns schrecklich.

Die Mädchen, die hier lernten (Bibelstudien, Erdkunde, Schreiben, Englisch), waren schon erwachsen. Ein Schwede hatte seine farbige Frau hier hineingesteckt und war nach Europa auf Urlaub gefahren. Eines Abends fand meine junge Bekannte die Frau in hellen Tränen. Was ihr nur wäre, der »goldenen Lotos«? Ach, wie weinte sie um den »Vater ihres Kindes«. Schon das zeigt das Verhältnis an, in dem ein Weib im Osten zum Manne steht. Er ist ihr Herr, ihr Meister, der Geber ihrer Kinder ...

Wenn ich schon Weib sein mußte, Gott sei Dank, daß ich ein weißes war. Im Leben mußte man scheinbar für kleine Gnaden schon dankbar sein ...

Eines Tages lud mich Sopherl T. ein, mit ihr und den Bibelkindern den Fluß hinaufzufahren. Wir stiegen in ein wahres Riesenboot, saßen unten auf dem Boden auf Kisten oder Matten, je nach Veranlagung, und ließen uns von dem Mann mit seinem langen Lenkpfahl allmählich stromaufwärts schieben, denn das ist bezeichnender als rudern. Ein Mann bohrte vorn die lange, braune Stange in den sandig-schlammigen Grund und der zweite Mann schob mit einer eben solchen Stange das Boot nach. Es ging langsam, gab einem aber Zeit, alles gründlich in Augenschein zu nehmen.

Der ganze Handel der Stadt spielt sich beinahe allein auf dem Flusse ab. Jeder Laden hatte seine richtige Seite dem Fluß zugewandt, und die Käufer blieben vor den Stufen stehen, handelten und feilschten vom Boot aus, ließen sich Waren herunterreichen und nahmen endlich, was ihnen am gelegensten war. Wunderschön geformte Messingwaren und Körbchen waren ausgestellt, doch trieben alle Händler, die bei uns Buden haben, hier auf dem Flusse. Wenn die Fische schon warm geworden waren, roch man sie aus der Entfernung ...

Wir hielten unweit eines hübschen Gartens, die Mädchen sangen ein christliches Lied und begannen hierauf heißen Kaffee auszuschenken und allerlei Butterbrötchen zu verteilen. Gerade als wir mitten im Schmausen waren, kam die Tochter des Hauses, kniete oben auf den Steinstufen nieder, hob die gefalteten Hände feierlichst an die Stirne und lud uns im Namen ihres Vaters ein, ins Haus zu kommen und einige Yambu zu essen. Wir kletterten also hinauf, besahen uns das siamesische Heim (an dem wenig zu bemerken war), saßen im hübschen Garten, der einen Bach, zum Teich ausgedehnt, überschaute, und ließen uns abwechselnd vom Hausherrn und dessen Frauenanhang bestaunen, befragen und von den Mücken halbtot beißen. Sie wunderten sich sehr über meine Reisen und mehr noch darüber, daß ich keinen Mann hatte. War es schön, ohne Mann zu sein? Ich konnte die Frage nicht klar beantworten, weil ich nicht wußte, ob es mit einem Manne besser oder schlechter gewesen wäre.

Unterdessen sank die frühe Tropensonne hinter den herrlichen Wat, die in dichten Reihen den Fluß da und dort begrenzten und deren schöne Gartenwege sehr einladend aussahen. Wir fuhren nun im wachsenden Dunkel einen Nebenklong hinauf und einen anderen hinunter, bis wir weiter oben neuerdings in den Fluß mündeten. Da hatten wir das schöne Schauspiel der Leuchtkäfer, die in den Tropen größer und zahlreicher als bei uns sind. Auf den breitkronigen Uferbäumen saßen sie scheinbar zu Hunderttausenden. Auf einmal, wie auf ein gegebenes Zeichen, flammten alle auf, und nun sah es wirklich aus, als stünden die Bäume in Flammen, oder richtiger, als hätte man Weihnachtsbäume ungewöhnlichen Umfangs dahin versetzt. Das Licht dauerte einige Sekunden und erlosch, begann wieder nur, um zu versagen, und nie irrte sich ein Leuchtkäferlein. Alles ging am Schnürchen, immer zuckten die vieltausendigen Lichter in der gleichen Sekunde auf und vergingen im nächsten Augenblick.

Lucy, eine Indo-Malaienkreuzung, von Amerikanern auferzogen, in Siam lebend und sich als Europäerin fühlend, erzählte ihre Geistererfahrungen; Tscha Nam gab ein Märchen zum besten, die übrigen Mädchen sangen einheimische Volkslieder, und endlich sang Sopherl ein Lied aus der deutschen Heimat. Wie sonderbar das klang auf den trüben Wassern des Menam, der die Geheimnisse des Dschungels kannte und die schweren Teakhölzer, von Elefanten hineingeworfen, bis zu den Mühlen vor Bangkok gebracht hatte; inmitten der fremden Buden von matten Laternchen erhellt, mit schlüpfrigen Stufen versehen, die empor nachts mehr als eine Wasserschlange kriechen mochte; in Gegenwart dieser weißglimmenden Tempel und der stillen Mönche im gelben Gewand! Langstämmige Palmen spiegelten sich in den mondgefleckten Wassern, und als dunkle Schifflein trieben Gruppen von Wasserhyazinthen dem nahen Meere zu. Über uns flimmerten die Tropensterne feucht wie tränende Frauenaugen und die Laute eines fremden Volkes schnitten in das alte deutsche Lied. Seit über sieben Jahren trieb ich nun auf immer neuen Gewässern, unter Menschen, die kaum zu Freunden geworden, auf immer verlassen werden mußten. Gab es für Sterbliche ein undankbareres Los?

Chiengmai.

An Ayuthia, der ehemaligen Hauptstadt vorüber, gelangt man, sich stets nach Norden kehrend, zur Stadt Chiengmai, wohin sich in dem Jahre auch der König von Siam begab und mit einem Troß von achtzig Elefanten seinen Einzug in die Feste des Nordens hielt. Ein junger weißer Elefant, der im Dschungel gefunden worden war, wurde ihm da zugeführt, denn er war nach alter Sitte wie jeder Albino Eigentum des Herrschers. Das Volk aber jubelte, denn es war das Zeichen einer glücklichen Regierung, wenn ein junger Elefant geboren wurde.

Die Stadt ist voll alter Bauten, die Häuschen der Siamesen wie immer erhöht, also Pfahlbauten. Hier beginnen schon die Laosvölker mit ihrer eigenen Kultur, ihren schönen Märchen, ihren seltsamen Sitten. Wenn ein junger Manu einer Laosschönen den Hof macht, durchwandert er nach Sonnenuntergang die Stadt und singt zur Laute von ihren Reizen, ihrem Munde wie ein Granatapfel, ihren Wangen wie Scheiben frischgeschnittener Papaya und verspricht ihr – als höchstes Gut –, als seine Gattin nie arbeiten zu müssen. Endlich bleibt er unter der Leiter stehen, die zur engen Vorveranda führt, und besingt noch einmal die Begehrte, die der Leiter den Rücken zuwendet. Sitzen die

Eltern auf der Veranda und machen keinerlei Miene, sich bescheiden ins Haus zurückzuziehen, so hat er das gute Recht, sie mit Steinen zu bewerfen, bis sie es tun. Dann klettert er langsam die Leiter empor und setzt sich auf die andere Seite der Veranda. Sie schiebt ihm schweigend die Betelschale mit allem, was dazu gehört, hin, und allmählich plaudern sie, bis sie sich besprochen haben. Erst dann geht ein Vermittler zu den Eltern, und der Tag der Hochzeit wird festgesetzt.

In Chiengmai macht man auch die berühmten siamesischen Gewebe, von denen einzelne gold- oder silberdurchflochten, andere einfach bunt oder aus Wolle und Seide zusammen sind. Die Stoffe sind prachtvoll und farbenprächtig, das alte Liumuster, das wie eine aufsteigende Leiter oder Flamme wirkt, herrscht vor.

Bei der deutschen Gesandtschaft.

Mit dem Gesandten hatte ich, obwohl ich zwei Einführungsschreiben hatte, kein Glück, aber die Beamten waren alle sehr nett gegen mich. Der eine Herr machte mich mit einem echten siamesischen Prinzen bekannt, der mir unendlich viel über östliche Kunst sagte, doch der Teilhaber meiner wachsenden Bedrängnis war Herr I., der mir zum Schluß sogar Papier schenkte, damit ich wenigstens meine Arbeiten fortsetzen konnte. Ich schrieb damals neben allen anderen Beiträgen für deutsche und englische Blätter auch noch meinen Roman »Windlichter des Todes«, und weil dies ein so tiefes Versinken in mich selbst hinein erforderte, überkam ich jene Wochen, ohne wahnsinnig zu werden.

Die Schriftleitungen waren alle glatt »rakuk« geworden. Ich erhielt keine Belege, keine Gelder, nicht einmal Briefe. Mein Vertreter fühlte sich durch meine Briefe und wohl durch meine Vorwürfe entmutigt und verletzt, verlor die rechte Arbeitslust und schwieg sich betrübt aus. Ein Verhängnis folgte dem anderen, und an ein Verdienen war – weil ich doch nur kurze Zeit zu bleiben wünschte – nicht zu denken. Es nimmt ein Handelshaus jemand vertraglich für ein oder zwei Jahre, nicht aber für Monate, und einige Sprachstunden hätten mich nicht ärmer und nicht reicher gemacht, mir aber viel von meiner kostbaren Zeit genommen. Man leistet nichts, wenn man sich zersplittert; ich wußte von Singapore her, wie mein Herz mich immer mit allen Fasern zum eigenen Werke zurückriß. Auch überkam mich die sehr berechtigte Überzeugung, daß ich nur noch wenige Jahre zu leben hatte und es bei mir auf eifrigstes Schaffen, nicht auf reines Geldverdienen ankam. Daheim hatte ich Haus und Besitzungen, hier draußen sorgte ich mich tot ...

Alles war so kindisch, so tragisch bis an die Grenze des Lächerlichen. Nur Herr I. von der Gesandtschaft könnte bezeugen, was ich damals gelitten habe und wie sehr an der Nase man mich von daheim aus zog. Dadurch lernte ich so beschwerlich, aber so gründlich wie Leute in einem Märchen die goldene Lebensregel: »Was du auf Erden getan haben willst, das tue gefälligst selbst!«

Zuerst mußte ich Kost und Wohnung schuldig bleiben, und alles krümmte sich bei diesem Gedanken; hierauf konnte ich nicht mehr zur Bücherei fahren, sondern lief die riesige Entfernung von einer guten Wegstunde zu Fuß, weil ich doch schon Schuhe hatte und meine Füße mir von der Vorsehung unentgeltlich überlassen worden waren. Das – in der größten Hitze – machte mich ganz krank, so daß mir Dr. I. einige Dollar gab, damit ich doch wenigstens eine gute Strecke mit der Elektrischen fahren konnte. An allen Versuchungen mußte ich vorbeigondeln, und das war nicht ein augenblickliches Verzichten, sondern ein dauernder Schaden, weil ich aus diesem Grunde so viel wertvolles Anschauungsgut für die Leute daheim nicht mitbringen konnte. Auch verzögerte sich dadurch die Heimfahrt, die ich auf den Herbst des laufenden Jahres festgesetzt hatte.

So würzten der Sorgen viele meine rasch verstreichenden Tage, und oft durchweinte ich die Stunden, die andere der Ruhe weihen durften.

Der königliche Palast.

Das Fremdenviertel lag um und hinter der Si Lom, der Straße der vier Winde, doch die Ministerien, die große königliche Bücherei, der Palast und die hauptsächlichsten öffentlichen Gebäude überhaupt lagen am anderen Ende der Stadt, teilweise an den Ufern des Tschao Phiya Menam, und man fuhr selbst mit der Elektrischen noch eine halbe Stunde dahin, indem man beim Chaulalongcornhospital umstieg.

Der Palast des »leuchtenden und wunderschönen Erzengels« war so, wie man sich einen östlichen Palast richtig vorträumt. Die Dächer waren alle aus schimmernden Glanzziegeln, die Haken, wie Sicheln gebogen, aus funkelndem Gold, die Pagoden mit goldenen Dächern, die Mauern mächtig, abweisend, dick. Man ahnte Wunder dahinter, und stundenlang spielte im ersten Hof die eigentümliche siamesische Militärmusik. Europäern war der Eintritt verboten. Der gegenwärtige König hatte nur eine Frau, die er scheinbar sehr liebte, die er überall mitnahm und die mit ihm auch Tennis spielte, genau wie eine Europäerin. Anders war es vor wenigen Jahrzehnten. Da gab es noch Sklavinnen, und wer einmal in die Frauenstadt gekommen war, der durfte an kein Entweichen mehr denken. Es gab da als Wachen nicht Männer, sondern Amazonen – starke, uniformierte Weiber, die schon Recht schaffen konnten. Männer schenkten ihre Töchter dem König, Sklavinnen wurden gekauft, und ganz unmenschlich waren oft die Strafen, wenn eine dieser Unglücklichen es versuchte, aus der Stadt zu entfliehen.

Selbst heutzutage sind die Hinrichtungen noch schrecklich. Der Verurteilte wird auf einen öffentlichen Platz geführt, der Henker bittet ihn erst um Verzeihung, dann stopft er dem Unglücklichen nasse Erde in die Nase, die Ohren, verbindet ihm die Augen und bindet ihn zwischen zwei Pflöcken kniend fest. Dann tanzt er mit seinen Henkersknechten, alle in brennendes Rot gehüllt, den Schwerttanz und schlägt dem Verurteilten plötzlich das Haupt ab, so daß ein dreifacher Strahl von Blut hoch in die Luft schießt. Es tragen übrigens alle Gehilfen Schwerter, damit sie zuhacken können, falls dem einen der Hieb mißlingen sollte.

Dem Palast quer gegenüber befindet sich ein winziger Elefantentempel, in dem oft geopfert wurde, so daß der Duft von Blumen und Räucherzeug einem betäubend entgegenwehte. Manchmal wurde davor Theater gespielt, und ich konnte halbe Stunden lang wie angenagelt unter all den Eingeborenen eingepfercht stehen und den seltsamen Bewegungen der Spielenden zusehen. Die Finger waren so biegsam, daß sie wie lose Blätter an einem Stengel wirkten und die alte zugespitzte Mütze aus Perlen und Goldflitter, die glitzernde Jacke mit den Achselbogen, die Flügel ersetzen sollten, die mit Henna gefärbten Nasenlöcher, das weißgetünchte, maskenhaft stille Gesicht – alles war derart einem Märchen entnommen, daß ich mich davon nur schwer losreißen konnte.

Bei jeder Wegbiegung stieß man auf einen Wat, doch der schönste und prächtigste lag ganz in Palastnähe und wurde der Wat des Smaragdbuddhas genannt. Der schlafende Buddha war riesengroß und mit Edelsteinen verziert, in den Hallen und im großen Hofe standen unheimlich grinsende, überlebensgroße Steinwächter, greuliche Steinhunde kauerten in den Ecken, und größere und kleinere Pagoden standen, wohin man nur schaute.

Unfern davon war, hinter der herrlichen Thronhalle, der Dusitpark, der »Ort, wo alle Wünsche erfüllt werden«, und noch etwas dahinter gelangte man zu den Hofställen der heiligen weißen Elefanten, die in Wahrheit nicht weiß, sondern hellmausgrau sind – prächtige, sehr gut gewachsene Tiere, die sich ihrer Heiligkeit voll bewußt sind und auch ihre Prachtzähne ungebrochen bewahrt haben. Man darf sie besuchen und ihnen ergebenst Zuckerrohr überreichen. Sie bringen Glück, und ich hielt ihnen auch erwartungsvoll mein Bündel entgegen, gewöhnt vom Tiergarten her, die Gabe demütig mit dem umgedrehten Rüssel genommen zu sehen. Nichts davon! Kaum war ich nahe genug, so brüllte mich der Elefant an, daß ich förmlich zurücktaumelte, und riß mir die Opfergabe mit einem herrischen »Gib her!« auf Elefantisch aus den Händen. Er wußte, daß er der Herr war und ich nur der bescheiden Opfernde ...

An all diesen Tempeln – diesen steingewordenen Träumen und Gedichten eines fremden Volkes vorbei – bog ich nach der Altstadt neben den vielen Klongs ein, denn für mich war das Leben des Volkes doch das, was über alle Tempel hinauswuchs, und dieses Leben spielte sich auf der verzimmerten, grüngestrichenen Brücke des Marktviertels ab, die wohl der Ponte di Rialto von Bangkok genannt werden könnte. Davor sah man in einem finsteren Zimmerlein eine Ersteklasseschule. Die Kinderchen, Mädchen und Knaben, Siamesen und einige fransenbehaarte Chinesen, saßen auf den Matten und bohrten an einer Tafel herum oder lasen einstimmig, mit der Stimme hinauf- und hinunterspringend. Die dunklen Köpfe wackelten vor Andacht, und der Lehrer dahinter, mit seinem Stäbchen auf dem einzigen Stuhl wirkte im Halblicht wie ein leitender Gott.

In den Buden verkaufte man Stoffe und Seiden, von Geräten hingen Pahom und Panungstücke, rote Taschentücher einfachster Art (damit die Betelspuren keine Flecke hinterließen); in Wachsläden verkaufte man Kerzchen, Wachskugeln, Wachsfigürchen und eine besondere Wachsart, die weich und etwas klebrig war und mit der sich die Frauen die Lippen bestrichen, bevor und nachdem sie kauten, um das Gegerbtwerden der Lippen zu verhindern.

Da konnte man die feinen Silberwaren bewundern, die schönen Blumengewinde kaufen, die Gästen bei Festen um den Hals geworfen wurden, durfte sich an siamesischen Töpferwaren ergötzen, und daneben flutete das Leben des Ostens, seltsam, fremd und immer neu ...

Das geleistete Versprechen.

Ich könnte noch stundenlang von Siam weitererzählen – von den Schulen, die ich besuchte, den Theatervorstellungen, den kleinen Haushaltungen bei Missionaren, den behaglichen Abenden bei Frau Boch, die immer eine echte Wienerspeise für mich bereit hatte und die in einem Hause mitten in der Stadt wohnte, von dem aus man das Treiben der Chinesen in all den vertrautesten Einzelheiten aus erster Hand studieren durfte – wertvolle Kenntnisse, die aber nur für Schriftsteller kostbar sind und auf die gewöhnliche Sterbliche nur zu gerne verzichten, aber von jedem Lande darf ich gewissermaßen nur den feinen Flaum seines Zaubers ein wenig abstreifen und zur Probe vorzeigen. Zu lang, zu reich, zu schwer vor allen Dingen ist die Fahrt gewesen ...

Nun begannen, nach dreimonatigem Aufenthalt, die Qualen der Paßumstände. Ich würde ohne Geld überhaupt nicht an ein Fahren gedacht haben, wenn ich nicht von Singapore aus verständigt worden wäre, daß man beim deutschen Konsulat in Kalkutta eine Kraft suche. Auf diese Aussicht hin – nun war ich verzweifelt genug, hoch zu springen – gestattete man mir nicht nur, meine Schuld unbeglichen zu lassen, sondern lieh mir das nötige Geld für die Zweiteklassefahrt bis nach Indien. Ich hatte Glück, die Schiffahrtsgesellschaft ließ die Zweite zu (auf manchen Strecken dürfen Europäerinnen schon auf behördliche Anordnung nur in der Ersten fahren), und nun kam die Visumplage. Ich ging mit schlotternden Knien zum britischen Löwen und legte meinen Paß vor. Ich wurde nicht, wie das sonst bei Konsulaten so oft Sitte ist, deswegen angeschrieen, sondern der Beamte war sehr höflich. Ich erklärte ihm die Sachlage und meinte, daß ich zeitlebens in Siam verbleiben müsse, wenn der Paß nicht genügte.

»Wenn es sich nicht um die Einreise nach Indien handeln würde – die Behörden dort sind sehr streng, und überdies sind Journalisten sehr gefährlich!«

»Oh weh«, dachte ich, »gefährlich sind sie wohl nur in den Augen des Gesetzes und nirgends sonst!« und ich versuchte ihn von meiner persönlichen Ungefährlichkeit zu überzeugen. Er lächelte und bat mich nur, Belege meiner englischen Arbeiten zu bringen. Das tat ich, er versprach, sie nach Indien vorauszuschicken, und gab mir das Visum auf den letzten freien Platz, allerdings nur gegen das Versprechen, nie etwas über Politik zu schreiben.

»Visiert habe ich den Paß«, meinte er liebenswürdig, »aber garantieren kann ich nichts! Hoffentlich haben Sie Glück!«

Ich bezahlte acht Rupien und verschwand. Indien war ja das Land meiner Träume. Würde sich wie in Japan der Traum auch erfüllen?

In der Zweiten nach Penang.

Zuerst hatte ich die abenteuerlichsten Pläne gehabt – mit einer Karawane über Chiengmai über die Berge, auf einem Elefanten reitend; dann über die verschiedenen Flüsse hinauf und hinunter bis an die Grenze Birmas, aber dann kamen die hohen Kosten zur Ungewißheit des Reisens, die gefährliche Einsamkeit, meine Unkenntnis der östlichen Sprachen, und endlich brach nach den ersten Regengüssen, nach dem Drachenwind (dem Märzwind, wenn man alle Drachen steigen ließ und der König an dem Sport teilnahm) die Cholera in Bangkok aus.

Wenn sie einmal einreißt, sterben die Leute wie Mücken. Die Klongs sind alle verseucht, und ungeachtet der Warnungstafeln wird weiter gebadet, gewaschen und mit diesem scheußlichen Wasser auch der Mund ausgespült, so daß an eine Einschränkung der Gefahr nicht gedacht werden kann. Die Ausscheidungen der Kranken werden bekanntlich in diese Kanäle geworfen und der grüne Schlamm setzt sich – Tausende von Bazillen enthaltend – am Ufer an, wird von der Sonne getrocknet und vom Wind durch die Stadt getragen. Wir kochten alles, auch das Wasser, und aßen kein Obst, wenigstens nur Obst, das daheim geschält wurde und oft noch mit siedendem Wasser abgewaschen worden war. Dennoch hilft auch das nicht immer, denn Herr I., der nirgends außer Haus etwas anrührte, erkrankte an der Cholera. Er klagte über Schmerzen um den Nabel, krümmte sich, hatte Untertemperatur und verfiel bald in die gefürchteten Krämpfe. Ein Glück, daß seine Frau Ärztin war! Sie machte einen heißen Einlauf, legte heiße Wärmflaschen auf Bauch und Rücken, kochte schwarzen Kaffee, denn dies erhält die Herztätigkeit, und entriß ihn auch ohne Serum (das indessen auch nur hilft, wenn man es sofort zur Hand hat) dem Tode, doch konnte man direkt sehen, wie das Fleisch von den Knochen fiel, das heißt, es sank ein, weil der Körper so schnell alle Flüssigkeit verlor. In zwei bis drei Stunden ist ein Erkrankter oft schon tot. Ich hatte keine Angst, erstens, weil mir am Leben nichts lag, zweitens, weil die Cholera eine so sympathische Krankheit war, die schnell kam und entweder schnell zum Tode oder schnell zur Genesung führte. Herr I. sah am folgenden Tage aus wie jemand, der drei Wochen zwischen Leben und Tod gelegen hat …

Ein anderer Fall erschütterte mich auch sehr. Unweit von uns war ein dänisches Großhandelshaus. Alle Angestellten wurden Samstagvormittag zusammengerufen, und es wurde ihnen das Antiserum eingespritzt. War der eine junge Däne schon angesteckt gewesen oder war ihm zu viel Choleraserum eingeimpft worden – Gott weiß es; jedenfalls erkrankte er Montag früh und war vor Sonnenuntergang eine Leiche. Dies ließ mich sagen, daß ich mich vor der Cholera nicht fürchten, ihr aber auch nicht entgegenlaufen würde. Wenn man mit dem Serum starb, konnte man sich wahrlich die zwölf Ticals ersparen. Ich sparte auch da gern, ich armer Teufel!

Der Abfahrtstag kam. Ich hatte von Frau Dr. I. zum Abschied ein unverwüstliches Seidenkleid und einen neuen Hut bekommen und ein Missionar hatte erzählt, daß es sich in der Zweiten angenehm reiste. Das glaubte ich schon damals nicht, doch ist es möglich, daß ein der Landessprache mächtiger Missionar, der das Volk und besonders Gerüche und Kinder liebt, unter solch einer Fahrt nicht geradezu leidet. Ich hatte erst eine lange Mühe und Beschwerde, überhaupt einen Sitzplatz zu erobern – eine ernste Sache in einem Zug, dessen Endziel zwei Tage entfernt liegt – und dann saß ich in einer Vertiefung des langen Wagens mit einem Hindu-Ehepaar zusammen, das aus einer Menge von Schachteln, Koffern, Flaschen und Gerüchen und zwei Kindern – einem verplärrten Jungen und einem nie ruhigen Mädchen – bestand. Was diese Leute um Wasser in den gewissen Ort gingen! Den Tschao Phiya Menam hätte man damit füllen können, doch nicht ihre Mägen! Und was sie alles aßen! Gekochte Eier, Reis, eine Mischung, die gewürzter Dhal zu sein schien, Tschipati, gepickeltes Gemüse und kandiertes Zuckerwerk, das alle Farben des Regenbogens hatte. Erst aßen sie alle, dann wanderten sie der Reihe nach hinaus, dann zogen sie sich um, dann tranken sie Wasser, dann aßen sie wieder, gingen neuerdings hinaus und so weiter, daß sie nicht eine Sekunde Ruhe gaben. Das Mädchen wollte mit ihrer Kopfmütze aus gestickter Seide, die oben auf dem Scheitel thronte, und ihren weiten seidigen Gewändern, die nach Sandelholz und Babywasser rochen, stets an mir vorbei ans Fenster, und alle versteckten Stöße gegen die Knöchel halfen nichts. Warum muß ein Körper immer dort sein, wo er räumlich nicht hingehört? Warum müssen sich die, deren Geschick abseits von Liebe, Ehe und Kindern liegt, von den Ehemännern und Kindern anderer ärgern lassen? Ich kann recht brummig sein, und in einer stillen Art gab ich dem Kinde mehr Püffe als einem Hund in sieben Jahren – aber vergeblich! Asiatenfüße sind abgehärtet.

Ich war so unglücklich über dieses Reisen, über das Geschrei und Gepolter in den angrenzenden Abteilen, das lästige Kind, das immer meine Zehen, Knie und Aussicht gefährdete, über die Gerüche, die meine Nase schiefschraubten, über den Umstand, daß ich als Europäerin mit diesem Riffraff durcheinandergeworfen wurde, daß ich weder aß, noch trank, noch sprach, noch mich – bis auf die abwehrenden Püffe – irgendwie rührte. Das war dem Mädchen und den Indern scheinbar allen ein unerklärliches Wunder, daß einmal ein Weißer, der sich bekanntlich auch ohne Muß drehte, so still wie ein indischer Fakir saß, daß mir der Balg, als ich mich niederlegte – man machte uns einfache Betten aus den umgeschlagenen Bänken, und der Inder mußte hinauf ins Bett über mir kriechen – Wasser auf die Beine goß, wahrscheinlich, um zu ergründen, ob ich eine Tschaureil, ein Trug der Sinne, oder wahrhaft ein Mensch war. Ich verfluchte sie, leider in Englisch, bei Siva, dem Zerstörer, und wünschte ihr Unfruchtbarkeit durch sieben Erdenleben, von der gelinden Hoffnung erfüllt, daß, wenn der Fluch auf mich zurückfiele (wie Flüche es angeblich tun), ich wenigstens sieben Wiedergeburten hindurch keine Gefahr laufen konnte, Kinder zu haben. Es gibt zu jeder Wolke bekanntlich die Silberkruste ...

War es die Verwünschung bei Siva oder waren die Inder zur Überzeugung gekommen, daß ich, wenn ich schlafen konnte, doch in gewissem Grade menschlich sein mußte, jedenfalls boten sie mir am folgenden Morgen Eier an und erzielten ein Lächeln und weniger Püffe gegen die Knöchel der kleinen Zudringlichen, doch lehnte ich die Eier ab, weil mir in dieser Umgebung alles zuwider war und ich überdies nichts tat, als dharmaartig sitzen zu bleiben, so daß ich des Essens nicht bedurfte. Ich habe mir daher schon mehr als einmal gedacht, daß ich mich hätte mit der Erika unter einen Glassturz stellen und als Hungerkünstlerin gegen Geld bewundern lassen sollen. Das hätte mir vermutlich mehr Ruhm und Geld als die Schriftstellerei eingetragen. Warum schenken einem die Götter immer die Gabe, die am bestimmtesten zum Fluch wird? Hätte ich zum Beispiel nichts gekonnt, so würde ich nun daheim in viel Behaglichkeit Pfannkuchen gebacken und unsere anderen herrlichen österreichischen Mehlspeisen hergestellt haben, mir und anderen zur Freude.

So aber roch ich Speisen, die einer Kloake zu entstammen schienen, und nasse Kinderhöschen und Kleider, die in alten Truhen gelegen hatten, vernahm das laute Geschwätz der Chinesen (so zu schreien vermag kein zweites Volk, nicht einmal ein Südseeinsulaner) und das schrille Lachen einiger Mischlinge, die mit einem dicken Manne schäkerten, wie die lustigen Weiber von Windsor mit Falstaff. Dreißig Leute in einem Langwagen und nicht zwei von der gleichen Farbe! Sprachen wie zu Babylon und Umgangsformen wie im Ostende von London! Und darunter saß ich, weil ich unterbezahlt wurde. Wenn ich noch aus Überzeugung gesessen hätte!

Die Zwangslage lehrte mich, abgesehen von Lebenserfahrung und Bitterkeit, doch allerlei, was schriftstellerischen Dauerwert hatte. Das Verhältnis der beiden Ehegatten zueinander gefiel mir zum Beispiel sehr gut. Er war wie ein Zwergpapagei aus Panama, kostete alles, ehe er den Lockschrei ausstieß, der dem Weibchen andeutete, daß es getrost zufallen konnte, immer salaamte er, wenn sie ihm etwas reichte, immer sie, wenn er etwas austeilte, und das Geld war in ihrer Verwaltung; immer zog sie es aus ihrem geräumigen Busen hervor, wenn sie ein »Kracherl« des Orients (noch weit unschmackhafter als die unsrigen) erstehen wollten. Sie lächelten sich häufig zu, und er erzählte ihr scheinbar eine ganze Menge unterhaltender Erlebnisse, denn sie hörte aufmerksam und sehr belustigt zu.

An der Grenze ereignete sich etwas ungewollt Heiteres. Es gab die übliche Zolluntersuchung, die Paßprüfung, und endlich kam ein Beamter auf mich zu und begehrte mein

Cholerazeugnis, nämlich den Beweis, daß ich gegen Cholera geimpft worden war. Die ganze Nacht hindurch hatten mir meine Mitreisenden wenig Schlaf gelassen, und ein Bahnangestellter hatte immer wieder in allen Betten (doch nicht in dem meinen) nach einem verlorenen Bettlaken gesucht (es wird ungeheuer gestohlen), so daß meine Laune noch unrosiger war, als die Frage, hinter der sich drohend zwölf Ticals samt der Cholera bäumten, an mich gestellt wurde. Dicht an meiner Seite, prall aufstehend, waren die Speere und Pfeile aus Neu-Guinea, unangenehme Dinge für friedliebende Menschen, und daneben saß ich und starrte ihm finster und ungewollt abweisend ins Gesicht, zog die Brauen noch mehr zusammen und erklärte trotzig: »Ich werde *nicht* die Cholera haben!«, als ob die Sache rein von mir abgehangen hätte. Ob der Beamte glaubte, daß sich die leibhaftige Cholera in der Tat vor so jemand fürchten würde oder ob mein Europäerblut ihm genug Ehrfurcht einflößte, mich ungeschoren zu lassen, habe ich nie ergründet. Ich weiß nur, daß er mich nicht mehr nach Zeugnis oder Cholera fragte und mich die Mitreisenden mehr denn je unter die Geister einreihten.

Einige Stunden vor Penang kam ein dicker Malaie in den Zug und setzte sich neben mich, die Füße weit ausstreckend. Unter anderen Umständen hätte ich ihn verwünscht, so aber hielt er das zappelnde Mädchen vom Fenster ab, und als er mir, weil er sich unaufhörlich reckte und streckte, »Malaria« zuraunte, fühlte ich sogar ein menschlich Rühren mit ihm und schenkte ihm mehr Platz und ein mattes Lächeln. Das Hindukind versuchte noch einige Male, über seine Beine ans Fenster zu gelangen, aber diese waren dick und fest wie Teakhölzer, und ich saß geschützt und ungestört in meiner Ecke und taute bis Penang langsam auf.

Die Fähre kennt nur eine Klasse, und ich wurde daher in den weiteren zwanzig Minuten Mensch, fuhr sofort ins Jungmädchenheim und überraschte die Bekannten dort, die am Abend nichts als aus dem tiefen Stuhl zwei Füße in

Tan-Kah-Kee-Schuhen und einen Wuschelkopfanfang tauchen sahen und mich dann begrüßten, ehe ich noch das Buch gesenkt hatte.

Bei den Affen.

Diesmal hatte ich ein Einführungsschreiben an den Konsul von Siam und seine deutsche Gemahlin; beide nahmen sich meiner liebenswürdig an und führten mich überall herum. Gegen Abend kreuzten wir den botanischen Garten und erreichten den Bergabhang, den herab viele gelbe Affen tollten. Sie hatten gar keine Angst vor dem Kraftwagen, nahmen ruhig Nüsse und Bananen von uns entgegen und jagten wie toll bald den Berg hinauf, bald den Berg hinunter, und ich unterhielt mich am besten, wenn der Affe eine Äffin beim langen Schwanz packte und sich von ihr nach oben ziehen ließ.

Um elf Uhr abends mußte ich unten am Hafendamm stehen, um ein Viertel nach dem Schlag fuhr die Fähre zum Schiff ab. Verpaßte man auch die zweite Fähre, so blieb man in Penang und verlor überdies die Karte. Ich hatte eine Karte mit Unterbrechungsgültigkeit für Birma genommen, denn um jeden Preis wollte ich diese Feste des Buddhismus kennen lernen und die Straße von Mandalay, die Kipling besungen hatte.

Wenn ein Mensch Pech hat, so hilft ihm nichts – er hat es! Wie ist es sonst zu erklären, daß von allen Reisenden gerade ausgerechnet *ich* in die einzige Kabine gesteckt wurde, die eine Frau mit einem brüllenden Einjährigen bewohnte? Solche Lungen sind nicht wiederzufinden! Und immer brüllte das Ungeheuer, wenn es in die Kabine gebracht wurde, weil nämlich Mutter und Kind die erste Nacht aus dem Bett gefallen waren. Dumme Mutter und dummes Kind, aber in welchem Zusammenhang steht ein Schriftsteller zu dem Vorfall? In solch selbstsüchtigen Redensarten erstickte ich das noch immer schlummernde idealistische Begehren, den beiden armen Wanderern zu helfen oder doch freundlich zu begegnen. Es war eine mich über alles übrige grämende Tatsache, daß die ewigen Stöße des Schicksals, das ewige Vereiteln all meiner Wünsche, Pläne und Hoffnungen, das Unheilvolle, mich wie einen Affen in der Luft nur an einem schwachen Ast baumeln zu lassen, in mir eine Kälte gegen andere und eine Bitterkeit großgezogen hatten, die ich nicht zu überwinden vermochte. Lange Jahre hindurch hatten mich meine Leiden weich und mitfühlend gemacht, und nichts war imstande gewesen, meinen sehr betonten, sich noch in Japan nach allen Richtungen hin ausübenden Idealismus zu dämpfen, doch nun war ich bei einer dumpfen Hoffnungslosigkeit angelangt, die mich denken ließ, daß ich immer und an allen Orten in der Hölle schmoren würde, ob der Ort nun die Stadt der zehntausend Pagoden, des herrlichsten Feuerberges, der wildesten Gegend oder der schönsten Menschen war, und ich sah ein, wie recht Dr. Johnson hatte, wenn er behauptete: »Wo es keine Hoffnung gibt, kann es auch kein Bestreben geben.« Und in mir starb Tag auf Tag die Hoffnung dahin …

Dennoch ließ ich nie einen einzigen Tag lang meine Arbeit fallen. Vernichten, in die unterste Hölle verdammen, konnte mich die Macht, die mit mir spielte, aber wenn ich das Leben einmal abschüttelte, so wollte ich mein Werk dieser Macht mit den Worten zu Füßen werfen, daß mein Mißerfolg nicht meine Schuld gewesen. Auch hatte ich etwas unternommen, und das wollte ich durchaus zu Ende führen – der Vorsehung zum Trotz, wenn es sein mußte! Dieses unbedingte fraglose Festhalten an einem Entschlusse hat mir zum Schluß den Sieg gebracht.

In der Stadt der zehntausend Pagoden.

Birma nannte man einst Suvarna Bhumi – das goldene Land. Ich bemerkte eines Morgens die nebligen Umrisse des ansteigenden Landes und Molmein, die kleine von den Engländern gegründete Stadt im Süden am Eingang des eigentlichen Golfes, doch erst am folgenden Tage sahen wir im Morgenlicht Rangoon (verstümmelt aus Yangon, was »Ende des Krieges« bedeutet) vor uns liegen. Das Bild gehört zu den schönsten der Welt, denn die von Osten einfallenden Sonnenstrahlen treffen die herrliche Pagode Shwe Dagon außerhalb der Stadt selbst und der Reihe nach all die Pagoden, deren oberer Teil immer aus strahlendstem Golde ist und besten Verzierungen, oft ebenfalls vergoldet, wundersam funkeln. Sind es auch nicht in Wahrheit zehntausend Pagoden, so bleibt noch genug übrig, um das Herz zu erfreuen.

Einst gab es verschiedene Tore zur Stadt, die heute nur Schutt sind, aber aus dem Alten entstand doch künstlerisch hochstehendes Neues. Die inneren Pagoden, die schönen europäischen Bauten am Hafen, die Moschee in maurischem Stil, und anziehender als alles andere das Volk und das Treiben selbst.

Siam war noch der Ferne Osten, war noch Hinterindien im eigentlichen Sinne mit allem, was an China anklingt, doch Rangoon zeigte Ostindien in seiner für mich vollen Neuheit und hatte durch die Verschmelzung einen eigenen Reiz. Hier begegnete man schon den echten Indern neben den mongolischen Birmanen. Als ich vom Schiff dem Postamt zueilte – stets mein erster Ort in einem neuen Land – sah ich auf dem breiten Pflaster einen Mohammedaner, der sich eben den Turban neu anlegte. Ein Knabe hielt das eine Ende des meterlangen Stoffes, und der Mann drehte sich, indem er die Falten ums Haupt ordnete, langsam um die eigene Achse, bis der ganze Turban einen stattlichen Kopfputz bildete, der bei der Tropenhitze nicht anders als beschwerlich sein konnte. Die Zipfel des langen Bartes hatte er geschickt und ebenfalls unter dem Turban in Ohrnähe verstaut.

Dann kamen die Mittelstraßen – breiter und besser als jene in Bangkok und auch mit dem verwirrenden Leben auf dem Pflaster, denn nur zu oft versperrten Buden oder Tische vor Eßhäusern den Weg. Ich lachte vergnüglich, weil mich die Inder scherzweise anriefen, und mich einluden, bei ihnen zu essen – etwas Ungeheuerliches für alle, selbst für Mischlinge, undenkbar für reine Europäerinnen, obgleich es herabgekommene Weiße gibt, die da aus geldlichen Gründen speisen müssen. Für mich kam nur das Verzichten in Betracht, doch sahen einzelne Speisen lecker aus, und ich hätte so ein Huhn mit Kräutern und Kerri ganz gern verspeist.

Eigenartig waren nicht nur die Inder mit ihren goldgestickten Mützen, ihrem goldwurstigen Kopfputz, halb Mütze, halb Turban oder dem Turban selbst, der manchmal schneeweiß beim Hadschipilger, manchmal aus hellrosa, sonst aus gelber Seide war und bei den reicheren Leuten vorn einen Edelstein zum Abschluß hatte, sondern auch die Birmanen in ihren weiten weißen Hosen, der losen Jacke, und die Birmaninnen mit zu einem auffallenden Knoten oben auf dem Kopfe gedrehtem Haar. Sie trugen den Sarong und darüber eine lose Jacke, doch waren sie nicht so zierlich wie die kleineren Siamesinnen, lachten indessen ebenso vergnügt in die Welt hinein und rauchten so ungeheuer dicke und lange Zigarren, daß ich um jeden Preis so einen Stinkstengel kaufen wollte. Ich begab mich in die auffallend schöne und große Markthalle, wo man prachtvolle Seiden, herrliche Stickereien, allerlei Früchte und vor allem die entzückenden Sonnenschirme fand, die mich noch zuzeiten im Traum verfolgen, obschon ich nie einen Schirm trage und so viele Jahre ohne Schirm um die Welt gefahren bin. Sie sind wie die japanischen Schirme aus irgend einer hellen Seide (blaßgrün, rosa, hellblau), aber sie haben eine reichere Stickerei rund um das schöngeschwungene Dach und überdies reizende Fransen rund herum, die das Gesicht des Trägers weich umranden. Unter einem solchen Schirm muß jede Frau schön sein, doch da mir dies selbst mit einem birmanischen Schirm kaum gelingen dürfte und ein jeder über zwanzig Rupien kostet, verblieb ich nach wie vor schirmlos. Dagegen ging ich zu einer Frau, deren Bude mit großen Zigarren überschüttet war, und legte vier Annas auf den Tisch, denn mich in ein Gespräch einzulassen, wagte ich nicht. Sie lächelte und gab mir zwölf Zigarren, die so sehr nach Würsten oder Holzstücken und so wenig nach Tabak aussahen und rochen, daß ich sie glatt durch unzählige Zollbehörden hindurchschmuggelte und sie später als wissenschaftliche Lehrmittel an Schulen usw. verteilte.

Bei den Elefanten.

Rangoon ist die Stadt der Elefanten, die dort genau den Dienst leisten, den wir sonst von Ochsen verlangen; mehr als das, denn sie arbeiten als Holzschichter auf den Holzplätzen an den Ufern des Irrawaddy. Ich wollte sie um jeden Preis sehen und fuhr daher mit der Elektrischen hinaus. Es gab eine erste und eine zweite Klasse und ich fuhr, weil ich ganz unbekannt und abenteuerlustig war, in der Zweiten, neben einem Kohlenträger, dessen Körbchen ihn ganz verdeckten, einem Priester in gelbem Gewand mit dem steifen Blatt einer Fächerpalme als spanischer Wand, einer Birmanin in langem, braungefleckten Sarong und einer grellrosa Bluse, und einem Shan, einem Manne aus dem Innern, der sich in Rangoon so scheu wie ich selbst fühlte und sein Nationalkostüm trug – weite Hosen, die hinten in einem Sack endeten und einen weichen Riesenstrohhut, der wie ein welkes Blatt um sein braunes Gesicht fiel. Die Shan wahrsagen aus Hühnerknochen, weil sie – wenn ich mich recht erinnere – der Meinung sind, daß ein Huhn einst versehentlich ihre heilige Schrift gefressen hat.

Ich sollte (so hatte man mir angedeutet) bei einem Bach jenseits einer Brücke abspringen und nach rechts gehen. Das tat ich, und siehe da! mir gerade gegenüber stand schon ein Elefant und hob einen mächtigen Teakstamm, den er mit sich schleppte und auf andere Stämme rollte. Der Inder, nur mit einem Lendentuch bekleidet, saß oben auf dem Tier dicht hinter den Ohren und stachelte ihn mit einer spitzen Stange zur Arbeit an, oder bedeutete dem Tier damit, was zunächst von ihm begehrt wurde. Dann kamen weitere Elefanten, hoben einen Stamm vereint auf und schichteten die Hölzer bald zu Haufen.

Sie lassen sich nicht befehlen – das heißt, nicht wahllos; wenn kein Schatten fällt, die Sonne also genau zu Häupten steht, weiß der Elefant, daß es zwölf Uhr ist, und dann legt er das Holz hin und begibt sich zum Sammelplatz, wo sein Futter in Gestalt von Reisstroh, Bananenlaub und ähnlichen Dingen auf ihn wartet. Um keinen Preis würde er über die Zeit arbeiten, und seine Ruhe will er haben. Nach Sonnenuntergang rührt er nichts mehr an, und vierzehn Tage jährlich hat er Ferien. Da geht er hinaus in den Dschungel und vergnügt sich nach Elefantenart, doch kehrt er immer zurück, wenn seine Tage um sind. Weibchen werden, wenn sie trächtig geworden sind, sofort freigegeben, weil sie in der Gefangenschaft nur wunderselten werfen oder lebenskräftige Junge haben. In der Nacht stellt sich stets eine andere Frau zur Mutter, damit das Kind zwischen ihnen steht und so vor dem Tiger oder anderem Raubzeug geschützt bleibt. Geht ein Weibchen ein, so nimmt eine einheimische Frau das Kind an die Brust, nur muß solch ein Elefantenbaby drei Jahre gesäugt werden. Es trinkt mit dem Rüssel um den Hals der Frau und ist ihr so anhänglich wie einer echten Mutter. Mit vierzig Jahren ist der Elefant ein frischer Junge, mit siebzig ein Junggeselle für die Ehe reif, aber wenn er ins zweite Jahrhundert geht, fängt ihn die Welt zu ärgern an, und da wird er böse, wenn er nicht frei laufen darf. Man gibt ihm daher seine Freiheit wieder, und er wandert fern von der Herde, allein. Das sind die gefährlichsten Tiere, denn meist haben sie einen Stoßzahn schon ausgebrochen und greifen in ihrem Griesgram an, was ihnen in den Weg läuft. Eine Herde zerstört höchstens durch Kraft oder Mutwillen, reißt ein paar Bananen als Gabelfrühstück aus oder zertrampelt einen Garten, beschnuppert mit dem Rüssel feinfühlig auch Menschen, wenn sie nur ruhig bleiben und sich »untersuchen« lassen, und geht weiter, doch ein einsamer »alter Herr« faßt an, wirft den Angegriffenen hoch in die Luft und zerstampft das Opfer mit seinen säulenartigen Beinen.

Auf dem Wege nach Mandalay.

In schweren Windungen schiebt sich der Irrawaddy landeinwärts, immer an den schon bekannten Pfahlbauten vorbei, die doch irgendwie ein verändertes Aussehen haben und die allerlei Anzeichen tragen, daß man von ihnen unliebsame Geister mit weißbemalten Töpfen und so weiter verscheuchen will. Auf den Hügeln wohnen die Karen, ein Volksstamm, der zugewandert ist, der am Ackerbau mehr Vergnügen als der echte Birmane findet und dessen Verzweigungen in Sitte und Sprache bis nach Potaram, etwa vier Eisenbahnstationen von Bangkok, reichen.

Die Schiffe fahren den Irrawaddy langsam auf und nieder, doch mit der Bahn geht es schneller in das reizvolle Innere, und eines Morgens sieht man das Leuchten der Pagoden und die teilweise noch erhaltenen Tore der Stadt, von denen es einmal zwölf gegeben hat und unter denen immer ein Knabe und ein Mädchen lebendig begraben worden waren. Auch standen da in verschlossenen Nischen Ölkrüge, und alle sieben Jahre öffnete ein Priester sie, um zu prüfen, wie das Öl sich erhalten hatte. In den achtziger Jahren des vorigen Jahrhunderts verdarb das Öl plötzlich, und andere böse Zeichen bedrohten den Staat, der bald darauf von den Engländern genommen wurde. Thebaw, der letzte König, wurde immer der »goldene Fuß«

genannt und durfte nur aus der Ferne betrachtet werden. Duft, der ihm angenehm war, wurde seiner »goldenen Nase« angeboten, und sein Palast führte den stolzen Namen »Mittelpunkt des Weltalls«. Man näherte sich ihm nur kniend, und er wurde von den sogenannten »gefleckten Männern« oder Henkersleuten bewacht, die einen schwarzen Kreis auf die Wange tätowiert hatten zum Zeichen, daß sie Verbrecher waren und alle Hinrichtungen vornehmen mußten.

Schön, wenn auch schon meist zerfallen, sind die Tempel und Pagoden von Mandalay. Sie tragen teilweise das schöne Flammenmuster, teilweise im Relief den in Betrachtung versunkenen Buddha und Motive von Lotosblüten, dem Lebensrade, dem heiligen Elefanten, in dessen Leib der vollkommen Erleuchtete die letzte Wiedergeburt vor seiner Befreiung verbracht haben soll, weil das lange und beschauliche Leben eines Elefanten lange Zeit zu Betrachtung und Erfahrung gab.

Frauen mit Kindern auf der Hüfte, betelkauend, lachend, jede von ihnen beinahe die Inhaberin eines winzigen Ladens, denn die Birmaninnen sind die glücklichsten und freiesten Frauen des Ostens, behalten allein, was sie verdienen, und dürfen sich ihren Gatten selbst wählen. Sehr viele, sehr schöne Liebesgeschichten entstehen daraus und auch die Märchen sind allerliebst, handeln von jungen Mädchen, die ein Tiger entführt und ein Kröterich befreit, von schlimmen Jungen, die nicht arbeiten wollen, und vom törichten Knaben, den die Elfen in das große blaue Himmelreich getragen haben und der aus lauter Gefräßigkeit wieder auf die Erde zurückfiel.

Hinter Mandalay beginnen die Teegärten, und die Bahn endet hoch oben an der Grenze von China ...

In der Shwe Dagon.

Ich wollte Birma nur ungern verlassen, ehe ich die berühmteste Pagode des Landes, ganz nahe bei Rangoon, gesehen hatte. Wohl riet man mir ab, weil man als Ausländerin allerlei Unannehmlichkeiten hatte, aber ich entschloß mich dennoch, einen Versuch zu wagen.

So lächerlich stößt im Leben häufig das Ehrfurchterweckende an das Gemeine, das Tragische an das Komische. Ich saß auf der Elektrischen und sah die leuchtende Kuppel oder besser die oberste Hälfte der Riesenpagode vor mir wie eine Sonne aufflammen, da entledigten sich die Mitreisenden schon ihrer Schuhe und schritten barfuß über den großen sonnengebadeten Platz. Ich ging hinter ihnen her, doch als ich die äußerste Stufe erreichte, wurde mir bedeutet, Schuhe und Strümpfe auszuziehen, die in der Obhut eines Alten verblieben. Dann schritt ich die breite, von einer hohen Wölbung beschattete Steintreppe empor. Endlos sind die Stufen, man ersteigt einen wahren Berg. Ungefähr in der Mitte kann man vortreten und über die Stadt hinwegschauen. Es ist da eine Art Schützengraben, von dem aus bald Feind, bald Freund geschossen hatten.

Angenehm war der Aufstieg nicht, denn die Treppen waren arg verspuckt, von vielen fragwürdig reinen Füßen glatt geschliffen worden, und an dem Ende eines jeden Absatzes saßen viele Bettler mit allerlei Hautkrankheiten, Wunden und selbst dem Aussatz behaftet. Nackte Füße zu haben, war ein recht ungutes Gefühl.

Endlich begannen die Buden mit den Opferkerzen, den Räucherstäbchen, den geflochtenen und losen Blumen, die von den Betern mitgenommen wurden, und überdies den birmanischen Trommeln, seltsam überspannt, und all dem gelungenen Kleinkram, der immer eine Tempelbude so romantisch verklärt. Ich schaute mir beinahe die Augen aus dem Kopfe. In diesen unmöglichen Kuchen, diesen kurzgeschorenen Puppen, diesen weißen Holzelefanten lag ein Stück der Volksseele.

Ein Führer hatte sich meiner bemächtigt und war nicht länger abzuschütteln. Er hetzte mich vorwärts und trieb mich, oben angekommen, von Pagode zu Pagode. Es gibt ihrer über fünfhundert, und jede einzelne Pagode – ob sie nun aus weißem Marmor wie ein Stück Hochzeitstorte im Sonnenlicht funkelt oder aus braunem, wertvollen Holze, das Flammenmuster aufweist und goldglitzernde Kanten und Auswüchse hat – ist ein vollendetes Kunstwerk; in der schattigen Nische sitzt eine Buddhagestalt mit ernsten abgeklärten Zügen, meist mit dem seltsam verlängerten Kopfe aus Gold, dem Zeichen der inneren Flamme. Räucherstäbchen glühen im Halbdunkel, der bläuliche Rauch windet sich um die feinen verschnörkelten Verzierungen; in Messingbecken, die schimmerten, stand das Weihwasser. Zuzeiten war es verschüttet, und da trat ich verstohlen hinein, weniger um der Heiligkeit als der Kühlung halber, denn die Steinfliesen waren unerträglich heiß, obschon es höchstens zehn Uhr früh war. Sie brannten derart unter meinen nackten Sohlen, daß ich vor Schmerz Tränen in den Augen hatte und von Zeit zu Zeit in einem Schattenfleckchen stehen bleiben mußte, nur um wieder weiter zu können. Die Eingeborenen gingen ganz ruhig darüber hin.

Diese Schmerzen verleideten mir einigermaßen die Freude an all der Schönheit; dennoch war ich entzückt genug, zu behaupten, daß es die schönste Pagode war, die ich je geschaut hatte. Die fünfhundert Pagoden bildeten zahlreiche Kränze um die riesige Mittelpagode, deren goldfunkelndes herrliches Dach von den Pilgern immer neu vergoldet wurde. Es war ein großer Platz, der ein Ausbreiten gestattete, und all dieser Marmor, diese herrlich verzierten, goldgeränderten Nischen, diese hellen, glatten Fliesen und darüber, das Gold umhüllend, der prachtvolle, wolkenlose Himmel der tropischen Trockenzeit! Ich stand begeistert in einer Ecke, kühlte die Füße und wärmte Herz und Sinne. Das war die Feste des Buddhismus, war das Heiligtum des stillen Glaubens, der im Gesetz ewiger Wiedervergeltung, in der Macht von Ursache und Wirkung wurzelt und von keiner Gnade weiß. Was ein Mensch getan hat, das muß er wieder abdienen, wie sehr er auch winseln oder beten mag. Es gab keine Barmherzigkeit. Es gab aber auch nicht, wie im Christentum, eine Bevorzugung. Kein Wesen war »Kind Gottes«, sondern alle im gleichen Maße, und man konnte seine Taten nicht abbetteln, nicht abfasten, nicht »erlassen« erhalten. Man trug die Folgen – gut oder schlecht je nach der Tat – in der kaltgerechten Auslösung. Es schien mir die einzig faßbare Religion der Welt. Sie umfaßte alles – Mensch, Tier, Pflanze, Stein – und sie führte zum Urquell aller Schöpfung in sehend gewordener, verklärter und gereinigter Form zurück.

Nichts brachten die Leute als Blumen, um ihrem Lehrer zu sagen:

»Hab' Dank, du Erleuchteter, daß du uns den Weg gewiesen!«

Ich ging eine andere Treppe hinab als die, über die ich hinaufgestiegen war, und kaufte mir zur Erinnerung eine birmanische Trommel, was den Eingeborenen ein belustigtes Lächeln abgewann. Dann holte ich meine Schuhe gegen Bakschisch unten ab, wusch mir die Füße wie jeder andere am öffentlichen Brunnen (und reichlich von Nutzen war die Waschung!) und begab mich wieder nach Rangoon zurück.

Wie überall blieben auch hier die Straßen das Ziel meiner Wünsche. Ich durchwanderte sie stundenlang, und in diesem Wandern eröffnete sich mir die Seele des Landes. Es lag nicht allein im Sehen; es war die »Atmosphäre«. Jeder Ort hat sein schwer zu beschreibendes Gepräge, seine Gerüche, seinen Tonfall, seine Farbe. Später, wenn ich etwas schöpferisch aus mir holen wollte, brauchte ich nur diesen »Hauch« zu beschwören, dann wußte ich, wie man dachte, fühlte, liebte, und die Geschichten quollen hervor wie Wasser aus einem richtig angebohrten Stein. Deshalb fühlt man bei einem Werke immer, ob der Autor nur flüchtig Geschautes, nur Gelesenes oder Seelenerlebtes mitteilt. In ein Reisewerk, dessen Rahmen so scharf begrenzt ist, kann wenig davon einfließen – höchstens ein Flaum auf einer Erfahrung da und dort, kurz angedeutet eher, als beschrieben, doch ein Roman, eine Geschichte ist ohne diesen »Duft« tot. Ein Abklatsch sonder Wert. Für mich hatte selbst der Schmutz Romantik ...

So verirrte ich mich bei einem Haare eines Abends und hatte große Mühe, zur Mittelpagode (meinem Kennzeichen) zurückzufinden. Was sah ich da alles hinter halboffenen Türen, um ein Theater, in den kleinen Eßhäusern! Liebe, Armut, Elend, sogar Verbrechen, doch wie ähnlich sind wir Menschen einander! Und wie tief unser aller Sehnen nach Freude, nach Ruhe, nach Glückseligkeit!

Einmal begegnete mir der Leichenzug eines Priesters mit all seiner Pracht, einmal in einem grundarmen Viertel bemerkte ich, wie segnende Fakire von Hütte zu Hütte gingen, irgend ein Zaubersprüchlein sprachen, eine Handvoll Reis zum Dank erhielten und zur nächsten Hütte weiterzogen. In diesen Hütten lauerte vielleicht die Pest, in diesen Straßen an der fernsten Grenzlinie hausten Schmutz und Armut, und dennoch gab es so viel Freude in Frauenaugen, als ein Menschenleben zu fassen vermag, wenn auch die Kinder nackt und dickbäuchig und die Männer braun, verschwitzt und möglicherweise verlaust waren ...

Glück ist nicht an Geld gebunden – Gott sei Dank, muß man sagen.

Zuzeiten folgten mir neugierige Blicke, selten abweisende, und in den Blicken der Frauen, der Mädchen lag etwas, das meiner Seele zurief, die dünne Sprachgrenze überfliegend:

»Gehst du einsam? Ganz einsam?«

Und meine Europäeraugen, die etwas von unserer Kühle und Zurückhaltung haben, wurden groß und still und erwiderten durch das Glühen des Abendrots:

»Ja, – ich gehe einsam, ganz einsam, von einem bis zum anderen Ende der Welt!«

Der heilige Ganges.

Durch die Deltas des Irrawaddy glitten wir hinaus ins freie Meer. Obschon ich ein anderes Schiff genommen hatte, wollte es der tückische Zufall, daß ich mit dem gleichen Baby zusammentraf. Wie sich Mütter unnötigerweise tyrannisieren lassen! Einmal schlug sie das Kind zu sehr, dann ließ sie es planlos alles machen, auch ihr Silbergeld in der Kabine herumwerfen. Die halben Nächte mußte sie ihm vorsingen, ehe es schlafen wollte. Natürlich war sein Schlaf- mein Wecklied ...

Vor mir lagen neue Schwierigkeiten. Wie würde es mit dem Landen sein? Welche Sorgen, welchen Ärger würde ich mitzumachen haben? Schon waren wir gezwungen gewesen, eine genaue Liste unseres Gepäcks auszufertigen, zu beschwören, daß wir keine Streichhölzer im Koffer hatten, daß wir kein Kochgeschirr mitbrachten, daß wir weder Tabak noch Seide hatten ... kurz, wir hätten schon vom Ausfüllen der Zollisten Schreibkrämpfe verdient.

Die Fahrt geht ohne Abwechslung vor sich, bis man sich der Mündung des Huglis, eines Arms des berühmten heiligen Ganges nähert, und da man viel von den herabschwimmenden Leichen gelesen hat, wartet man selbstredend eifrig auf diesen Anblick, ganz vergessend, daß es hier nicht nur schon die gefürchteten Krokodile, sondern vor allem die gefährlichen Raubfische gibt, die auf solches angeschwemmtes Gut noch eifriger als Reisende warten. Auch sonst merkt man nichts von Indiens Romantik oder dem heiligen Fluß hier an der Mündung und den Strom aufwärts. Die Ufer sind bei Flut kaum eine Handbreit über Wasser, unendlich langweilig und flach, mangrovenbewachsen, und tiefer drinnen Reisfelder und Sumpfdschungel aufweisend. Man kriecht langsam aufwärts, hat den am höchsten bezahlten Lotsen der Welt an Bord und erfährt, daß sich das Bett des Flusses durch Sandanschwemmungen unaufhörlich ändert.

Dörfer tauchen auf und verschwinden, dunkle Gestalten arbeiten am Ufer oder schleppen Säcke in Warenhäuser; Fabrikschlote werden in der dunstigen Ferne sichtbar, und feine Regenböen wechseln mit glühender, oft stechender Sonne ...

In der Nähe meiner Kabine treibt sich seit Rangoon eine Wache herum, steht da – nicht fünf Schritte von meiner Türe – mit aufgepflanztem Bajonett, und ich weiß nicht recht, ob Schriftsteller wirklich so gefährlich sind, oder ob die Wache, die mich immer so scharf ansieht, doch nicht mir gilt. Vor Kalkutta wird mir Gewißheit darüber, denn nun stehen wir alle auf dem Deck, und Erste wie Zweite verschmelzen ein wenig, da wir zur ärztlichen, zur Zoll- und zur Paßuntersuchung hinauf beordert sind. Ein netter Geschäftsmann erklärt mir die aufsteigenden Kirchturmspitzen, die Kuppel des Regierungsgebäudes und so weiter, zeigt den Palast derer von Oudh, die einst halb Kalkutta besessen haben und heute fast völlig verdrängt sind. Dabei erzählt er mir auch, daß ein hoher politischer Gefangener an Bord ist, der an der Lungensucht leidet und gewissermaßen sterbend von Birma zurück in die Heimat befördert wird, um im britischen Sanatorium untersucht und vielleicht in die Schweiz geschickt zu werden – zu seinem eigenen und seines Landes Besten. Nun fürchtete man indessen feindliche Kundgebungen und fuhr tatsächlich bald darauf an einem Hafendamm vorüber, auf dem eine Menge Leute mit gelber Ghandimütze standen und winkten, schrien, die Hände durch die Luft wirbelten ...

Tausende von Menschen warteten auf die Ankunft unseres Schiffes, und daher krochen wir langsamer als sonst den Fluß hinauf. Als wir die ersten Bauten der eigentlichen Stadt erreicht hatten, nahte der weißlackierte Regierungskutter, und der politische Gefangene wurde von indischen Dienern die Leiter hinabgetragen und nahm auf dem Deck des Kutters Platz, so daß ich ihn einige Minuten lang beobachten konnte. Persönlich kann ich nur sagen, daß er von mehreren Engländern sehr höflich begrüßt und daß alles für sein Wohlbefinden getan wurde. Am nächsten Tage muß das Urteil der Ärzte ein sehr ungünstiges gewesen sein, denn er wurde freigegeben und kehrte zu seiner Familie in der Umgebung der Stadt zurück. So viel ich mich erinnere, fuhr er später nach der Schweiz ab. In solchen Fällen ist es sehr schwer, ein Urteil zu fällen.

Das Schlimmste kam nun, denn der Paßbeamte wartete auf mich, und ich knickte auf dem roten Lehnstuhl der Ersten zusammen. Zu meiner Verwunderung fragte er nicht nach Geld, nicht nach meinen übrigen Papieren. Er überstempelte das Visum und gab es mir lächelnd zurück. Ich flog die Schiffstreppe hinab um mein Gepäck.

Wie heiß es war! Wie ich hinter den schwarzen Kulis samt meiner teuren, aber mir immer schwerer werdenden Erika raste, wie man mich um Bakschisch da und dort halbtot quälte, wie der Kraftwagenlenker die Straße des christlichen Jungmädchenheims nicht finden konnte und wie ich endlich im besagten Heim drei Stockwerke hinaufschnob und keuchte! Doch zum Schluß hatte ich ein Zimmer ganz am Ende des Hauses, mit zwei Fenstern, einander schräg gegenüber, mit Bett, einem Ankleidetisch, der, wenn der Spiegel niedergelegt wurde, ein Tisch war, und einem Schrank, in den ich schnell meine wenigen Habseligkeiten stopfte.

In Kalkutta.

Es gibt Orte, die einen ohne jede Veranlassung heiter stimmen. Natürlich war die Stadt die erste wirklich schöne Stadt, die ich seit Neuseeland angetroffen hatte, aber dennoch war es nicht die Pracht und Größe, die stellenweise sogar London vortäuschte, was mich derart innerlich fröhlich werden ließ. Am ehesten noch das schöne, glatte Pflaster, über das meine Tan-Kah-Kee-Schuhe wie der losgelassene Sturmwind flogen. In weniger als einer halben Stunde erreichte ich von Middleton Square, die prächtige

Chowringheestraße entlang, am Museum vorbei, durch die Court House Street den Dalhousieplatz, wo das Hauptpostamt, die wichtigsten Banken, Geschäfte und so weiter waren, eine Entfernung von unbedingt zwei Meilen, wenn nicht mehr, außer wenn man den Maidan oder riesigen Platz unweit der Landungsorte kreuzte, der zu allerlei Sport und Belustigungen diente.

Ich lächelte sehr vergnügt in mich hinein, denn Kalkutta begeisterte mich mit seinem neuen Gepräge. Die heiligen Kühe wackelten an einem vorbei, und immer war es der Mensch, der ausweichen mußte. Einmal dachte ich mir eben, wie es wäre, wenn man einem heiligen Rind einen unheiligen Fußtritt gäbe – da brüllte mich so ein Hornvieh an, als ob es in meinem Herzen gelesen hätte. Vor dem Museum, das wunderbar geräumig und sehr reichhaltig ist, und in das ich unzählige Male eintrat, saß oft ein Zauberer mit Schlangen, die ihn umwanden oder auch über das Pflaster hin zu entweichen trachteten. Er liebkoste sie, er führte allerlei Kunststücke mit ihnen aus und verkaufte dabei in Fläschchen kleine Mengen fragwürdiger Arzneien. Ein anderer Mann in einer weniger belebten Straße hatte immer Eidechsen um sich, verkaufte die etwa dreißig Zentimeter langen Tiere, beschrieb ihre heilenden Kräfte, rieb sich mit ihnen die Arme, die Beine, die Brust und sammelte die feuchte Ausscheidung um die Tieraugen, die er Eidechsentränen nannte. Vielleicht sind sie ein Liebesmittel. Meine Unkenntnis des Bengalischen war mir sehr hinderlich bei solchen Erklärungen. Sonst ließ ich mich ruhig in dieses farbige Element hineindrücken und starrte so aufmerksam wie ein Asiate auf all das, was gezeigt wurde. Ein anderer Mann nahm den Leuten ihre Ringe ab und tauchte sie in eine Flüssigkeit, die ich jedenfalls für Quecksilber ansah. Der ganze Ring wurde wieder glänzend, doch geschah das nicht um des Ringes, sondern um irgend eines Zaubers willen, denn im echten Inderviertel verkauft man die unglaublichsten Amulette, Glückssteine, Zauberpäckchen, Erfolgsrollen, Liebesuhren und so weiter, und ein anderer Umstand, an dem der Globetrotter achtlos vorbeischießt, weil er soundsoviele Tempel abzuklappern hat, ist der, daß die Inder als Rasse geschlechtlich stark auf dem Hund sein müssen. Jede Zeitung aus indischer (nicht englischer) Feder bringt so viele Anzeigen, so viele Reklamen für Rezepte, wie man wieder »Mann« werden kann, – ein Zeichen, daß man durch die frühen Ehen bald aufhört, einer zu sein. Was es da für Pillen gibt, die man vor der Abendmahlzeit einnehmen muß, um zwei Stunden nachher – allerdings nur auf kurze Zeit – wieder Mann zu sein! Was für Haaröle, die das Gehirn stärken und beruhigen und deren Duft die Liebe sofort erweckt! Wieviele Pomaden, die einem auf die Beine helfen, wenn man um die Beine gekommen ist. Eine Flut von Anzeigen von Lebenselixieren, Pillen, Pulvern, Tränklein, Zaubermitteln, die eine verlorene Jugend zurückerstatten. Das ist ein trauriges Zeichen für ein so großes Volk und wird auch der Fluch Europas werden, wenn die heutige Unzucht der Jugend so weiterschreitet, wie man es mit Bedauern sieht. Verschobene Lebenswerte führen verschobene Volkszustände nach sich ...

Es gab immer noch etwas zu sehen. Die Straße war mein Lehrbuch. Da saß zum Beispiel ein verturbanter Inder mitten auf dem Pflaster vor dem Museum und ertrug eine Hitze, wie man sie nur im Brutofen hat. Neben ihm, an einer Kette, war eine Manguste, und ich starrte sie lange an. Sie erinnert an ein Wiesel, hat indessen einen spitzeren Kopf und ist etwas mausgrauer im Aussehen. Sie nimmt den Kampf mit jeder Schlange auf und läßt sich wie eine Katze zähmen, nur hat sie die unangenehme Vorliebe, auch an Türen, Schränken und Vorhängen emporzuklettern – eine unliebsame Gewohnheit, die mich von einem Ankauf absehen ließ. Mangusten haben für westliche Nasen einen unangenehmen Geruch und müssen daher als Hauslieblinge häufig gewaschen werden. Dabei stoßen sie die possierlichsten Laute aus, machen unerfreute Augen und knurren endlich verärgert auf, lassen sich indessen eine Wiederholung des unliebsamen Bades gefallen, ohne zu kratzen oder zu beißen.

Der Markt mit seinen Buden, den prachtvollsten Sachen, viel zu zahlreich, um aufgezählt zu werden, mit den Gäßchen der Sandalenkünstler, der Seidenhändler und besonders der Korbwarenhändler war ebenfalls mein Feld. Da sah man das bescheidene Hausen, das einfache Essen der Leute, das Mithelfen der Kinder, das dankbare Lächeln der Frauen, die in ihren weißen Saris an einem vorbeihuschten. Da kaufte ich reizende, billige Körbchen, Fasernbesen, Fächer – alles um ein Spottgeld, und da, in diesem Winkelwerk, spürte ich der Seele des Volkes nach; nicht in den prächtigen Tempeln, den vornehmen Straßen. Es war so schön, einen Mann mit unterschlagenen Beinen in einem Geschäft zu sehen, das eigentlich nichts als eine bedeutend vertiefte Nische war. Wie er da seine lange Huka rauchte, wie er die gewöhnlichen Kunden von seinem Thron aus abfertigte, wie er die alten Freunde zu sich und der Huka rief, wie die abgestreiften Sandalen vor der Öffnung blieben, ohne daß jemand sie davontrug, wenn nicht eine heilige Kuh sie für etwas Freßbares hinnahm; ich betrachtete mit Mißfallen die bengalische Männertracht, die aus einem durchsichtigen weißen Lendentuch bestand, das in sackartigen Falten fast bis zu den Knöcheln flatterte und mir immer wie ein Leintuch vorkam, ähnlich dem, in dem Lazarus von den Toten auferstanden. Durch diese komischen Beinkleider wirkten die von Natur dicken Bengalen noch unfeiner, obschon gerade sie ungewöhnlich gebildet, fortgeschritten und nett sind. Die Mohammedaner, die hier nicht allzu zahlreich und meist nur zugereist sind, kleiden sich bunt, mit gestickter Weste und tragen einen Turban, dessen Enden sehr oft bis weit über den Rücken herabfallen.

Das Schrecklichste, was ich unterwegs gesehen, war an einem Festtage der Islamiten, bei dem es sehr heiß zuging und die Regierung sich sehr vor den üblichen Kämpfen zwischen den Angehörigen der feindlichen Religionen fürchtete, denn die Islamiten wollten Ziegen schlachten und die Hindus erlauben kein Vernichten des Lebens, in welcher Form es sich auch zeige. Die Jain gehen darin so weit, daß sie beim Sprechen ein Tuch vorhalten, damit ihnen nichts Lebendes, wenn auch noch so klein, in den Mund fliege und so um das Leben komme. Es versteht sich, daß die sehr orthodoxen weder Läuse noch Flöhe vernichten dürfen, was ihre Nähe nicht sehr begehrenswert macht. In der Theorie stimme ich bei, aber was unter einer Maus in Größe ist, das vernichte ich mit westlicher Zerstörungswut. Vielleicht ist ihre nächste Wiedergeburt eine bessere, und wir sind beide zufrieden. Kurz, an diesem Festtage, an dem Kalkutta voll Militär und voll von Zugereisten war und sich der Maidan vor Menschen aus Grün in Regenbogenglanz verwandelt hatte, saßen in der Chowringheestraße auch viele, viele arg verstümmelte Bettler, denen etwas zu geben sehr verdienstlich war. Man gab denn auch viel. Da kam mir plötzlich ein Mann von mittlerem Wuchse entgegen, der vorn eines jener Tragbretter hatte, wie sie Leute, die Bonbons, Gemischtwarenkleinkram verkaufen, oder kleinere Hausierer überhaupt um den Hals geschnallt haben, so daß man sich das Gewünschte wie von einem Tisch zu nehmen vermag, und auf diesem engen Tragbrett, das nur zwei Lederriemen hielten, saß zusammengekauert eine blinde Frau, die durch Elend oder Krankheit so eingeschrumpft, so abgemagert war, daß sie auf solch einem Brette Platz hatte. In den verschiedensten östlichen Orten hatte ich eine Menge von Verstümmelungen gesehen und war ganz abgehärtet, aber da zog ich doch den Atem ein. Der Mann aber wanderte mit seiner mumienartigen, blinden, zusammengelegten Frau eine Straße hinauf, die andere hinunter und erhielt spärliche Almosen. Nicht viele Ehemänner werden ihren gesetzlichen Anteil um den Hals geschnallt herumtragen können, ohne sich davon beschwert zu fühlen ...

Natürlich gab es auch Verstümmelungen anderer Art, doch nichts mich ähnlich Erschütterndes.

Im Jungmädchenheim.

Ich war »Besuch«, zahlte mehr als die bleibenden Inwohnerinnen, unterlag daher aber auch nicht der allgemeinen Hausregel, die begehrt, daß man vor zehn Uhr abends daheim sei und mehr als zweimal wöchentlich nicht später ausbleiben dürfe, auch wenn man um Erlaubnis angesucht habe. Auszubleiben hatte ich keinen Grund, denn ich kannte ja keine Seele, und deshalb saß ich bis zehn Uhr unten im allgemeinen Salon und las oder plauderte (nur mit Besucherinnen, denn bis auf eine waren die Insassen des Heims nicht entgegenkommend und auch vorwiegend Eurasierinnen) und dann lag ich im Bett und las weiter, da auch das Licht für uns unbeschränkt war. Da der beturbante Diener mir indessen schon um sechs Uhr früh das Chota hazari (spr. Tschota hasri) brachte, löschte ich spätestens um elf Uhr das Licht aus, weil der Mensch in den Tropen weniger als anderswo die Kerze an beiden Enden verbrennen soll und meine Lebenskerze nur noch ein Stümpfchen war.

Nach dem ausgiebigen Chota hazari (Tee und drei Butterscheiben dünn wie Packpapier) sprang ich sofort ins heiße Bad, weil meine Gangnachbarinnen lieber länger schliefen und ich daher niemand störte. Dann rieb ich mich gut ab, setzte mich an die Arbeit und wartete, bis die erste Frühstücksglocke nach acht Uhr ging. Da kleidete ich mich flink an, lief hinunter, nahm Kaffee mit Hafergrütze, Eiern, Obst und geblähtem Brot ein und ging dann in die Stadt, sei es, um in der Bücherei zu studieren oder mich in der Abteilung für Textilwesen belehren zu lassen oder um irgend einen wichtigen Tempel zu besuchen. Um ein Uhr gab es Tiffin aus schlechter Suppe, gutem Gemüse und hie und da aus Fleisch oder Fisch bestehend, von einem Pudding begleitet, und immer surrte der elektrische Fächer uns zu Häupten, gab es Eiswasser genug, den entsetzlichen Durst zu stillen, und dann gingen wir wieder auf unsere Zimmer, kleideten uns aus und warfen uns auf das Bett.

Für mich begann dieses faule Leben erst in Kalkutta, obschon es Tropenregel ist. Wohl hatte ich Pech gehabt – war im ungesundesten und heißesten Monat des Jahres nach Indien gekommen – aber meine zu Grunde gerichtete Gesundheit war wohl der Hauptgrund meines Erschlaffens. In der Bücherei fiel mir zwischen elf und zwölf der Kopf fast auf das Buch, und ich mußte mich in alle Körperteile kneifen, um wach zu bleiben. Meist hatte ich auch Vier- oder Fünfmeilenläufe hinter mir und war seit halb sieben ununterbrochen beschäftigt gewesen – kurz, ob ich schlief oder nur lesend auf dem Bauch lag, ich stand erst auf, wenn unten auf der Straße der Wasserspritzer »sch-sch-sch« machte. Dann war es nahezu vier Uhr, der Diener brachte Tee und Butterbrote, ich wusch mich, kleidete mich an und verschwand im ewig belehrenden Getriebe der Stadt bis acht Uhr abends, wusch mich im Flug, sauste die Treppe nieder (ich war immer auf dem Sprung!) und nahm das Abendbrot ein. Las, begab mich auf mein sehr ruhiges und daher sehr geliebtes Zimmer.

Das Haus gegenüber, oder richtiger schräg gegenüber, hatte fünf Stockwerke, und im fünften wohnte ein junger Mann, der Vorliebe für die schlanke Linie hatte. Wohnte in den drei Vorderzimmern eine dicke Frau, alt oder jung, so nahm er keine Notiz von ihr, doch kam jemand von zartem Bau, so hofierte er der Unbekannten, indem er ihr weiche Bananen in das Zimmer schleuderte. Der Wurf erforderte viel Geschick und viele Bananen, weil es keineswegs leicht war, das richtige Fenster mit schiefem Angriffsfeld zu treffen. Um ihm zu zeigen, daß ich seine Verehrung nicht wollte, warf ich die Bananen hinab auf das Pflaster. Waren wir zwei Schlanke im Oberstock, so erhielten wir beide Bananen. Wir lehnten dann auf besagte Art den zarten Wink ab.

Das war indessen nicht der einzige Eindringling in mein Reich. Es gab eine Unzahl Raben, und sie waren zahm wie unsere Haushennen – zu meinem Zorn. Kaum tagte es, so schrie mir ein Rabe vom Fensterflügel her in die Ohren, aufzustehen, und nur wenn ich einen Angriff mit dem Handtuch machte, verschwand er auf Minuten. War ich weg, so saß er nicht selten auf dem Tisch neben meiner allerdings immer in ihrem Lederbett schlummernden Erika, denn ich sperrte sie stets ein, wenn ich ausging, besonders weil ich auch dem armen Hascherl anzumerken begann, daß ihr die Reise schon zu lang geworden. Und wie hatte ich auf sie aufgepaßt! Kein Wunder, daß ich, auf die ich nie achtgegeben, so ganz auf dem Hund war ...

In Kalkutta findet man auch die sogenannten Minahvögel, schwarz mit gelbem Schnabel, gelben Pfoten und von einer Unverschämtheit ...! Läßt man sein Frühstück unbewacht stehen, so kommen sie gleich und tragen einem das Brot und am Ende noch den Löffel davon. Unter Mücken hatte ich wenig zu leiden, die Wände reichten bis hinauf, die Fenster waren groß, ich hatte kein Netz, denn die Hitze war erdrückend. Wir hatten täglich ungefähr vierzig Grad Celsius im Schatten. Wieviel an der Sonne, möchte ich nicht gern sagen, aber so heiß war es nie, daß meine Füße nicht wie der Wind über das schöne Pflaster gefegt wären.

Beim deutschen Konsulat.

Der Zeit nach fiel es in meine ersten Erfahrungen, aber ich gehe darüber sehr schnell hinweg. Wenn die Reichsdeutschen wirklich nett sind, dann sind sie es in ungewöhnlichem Maße, aber wenn sie ruppig sein wollen ...

Ich kam nie höher als zum Kanzler. Das war – denke ich heute – ein Fehler. Man geht bei einer Behörde immer zum Höchsten, doch schrie mich schon der Kanzler derart an und war so betont unliebenswürdig, daß ich von ihm auf den Ton der ganzen dortigen Behörde schloß und mir dachte, was unsere slawischen Bauern unter solchen Umständen in drei sehr kurzen Worten zum Ausdruck bringen, was sich aber niederzuschreiben nicht schickt.

Er blies mich an, daß ich keine Reichsdeutsche war (in dem Augenblick kränkte ich mich über diesen Umstand nicht sonderlich), daß es eine Unverschämtheit war, meine Briefe dort abholen zu wollen, daß er doch eine Jugoslavin nicht anstellen würde und so weiter. Er ließ mich vor seinem Pult stehen, und wenn er gewußt hätte, wie ich ihn mit Franzosen und Engländern verglich und wie der Vergleich ungünstig sein Volk beleuchtete, wäre er wie von der Tarantel gestochen emporgefahren. Ich wies darauf hin, daß sowohl die Botschaft in Tokio wie das Generalkonsulat in Singapore auch meine Staatsangehörigkeit gekannt, aber berücksichtigt hätten, daß ich ...

Es war dem Rüpel nicht beizukommen. Auch gehöre ich nicht zu den Leuten, die sich jemand aufbürden oder bei einer Behörde schlechte Umgangsformen an den Tag legen. Ich verbeugte mich und verließ den Raum, nachdem er mir eine Rupie für jeden Brief abverlangen wollte und mir das Verderbliche, mich einer deutschen Behörde genähert zu haben, klar vor Augen gestellt hatte. Daraus erkannte ich, daß ich keine Heimat hatte – außer einer paßpolitischen. Und wieder zog mich mein Herz zu den Engländern. Wenn ich schon zu jemand halten sollte, wenn mich niemand brauchte, so zu ihnen, die mich immer als Frau, nie als Staatsangehörige oder Nichtangehörige behandelt hatten. So ein Anschreien wäre bei einer britischen Behörde undenkbar gewesen. Der englische Beamte hätte mir den Fall vermutlich kühl höflich auseinandergesetzt, doch immerhin in einer Form, wie sie ein gebildeter Mensch einem anderen natürlicherweise entgegenbringt. Wie aber denken Ausländer von Reichsdeutschen (deren Wohl mir trotz aller Kanzlergrobiane naheliegt), wenn ein solcher Ton vorherrscht? Allerdings wurde mir später verraten, daß der betreffende Beamte auch von Kollegen wenig geschätzt wird. Dann soll man ihn daheim im Ministerium des Äußeren Akten kopieren lassen und nicht ins Ausland schicken, wo gerade das Persönliche so sehr zu Gunsten oder Ungunsten eines Volkes nachwirkt.

Er schickte all meine eingeschriebenen Briefe, selbst nachdem ich bei ihm gewesen und ihn persönlich um Übersendung in das Jungmädchenheim gebeten hatte, als »unbestellbar« nach Europa zurück. Weil mir dadurch sehr viel Schaden erwuchs, ich auch im Augenblick nichts tun konnte, schrieb ich noch einmal, und diesmal fand ich mich gezwungen zu betonen, daß ich die Sache beim deutschen Schriftstellerverein in Berlin, dessen Mitglied ich war, zur Anmeldung zu bringen gezwungen sein würde. Vielleicht ist er auf dem Brief herumgesprungen. Jedenfalls erhielt ich die Post zugesandt.

So endete meine Verbindung mit der deutschen Behörde in Kalkutta.

Die Tempel.

Kalkutta gehört zu den ältesten Niederlassungen der Engländer. Es war damals, als die Ostindische Gesellschaft zum ersten Mal an einen kleinen Ankauf dachte, ein Fischerdorf namens Kalighata, nach Kali-ghat oder dem Tempel der Göttin Kali, der schon damals da gestanden haben soll, benannt. Heute besucht man noch diesen Tempel, obschon es sich kaum verlohnt, da ihn kein Ausländer oder Fremdgläubiger betreten darf, man also das ungesunde und im Grunde auch sonst unsichere Viertel durchqueren muß, um nur die grauweißen Umrisse zu erspähen. Freilich, wer aus diesem Häusergewirr in den düsteren Schatten des Tempels treten dürfte oder in den Hof vordringen, in dem sich der Pfahl befindet, der allen Opfern zum Opferblock dient, der würde wohl etwas ganz Besonderes mitmachen – auch nicht mit Hinsicht auf ein Sehen, sondern auf ein Mitempfinden. In der düsteren Nische Kali mit der blutgierigen roten Zunge, die aus dem Munde hängt; die vielen Arme, die ihre Macht über die ganze Erde andeuten; das Raunen hinter den Wänden und der Geruch frischen Blutes; das Röcheln der hingemetzelten Tiere, und wer weiß, ob nicht manchmal, ganz im Geheimen, selbst ein Kindopfer gebracht wird? Ein kleines Mädchen, um dafür die Seele eines Mannes freizukaufen?

Vom Tempel führen Stufen direkt bis an den Fluß hinab, und da werden die reinigenden Waschungen vorgenommen.

Sehr schön ist der Jaintempel mit seinen Verzierungen und dem überladenen Schmuck, seinen nackten Jinas, die nur an den Sinnbildern in der Hand zu unterscheiden sind, den Goldkästchen, in denen Heiligtümer liegen, und mit seinen Priestern selbst; aber wer sich dafür interessiert, kann eine eingehende Beschreibung in jedem Bädeker lesen. Das sind Prunkorte, fast mehr von Touristen als von Gläubigen besucht, und gar nicht vom Geist des Volkes erfüllt, wenigstens nicht uns Ausländern gegenüber, weil bei uns jedermann nur an Trinkgeld denkt. Ich liebe die unansehnlichen, kleinen Schreine, die halb verborgen in einer winkeligen Nebenstraße liegen und aus denen die Lichter der Opferkerzen leuchten, der Duft östlichen Harzes bricht und wo weißgewandete Jünger sich auf die harten Fliesen werfen; Tempel, in denen leidschwangere Frauen mit gnadehungrigen Augen beten und vor denen ein nacktes Kindlein eine ungeschickte Verbeugung macht, bei der es womöglich auf die Nase fällt. Ich stand gern vor einem alten Bilderhändler, der die ganzen Göttergeschichten auf dem Papier hatte und der noch so lebte, wie die Menschen es zur Zeit der Rig-Veda getan – vorausgesetzt, daß er seine Winkelgäßchen nicht aufgab und etwa die Elektrische bestieg, die pfauchend an heiligen Kühen, bunten Kuchenläden und trübsinnigen Ausländern vorbeirollte. Da lächelte der Händler, wenn es hoch herging, zeigte mit dem Finger auf diesen oder jenen im Bilde und murmelte Durga, Siva, Wischnu, und ich ergänzte, was ich wußte, tippte ebenfalls hin und stellte Fragen – mehr mit den Augen als der Zunge. Dann, wenn sich lästige Zuschauer heranschoben, kaufte ich ein oder zwei Bildchen und wanderte davon. Jedesmal war ich um ein Wissen, um eine Erfahrung reicher.

Lange vorher hatte ich viel über die Religionen Indiens und sogar etwas Sanskrit studiert, aber obschon ich die Kasten kannte, wußte, daß die höchste die der Priester, die zweite die der Krieger, die dritte die der Kaufleute und die letzte die der Bauern war, schien mir das so wertlos, verglichen mit dem wirklichen Leben, wo der Brahmane mit seiner heiligen Schnur mit dem Kaufmann auf der Elektrischen sitzen muß (wenn er mühelos irgendwohin gelangen will) und wo er gezwungen ist, den Schatten niederer Kasten zu ertragen. Auch war es schön, die einzelnen Männer nach ihrem Glauben, nach ihrer Kaste, nach ihrer Stellung einzuschätzen, denn diese hatten safrangelbe, jene scharlachrote Längs- oder Querstreifen, diesen oder jenen Kopfputz – oder auch gar keinen –, diese oder jene Tracht und darüber, unsichtbar, lag der Hobel des Weißen, der alles allmählich glatt und einförmig macht. Wie kann ein Brahmane mich verfluchen, wenn er sich freiwillig an meine sündige Seite setzt, weil ihm sonst die Füße wehtun? Vor Indien habe ich mich vor all diesen heiligen Männern ein wenig gefürchtet, denn der Fluch eines Brahmanen geht, glaube ich, dreimal um die Welt, doch als ich im Lande war, ging ich ohne Scheu und – größeres Wagnis – ohne Almosen an ihm vorüber. Auch war ich so pechbeladen, daß mich der Fluch von zehn Brahmanen füglich nicht unglücklicher machen konnte, und so glitt ich durch die dichtesten Volksmassen unbekümmert hindurch. Man nahm mich nicht wahr – das beste Zeichen guter Anpassung. Glotzten andere, glotzte ich eben mit.

Sonderbar blieb mir, daß ich mir gar nichts aus einem Sadhu oder Fakir machte. Gewiß waren sie malerisch, aber die Geschichte war nun einmal die, daß die falschen oder niederen Doghi neben sehr viel Selbstüberwindung (sie saßen mit eingetrocknetem Arme über dem Haupte, sie hockten zwischen Feuern in der furchtbarsten Hitze) auch viel Gabe zur Hypnose hatten und daher dem Zuschauer viel vorspiegeln konnten; daß man aber die echten Weisen, die wahren Doghi, nicht auf der Straße fand, sondern sie im Schatten eines Tempels oder oben, in einer Höhle des Himalaya, suchen mußte, und ich war vom Leben so verbittert, daß ich über fernere Leben und andere Welten nichts zu wissen wünschte. Genug für den Tag ist das herrschende Elend. Warum weiterem Leid mit offenen Armen entgegenlaufen? Aus diesem Grunde vermied ich Adyar, das theosophische Hauptquartier, etwas, das zu tun ich auf Neuseeland noch für völlig ausgeschlossen gehalten hätte.

»Weiß man auch nicht, was gelingen oder mißlingen mag,

Folgt doch allen guten Taten Gottes Segen jeden Tag ...«

Es mochte so sein. Jedenfalls arbeitete ich wie ein Galeerensklave, litt wie ein Märtyrer und verzichtete auf das Leben im Geschlechtssinne wie die heilige Ursula, und mein Segen auf allen Gebieten blieb – Leiden. Daher ließ ich die anderen Welten ungefunden trotz Indiens tiefer Philosophie, die mich einst begeistert hatte, und gab in dieser Welt, die ich haßte, zuzeiten lieber einer heiligen Kuh, dem Sinnbild der Erdgöttin, einen leichten Ellbogenstoß, wenn Ihre hörnige Heiligkeit mich bei den plötzlichen Regengüssen vom Fußsteig herunterzwingen wollte, um selbst oben zu gehen.

Oh, diese Regengüsse von Kalkutta! Manchmal saß ich nachmittags in der Bücherei und las im Gesetzbuch Manus, als plötzlich solch ein Unwetter losbrach. Die Säle wurden um sieben Uhr gesperrt, und nun stand ich unter dem finsteren Tor und versuchte vergeblich, diesen Strom zu durchwaten. Die ganze Straße, der Fußsteig, der Maidan waren ein See. Manchmal mußte ich knöcheltief durch das Wasser waten, und wie dann, beim Heimkommen, meine Schuhe aussahen, wie ich mich im Badezimmer schnell reinwaschen mußte, wie ich mich bei geringerer Hitze da leicht erkältet haben würde, kann man sich vorstellen. Wenn es gießt, ist Kalkutta unausstehlich, und es gießt so gut wie den ganzen lieben Sommer hindurch.

Im botanischen Garten.

Die Besucherinnen kamen und gingen. Ich war eine von denen, die am längsten blieben, und wenn ich nicht bestürmt worden wäre, schnell nach Europa zurückzukehren, wäre ich gern noch länger geblieben. Was ich da für Leute kennen lernte, war mir schriftstellerisch sehr wertvoll. Einmal kam eine bildhübsche und – seltener Zufall – sehr bescheidene Amerikanerin in das Heim, und wir begannen zu plaudern. Sie war verheiratet, ihr Mann Beamter auf den Philippinen und nun fuhr sie zur Erholung über Indien und Europa auf Urlaub heim, und er über Hawaii. In den Staaten trafen sie sich. Es war ganz gut, sich zuzeiten einmal nicht zu sehen und jederseits neue Eindrücke zu sammeln. Sie genoß alles wunderbar. Die dritte in unserem Bunde, auch an unserem Tische speisend, war eine kleine Schottin, die als Nurse (halb Kinderfräulein, halb Hospitalpflegerin) zu einem Ehepaar gekommen war, das nun oben in Darjeeling, in den Höhen des Himalayas weilte, dem sie schließlich davongelaufen war, weil die Frau sie geohrfeigt hatte. Von einem solchen Sklavendienst habe ich selten gehört. Das arme Mädchen war im schönsten Gebiet des Höhengebirges gewesen und hatte nicht Zeit gehabt, von all der Pracht mehr als von der Hotelveranda aus etwas zu sehen. Man hatte sie grausam ausgenützt, und sie wollte nach Europa zurück. So weit war alles gut und schön, doch nun kam die Verwicklung, denn als der Gatte kam, um ihr zuzureden, nach Darjeeling hinaufzufahren, verliebte sich die kleine Schottin in ihn, und er machte ihr das Angebot, vorläufig in seiner Villa am Hugli zu wohnen. Er habe auch Geschäfte ...

Ich sah die Entwicklung und das Ende; das unerfahrene Hübschchen sprach anspielungsweise von möglicher Scheidung. Der Mann dachte nicht daran. Er hatte eine sehr reiche Frau, die die Gastgeberin spielte, und ein herziges, fast zweijähriges Kind. Der läßt sich nicht scheiden. Selten greife ich hindernd in das Leben eines anderen ein, denn jeder weiß am besten, wie sich ihm die Kugel rollt, doch sie war so jung und hübsch und gläubig, daß ich die Beredsamkeit eines Cicero aufbot, um sie zur Heimkehr zu bestimmen, und auch unter den älteren Damen Helferinnen auftrommelte. Nie sagten wir direkt etwas; wir untergruben nur seine Schwüre und Versprechungen. Drei Tage schwitzte ich Blut, dann verschiffte ich sie eines Morgens und atmete erleichtert auf. Dieser Gefahr wenigstens war sie entgangen. Vielleicht stellten ihr freundlichere Schicksalsgötter als die meinen an jedem Wendepunkt einen Schutzengel zur Seite.

Eines Nachmittags fuhren wir den Fluß hinab zum botanischen Garten. Es war ziemlich weit und fünf Uhr, ehe wir ihn erreichten. Ich fand es so sonderbar, da mit zwei Menschen zu gehen, die so fernab von meinem Denken schwimmen mußten und mit denen ich wie ein Kind über den Rasen hin zum ungeheuren Banyanbaum, dem Stolze von Kalkutta und einem der größten der Welt, lief. Die Schottin dachte zitternd und beglückt zugleich an den Mann einer anderen, wußte kaum, daß sie ihn liebte, hoffte auf seine Güte, seine steigende Zuneigung; da war diese schöne Frau aus den Vereinigten Staaten, die sich gern ein halbes Jahr lang von ihrem Gatten erholte, und da war ich mit meinen Schriftstellerträumen und -zielen ...

Der Banyanbaum ist eine Sehenswürdigkeit, obschon ich jene, die sich der Länge nach entwickeln, also eine Säulenhalle eigener Stämme bilden, diesem kolossalen Baumrundbau aus einer Stammwurzel vorziehe. Später besahen wir uns weitere Anlagen, und gerade als das Schiff dem Strand zuschwamm, begannen wir zu laufen, denn es war das letzte Boot an diesem Tage. Wie wir rennen und winken mußten, um es noch zu erreichen! Hierauf der Sonnenuntergang auf dem Hugli, das Aufzucken der Lichter, die Schwärze der Tropennacht, das Landen. Wir trugen unsere Samenlast (ich wenigstens) hinauf und tranken Eiswasser, bis selbst der Boy über die Menge staunte.

Die Frau mit den drei Männern.

Eines Abends saß neuerdings eine Fremde neben mir. Sie hatte rotblondes, hochgekämmtes Haar und ein weißes Seidenkleid mit Spitzenüberwürfen. Gesprächig war sie wie selten eine, und alles Reden war diesmal auf ihrer Seite. Sie merkte, daß ich großzügig dachte, und nach dem Speisen, als wir im Salon saßen (jede Besucherin saß in einer anderen Ecke, so daß man Raum zu vertraulichen Mitteilungen hatte), erzählte sie mir ihre Geschichte. Sie war jung nach Kanada gegangen, war da als Leiterin einer Wirtschaft bei einem Gutsbesitzer eingetreten und nach einigen Wochen von der Behörde vorgeladen worden, um sich ihres ›unsittlichen Lebenswandels‹ wegen zu verantworten. Sie müsse den Mann heiraten, um einer hohen Strafe zu entgehen. Sie mochte ihn, er sie nicht. Sie heirateten am Standesamt, und er steckte sofort den Trauschein in das eigene Herdfeuer. Mehrere Monate später verließ sie ihn, um nach den Vereinigten Staaten zu ziehen, und da, in New York oder Philadelphia, traf sie ihr ›Ideal‹. Sie liebte ihn, und er war der gleichen Ansicht, und so heirateten sie, als ob es kein Standesamt in Kanada gegeben hätte. Bald nachher brach der Krieg aus, sie folgte ihm nach Europa, er fiel, sie war untröstlich, sah einen netten Engländer und heiratete ihn mit freundlicher Umgehung der beiden ersten Männer. Er erhielt eine Schußwunde im Kopf und wurde halb wahnsinnig. Nun verkaufte er Schuhbänder im Ostende von London. Die Regierung zahlte ihr als Halbwitwe zwei Pfund wöchentlich. Sie durchreiste nun Indien und wartete auf den Mann, den sie wirklich lieben konnte. »Wie alt schätzen Sie mich?« Ich meinte höflich fünfundvierzig.

»Ich bin siebenundfünfzig und werde mich nicht eher in das Geschick finden, als bis ich den vierten Mann geheiratet habe!« Nach einer Weile fragte sie kindlich naiv:

»Glauben Sie, daß ich mit jenem Manne in den kanadischen Einöden verheiratet bin?«

Ich war allerdings der Ansicht.

»Die Pension nach diesem letzten Mann möchte ich nicht verlieren«, sagte sie nach einer Weile. »Für die Regierung kann ich ja seine Frau bleiben. Den neuen Mann heirate ich wieder unter meinem Mädchennamen.«

Sie war eine Romangestalt und hätte nicht einer Fliege wehgetan. Sie verstand es einfach nicht, warum man nicht die Ehemänner wie Handschuhe ablegen und sich ein neues Paar kaufen sollte. Ich sprach etwas von Seelenkameradschaft, und sie lachte mich aus. Von ihr lernte ich viel über das Verhältnis von Mann und Weib. Eins rufe ich mir immer ins Gedächtnis, wenn ich mich im Winter nach einem Mann sehne, an dessen Bauch ich meine kalten Zehen wärmen könnte. Da riet sie mir nämlich in diesem Zusammenhang:

»Meine Liebe, kaufen Sie sich eine gute, fellüberzogene Wärmflasche, das ist weit bester. Erstens können Sie diese aus dem Bett werfen, wenn sie Ihnen nicht länger paßt, und zweitens sagt ein Mann nur in den allerersten Wochen – Herzchen, leg' deine süßen Zehen her, auf daß ich sie wärme – später, da meint er nur brummig: – Tu' deine blöden Klauen weg, Weibsbild, und laß mich in Frieden!«

Ich kaufte mir also die Wärmflasche, aber die verlor einmal den Kork, und mein Bett war ein See. Seither trage ich Bettschuhe und die sind verläßlicher und wahrscheinlich angenehmer als die beiden obengenannten Wärmespender. Und billiger!

Nach einigen Tagen reiste sie hinauf in die Teepflanzung an der Grenze von Birma, doch konnte ich nie erfahren, ob sie den vierten Mann gefunden hat oder nicht.

Durch solche Begegnungen wuchs mein Lebenswissen, doch am meisten freute ich mich über die Gestalten für künftige Werke. Was echt ist, wirkt auch im Roman echt und lebenswahr.

Frauen überhaupt.

Es ist eine ganz unrichtige Ansicht – sehr gefördert durch die düsteren Beschreibungen der Schriftstellerin Mayo –, daß die indischen Frauen unglücklich oder grausam unterdrückt sind. Wenn man unsere westlichen Schattenseiten hervorkehren will, findet man im Leben der Freudenmädchen, der Mütter, die einen Haushalt und einen Brotberuf haben, der Dienstboten mancher Länder und so weiter Stoff genug. *Arm* ist eine Frau im Grunde immer, im höchsten wie im niedersten Stand, das ist meine feste Überzeugung, und das liegt schon an ihrer rein körperlichen Zusammensetzung und dem Umstande, daß sie das werdende Menschding austragen muß. Auch haben die Jahrhunderte einen seelisch knechtenden Druck auf sie ausgeübt, und der Gedanke ihrer ›Unreinheit‹, aus dem Heidnischen blind übernommen, zwingt sie noch heute, sich nach katholischer Sitte nach der Geburt des Kindes kirchlich ›reinigen‹ zu lassen, aber so unbedingt vom Geschick benachteiligt, wie wir das glauben, sind die Inderinnen als Rasse nicht. Gewiß gibt es viele traurige Fälle (vergleiche in Europa, wenn der trunkene Mann sein schwangeres Weib schlägt), wo die Frau zu jung gebären soll, wo sie weiche Knochen vom Sitzen in dunklen Zimmern und hinter dem Schleier hat, wo sie kinderlos bleibt, doch dürfen wir mit unserem westlichen Denken nicht den jahrhundertealten Standpunkt der östlichen Frau, der zu manchem Glück führt, das uns bei unserer freieren Erziehung entgeht, aus den Augen verlieren. Durch Vermittlung theosophischer Freunde (durch die mir später die Verbindung mit ›The Bengale‹ wurde) und durch liebenswürdiges Entgegenkommen vieler Glaubensangehöriger in verschiedenen Teilen des Landes gelang es mir, mit einer großen Anzahl von östlichen Frauen unzähliger Kasten und Religionen zu sprechen, und was ich aus allem erfahren habe, läßt sich hier in wenigen Sätzen zum Ausdruck bringen:

Für die Frau des Ostens ist die Ehe nicht nur eine Möglichkeit, wie bei uns, sondern eine unbedingte Notwendigkeit – etwas so Sicheres wie der Tod und ebenso nützlich zu ewigem Heile. Eine Frau allein kann das Mutterglück verkosten, sie allein kann die *Liebe* kennen lernen, sie allein durch den Gatten zu Ehren, Reichtum, Wohlleben gelangen. Er ist der Halbgott, der ihr in den Himmel hilft. Ein Brahmane heiratet seine Lebensgefährtin durch Verbindung der Hände und das Verknüpfen ihres Saris mit einem Teil seiner Gewandung. Damit hebt er sie zuerst in den zeitlichen, dann auf ewige Zeiten in den höchsten Himmel (und für den Morgenländer hat das nächste Leben eine weit größere Bedeutung als für uns, die wir oft an einem bewußten Nachleben zweifeln); er ist nun ihr Versorger, ihr Beschützer, der Vater ihrer Kinder geworden. Bleibt sie Mädchen, so ist sie verachteter selbst als eine Witwe, etwas so Unschamhaftes, Entehrtes, daß Väter ihre Töchter lieber mit einem Topf oder einem Baum vermählen, als sie unvermählt durchs Leben gehen zu lassen. Diese starke Stellungnahme läßt es nun verstehen, warum die Ehe der einzige Ausweg bleibt und daher als etwas Unvermeidliches hingenommen wird. Nur Mädchen, die nicht geheiratet werden sollen (nach dem Gesetzbuch Manus), wie zum Beispiel jene, die zwei Nasen, sechs Zehen, nur vier Finger haben, die Klatschbasen unverbesserlicher Art oder die rothaarig sind, denn diese würden immer wie eine Fackel in die Höhe gehen, solche Mädchen bleiben Jungfrauen und sterben früh. Eigentümlich ist es auch, daß Inder eine starke Abneigung gegen haarige Leiber haben und haarige Mädchen nicht heiraten wollen. Schön rundlich aber sollen die Frauen sein, »mit Armen wie die Donnerkeile Indras und Beinen, so ebenmäßig wie ein Elefantenrüssel ...«

Weil die Frau nun von der zartesten Kindheit an erzogen wird, alles zu ehren, was männlich ist, auch die Brüder und besonders den Vater, weil sie es nicht anders versteht, als solch hohem Wesen unbedingten Gehorsam entgegenzubringen, weil sie in dem künftigen Gatten den Gott sieht, den ihr eine gnädige Vorsehung bestimmt hat, um hier und auch drüben die himmlische Seligkeit zu genießen, so empfindet sie es nicht so schmerzlich, wie wir es empfinden würden. Der junge Mann seinerseits, der früh in die Ehe tritt, kennt meist noch kein Verderbtsein, und weil seine Frau ihn und er sie in die Geheimnisse des Liebeslebens einweihen, geschieht es in der Regel, daß sie sich sehr gut leiden mögen, oft sogar lieben. Ein Streit ist undenkbar, denn wenn ihr Gott donnert, senkt sie das Haupt und schweigt sich aus. Später, wenn sie wieder in seinen Armen liegt, versucht sie ihn liebevoll zu überzeugen, daß er bei aller Halbgottheit sich vielleicht geirrt habe ...

Die meisten Frauen, mit denen ich sprach, wollten nicht mit mir tauschen. Ohne Gefährten durchs Leben gehen zu müssen, ohne Kinder, diese süßen goldenen Blüten des Seins (so kann dem einen Zucker scheinen, was dem andern reiner Essig ist!), sich das Geld selbst zu verdienen, sich die Sachen selbst zu waschen und zu flicken, so ohne Schmuck zu sein, das schöne lange Haar zu Fransen um den Kopf verkürzt zu haben und sich von jedem Menschen anschauen lassen zu müssen! Die Morgenländerin hält das für einen unerträglichen Schimpf. Sobald ein einfacher Kuli irgendwie im Leben um einen oder zwei Grade hinaufkommt und sich eine Wohnung halten kann, die es gestattet, erhält seine Gattin sofort die Purda (Schleier) und geht von da ab verhüllt, zieht sich zurück, wenn Männer auf Besuch kommen. Sie sind – und das muß man verstehen – *gern* abgetrennt und zeigen ihr Gesicht gern einzig dem eigenen Gatten.

Und wenn man ganz ohne Vorurteil schaut: Gewiß ist es für uns, oberflächlich betrachtet, leichter, glücklich zu werden; wir wählen uns den Gatten, wir können ihn auch, mit einigen Geldkosten und viel Plage, wieder umtauschen, wenn er nicht paßt; wir nehmen an allem teil, wir verdienen selbst, uns ist die Welt offen, aber wir *halten* den Mann nicht wie die östlichen Frauen, weil wir nicht gewöhnt sind, unseren Willen einem anderen Willen unterzuordnen, und es ist unmöglich, daß in einem Haushalt ein Condominium herrscht. Da geht, wie auf den Neu-Hebriden, alles fehl. Wir *müssen* heutzutage verdienen, wenn wir in der Ehe behaglich leben wollen, weil die ökonomischen Zustände es nicht anders gestatten; daher aber *können* wir kein Heim im rechten Sinne und *sollen* daher auch keine Kinder haben, die entweder vernachlässigt werden oder einem Dienstboten überlassen bleiben, die nur abgehetzte und daher nervöse, brummige, unlustige Eltern finden, und unser Heim sagt uns nichts, weil es nur die Wohnung ist, für die wir zahlen, um nachts einen Unterschlupf zu haben. Eine Wohnung besteht aus tausend kleinen Dingen: Blumen auf dem Tisch, einer netten Tischdecke, einem guten Geheizt- und Beleuchtetsein, wenn man müde von der Arbeit heimkehrt. Wie sehr sich ein Mann danach sehnt und wie sehr die Möglichkeit, dies zu bieten, die Ehe glücklich erhält, weiß ich von einem komischen Erlebnis an mir selbst. Aus der Botschaft kam ich oft sehr müde und abgehetzt in ein kaltes Zimmer zu Rettig und Brot heim, und da ertappte ich mich einmal dabei, laut zu rufen:

»Nein, ich muß heiraten, damit jemand das Heim gemütlich macht!«

Dann erinnerte ich mich, daß ich nur Weib war und keine Frau nehmen konnte, und zum Kochen und allen anderen Hausarbeiten taugen nur die Neuseeländer, die man sich nicht so leicht hierher bestellen kann.

Zu frühe Ehen, die Schwiegermütter (ich habe aber auch westliche Drachen gekannt!), die übergroße Sinnlichkeit der Männer, die Vielweiberei (obschon auch das nicht so schlimm für jene Frauen ist, als es für uns wäre, weil sie, die nicht studieren, wenig oder gar nicht lesen, nicht ausgehen, nicht Sport treiben, vor Langeweile unbedingt sterben müßten, wenn sie nicht jemand hätten, mit dem sie lachen und plaudern könnten, mit dem sie den gemeinsamen Gott besprechen und über seine doch menschlichen

Schwächen witzeln dürften) sind gewisse starke und bedauerliche Schattenseiten, aber die unbedingte Harmonie, die völlige Versorgung, die ungetrübte Freude an den Kindern, die der Mutter immer nahebleiben, das enge Zusammengehörigkeitsgefühl der ganzen Sippe, alles das wiegt die Nachteile auf. Nur soll ein Europäer nicht eine Asiatin, eine Weiße noch viel weniger einen Morgenländer heiraten, denn sie finden – außer im flüchtigen Sinnengenuß – *keine* Brücke zueinander! Ich möchte die Europäerin sehen, die das Wasser trinkt, in dem sich ihr Gatte morgens die Füße abgespült hat, nur um etwas von seiner Göttlichkeit abzubekommen, und welche weiße Frau (die nicht geschlechtlich einen Stich hat) gäbe sich zu den Ausschreitungen und Undenkbarkeiten hin, die farbige Männer als selbstverständlich verlangen und die so viele böse Krankheiten nach sich ziehen?

Gelungen sind gewisse Vorschriften, die ein Inder beobachten muß und die auch ein Europäer zu beobachten gut täte: Er soll seine Gattin nicht ansehen, wenn sie niest oder gähnt oder ißt (wenige Menschen darf man ohne Magenweh dabei betrachten!), und er soll auch nicht auf ihrem Bette schlafen. Bewachen aber soll er die Gattin immer, denn ein Dieb, der hustet, und eine Frau, die lacht, die sind verloren! Nie soll eine Witwe noch einmal heiraten, denn das stürzt sie in alle Höllen. Verbrannt dürfen sie heute nicht mehr werden, doch glaube ich gern, daß es ihnen zuzeiten angenehmer erschienen sein mag als das freudlose, schmucklose, verachtete Witwentum. Man nimmt an, daß dieser Stand so sehr herabgesetzt wurde, um auch die unzufriedenste Frau noch über das Leben des Gatten frohlocken zu lassen, da ja die Kenntnis vieler Gifte es einem Inder leicht macht, sich eines unliebsamen Nebenmenschen zu entledigen.

Sonderbar ist, daß die Inder glauben, in geraden Nächten Knaben, in ungeraden Mädchen zu zeugen, und daß sie sehr richtig behaupten, daß tadellose Kinder nur von tadellosen Eltern zu erwarten sind. Schwächlinge, Krüppel und so weiter, ja sogar zu viele Mädchen in einer Familie, enden sehr bald, sehr schmerzlos und sehr weise an der Brust der Mutter, die um die Brustwarzen Opium geschmiert hat. Damit erspart man einer kleinen Seele viel künftiges Leid und die Eltern sich Plage, Enttäuschung und Verbitterung. In der Zwielichtzeit soll sich kein Mann seiner Frau nähern, noch zu dieser Zeit studieren, essen oder schlafen.

So entrollt sich das Leben der Frauen in Indien. Ihr Glück ist auf Tugenden wie Geduld, Gehorsam, Anpassung gegründet, und daher sagt eine indische Mutter ihrer Tochter, bevor diese als junge Braut in das Haus ihres Gatten zieht:

»Sei nicht so bitter wie der Nimbaum, denn sonst wird man dich ausspucken! Sei aber auch nicht so süß wie Zucker, denn sonst wird man dich aufessen!« (Wenn sie widerspenstig ist, wird man sie fortjagen, doch wenn sie zu gehorsam und willig ist, wird man ihr zu viel Arbeit aufbürden.)

Im heiligen Benares.

Von meinen Sorgen zu sprechen, ist wie das Abbeten eines Rosenkranzes, immer langwierig, schwer und bitter und immer gleich. Ich brauche nur zu sagen, daß ich fünf Wochen in Kalkutta war, sehr eifrig das Textilwesen und die verschiedenen Rohprodukte studierte und nicht weniger als den Stoff zu sechzehn Aufsätzen sammelte, die ich aus dem Norden an das Blatt, dessen Sonderkorrespondent ich war, abgehen ließ. Daraufhin glaubte ich ein gewisses Anrecht auf einen Vorschuß zu haben ...

Von überall blieben die erwarteten Gelder aus, doch erhielt ich so viel, daß ich, bei äußerster Sparsamkeit und die Nächte möglichst im Zug oder im Warteraum der Bahnhöfe (man kann das!) verbringend, durch Indien bis Karachi fahren konnte. Da war ich der Heimat dann fast um den Umfang von ganz Europa näher, und das sollte auch, wie ich mir fälschlich vorstellte, die Heimfahrt verbilligen. Das war eine irrige Anschauung, denn in Wahrheit fährt man mit dem Norddeutschen Lloyd in einer sehr anständigen Dritten weit billiger von Colombo auf Ceylon (also entfernter als Kalkutta) bis Bremen, als von Karachi in einer schlechten Zweiten bis Brindisi. Man lernt nie aus.

Damals ließ ich neuerdings eine Riesenkiste vom Stapel, packte meine wenigen Habseligkeiten in einen grünen und in den berühmten Lederkoffer mit meinem Namen darauf aus Adelaide (allerdings mit schon gebrochenem Rücken) und verließ Kalkutta, auf den Armen nur meine Erika, die zweimal in ärztlicher Behandlung gewesen und die an Rheumatismus und der Hinfallenden litt. Sie übersprang nämlich die letzten zwanzig Zwischenräume, so daß ich sie immer mit der einen Hand zurückhalten mußte, während ich mit der anderen schrieb. Wir waren zwei arme, wegmüde Invaliden.

Auf der Fahrt nach Benares kommt man an dem berühmten Buddha Gaya, dem heiligsten Ort der buddhistischen Lehre, vorüber, wo der Weise seine Erleuchtung fand und predigte und wohin unzählige Pilger jährlich wandern. Das ganze Gebiet ist eben mit mäßigen Erhebungen, ziemlich eintönig, aus Reis-, Baumwoll-, Indigo- und Mohnfeldern bestehend, weil der Boden fruchtbar und teils natürlich durch sumpfige Ablagerungen, teils künstlich bewässert wird.

Patna ist der Mittelpunkt der Opiumfabrikation und steht natürlich unter Bewachung der Regierung. Man fertigt auch schöne Brokate und Seidengewebe an. Überall steht man kleine unansehnliche Häuschen, aus Holz mit hohem runden Dach auf dem Lande, und flachdachig, aus Stein, in den Städten, wo die Leute gern oben auf dem Dache schlafen. Allerdings wird diese Bauart erst gegen Agra zu allgemein.

Interessanter als diese Städte, die uns ziemlich schmucklos und langweilig scheinen und in denen es von

Menschen in weißen losen Beinkleidern und weißen Saris wimmelt, ist der Zug, der so verschieden von dem unsrigen ist. Meist besteht ein Abteil aus drei Bänken, die der Länge nach (je eine an den Fenstern entlang und eine in der Mitte) aufgestellt sind, und über diesen Bänken sind drei weitere aufgestülpte Lederbänke, die abends gesenkt werden und auf denen man wie auf einem Schiffsbett liegt. Die beiden Türen sind stark und haben innen einen Riegel, den man ganz gut verschieben kann und den man nur dem Schaffner in seiner Uniform zu öffnen braucht, wenn man sich im Damenabteil befindet. Überdies haben die Fenster das Mückennetz, die äußeren Jalousien, Fensterscheiben, die man senken kann, und zuzeiten sogar noch einen inneren Vorhang. Da die Waggons aus Eisen sind und in den Tropen hin- und herrollen, kann man sich denken, was für eine unerträgliche Hitze darin herrscht, deshalb geht der große elektrische Fächer zu Häupten auch Tag und Nacht.

Wer in Benares aussteigen will, muß in Moghol Sarai den Zug wechseln, da fast alle indischen Hauptstädte abseits von der Hauptlinie liegen – warum, weiß ich nicht. Benares ist der heiligste Ort ganz Indiens, von allen Pilgern, von allen Touristen, von allen Wissenschaftlern besucht, die Indien überhaupt berühren. Man füllt Bände mit seiner hehren Schönheit, man träumt von diesem Märchenort und – – – man kommt eines Morgens bei glühender Hitze an und findet einen Steinhaufen.

Der Bahnhof liegt weit ab vom eigentlichen Mittelpunkt, und nichts als teure Droschken oder die eigenen Füße tragen stadtwärts. Ich mußte bei allem Fragen die unrichtige Biegung eingeschlagen haben, denn ich wanderte drei Stunden (!) durch öde Straßen mit kleinen, sonderbar mit allerlei Figuren bemalten Häuschen, an öderen Gärten und kahlen Mauern vorüber, ehe ich am untersten Ende der Verbrennungsstätten am Ganges herauskam und von da weitere drei Meilen bis zum Stadtmittelpunkt ging, der in unserem Sinne auch noch kein Mittelpunkt, sondern das für Ausländer bestimmte Geschäfts- und Hotelviertel ist und nichts Einladendes oder Großzügiges an sich hat.

So müde war ich selten in meinem ganzen Leben, doch kann ich sagen, daß ich eben dadurch Benares in allen seinen Ecken und Enden kennen gelernt habe, daß ich die Seidenweber bei ihrer Arbeit, die Töpfer, die Sandalenmacher, die Messingarbeiter und andere Handwerker beobachtete, daß ich die Gassen kennen lernte, die nie eines Touristen Fuß betreten, winzig und krumm wie ein Kinderwurm, und in denen die Häuschen – niedere, ebenerdige, weißgetünchte Lehmbauten, nicht in gleicher Höhe mit der Straße, sondern oben auf einer kleinen Erhebung standen, die nicht immer gerade, sondern abschüssig, trostlos, sandig oder staubschichtig war. Alle Gärten enthielten indische Feigen, die kakteenartig sind, lange Stacheln haben und nichts und niemand durchlassen. Tamarinden, lange steife Gräser, nichts Augenerfreuendes. Die Schulen waren geschlossen, seltsame kleine Kapellchen begrenzten da oder dort eine Straße, und nur die Sonne brütete erdrückend über all dem. Selbst der heilige Strom, breit und tiefblau, war ein Meer flimmernder Wogen, auf das man kaum zu schauen vermochte. Von den Kuppeln der tausend Tempel (die man nur schön vom Wasser aus sieht und die zu Land hinter dem vorlagernden Mauerwerk fast verschwinden) floß das Licht blendend in das Staubmeer zu Füßen; aus dunklen Haustoren liefen saribekleidete Gestalten mit Krügen, und alles wirkte wie in östlichen Märchen, denn die Trachten erinnerten an Bibelgestalten, und das Waschen der Füße vor dem Betreten der Häuser, das Grüßen, indem man die flache Hand gegen die Stirn drückte, das langsame Reiten auf trübsinnigen Eseln, die winzigen Geschäfte, in denen Sachen von unbezahlbarem Wert hergestellt wurden, die unschönen Straßen, die endlich in eine lange, enge, schmutzige Geschäftsstraße in einer Front mit der Hinterseite der Tempel mündeten – all das zog mich in eine neue Traumwelt. Es gab heilige Affen, heilige Rinder, heilige Bettler, heilige Orte und vermutlich auch heilige Fliegen überall. Es gab auch eine unheilige Hitze und unzweifelhaft an allen Ecken und Enden die Cholera.

Mir war so heiß, und ich war so durstig, daß ich um einen kühlen Trunk meine Seele verkauft hätte (ich war ohne Nahrung seit sechzehn Stunden und war an fünf Stunden bei dieser Hitze auf den Beinen) – und gerade da rief mir ein kleiner Junge, an dessen sehr wenig einladendem Laden von kühlen Getränken ich soeben vorbeiging, »Eissoda, Miß?« zu. Nun erwartete er keine Antwort oder höchstens eine gepfefferte, denn eine weiße Miß trinkt nicht aus solchen Gläsern, an solchem Orte, solch ein Cholerarezept erster Auflage, aber wie gesagt, ich war bereit, viel für einen kühlen Trunk zu geben, wandte mich um und nickte. Er war so erstaunt, daß er mir einen Stuhl anbot und mir eine Eissoda mischte (das Eis in ein Tuch wickelnd und dann mit einem Hammer zerschlagend, worauf es in ein Glas kam und mit Soda überschüttet wurde), deren Zubereitung ich nur einäugige Aufmerksamkeit schenkte, und dann trank ich dieses Getränk um zwei Annas, als ob mir die Götter Nektar geboten hätten, und meinte, daß die Vorsehung, die meine Not und meinen Beutel kannte, die Cholera von der abwenden würde, die nicht gut anders handeln konnte. Diese eine Eissoda entsittlichte mich. Ich trank nun bei jeder Wegbiegung, in jedem Schmutzladen und sah mich nur vorher vorsichtig um, ob kein Europäer im Anzug war, denn da hätte ich die Kaste verloren, wenn nichts Ärgeres ...

Es war in Benares, daß ich einmal, halbverdurstet, durch eine breite, alte Straße kam, in der es viel Läden, doch nicht einen Eissodakrämer gab. Meine Zunge klebte am Gaumen, der furchtbare Staub machte den Mund bitter wie Galle, ich hatte Fieber bei einer Sonnenhitze, die kaum erträglich war, und ich fühlte, daß ich einfach nicht vom Fleck konnte. Da trat ich auf einen Mohammedaner in einem Eisenladen (glaube ich) zu und sagte »Pani«, das einzige Wort Hindustani, das ich verstand. Er fragte »Sodapani?« und schüttelte das Haupt. Ich wiederholte »Pani«, und da nahm er ein kleines Tongefäß, wie es die Leute hier immer tun, schüttete es voll mit dem lauen Alltagswasser und bot es mir an. Ich trank und trank mit hervorquellenden Augen zwei-, drei-, viermal solch ein Gefäßchen voll. Er lächelte und bedeutete mir, langsamer, doch mich satt zu trinken. Zum Schluß bot ich ihm vier Annas, ein reichliches Trinkgeld, an, doch wies er es ab und ließ mich verstehen, daß man für Wasser, einem Durstenden gereicht, keinen Bakschisch nehmen dürfe, weil Allah die Handlung selbst bezahle. Ich hob die Hand an meine Stirn und salaamte tief. Hoffentlich hat es ihm Allah reichlich zurückgezahlt. Keine Handlung in ganz Indien hat mich so tief gerührt wie eben diese. Er hatte um meinetwillen ein Geschirr zerbrochen – das mußte er, nachdem ich als Ungläubige daraus getrunken hatte – und er hatte dennoch kein Geld dafür angenommen. Das war die uralte Gastlichkeit der Morgenländer ...

Die Ghat oder heiligen Tore.

Sie reichen fünf Kilometer weit an der Wasserfront hinab, und ich habe sie zu Fuß durch die Eingeborenenstadt und zu Fluß (im Boot) genossen. Manche Treppen, die zu den heiligen Badeplätzen führen, sind achtzig bis hundert Stufen hoch, und da sieht man vom Morgendämmern an die Sekten und Kasten ihr Bad einnehmen, die Brahmanen in kostbaren Gewändern, bestimmte Gebärden machend, die einfachen Leute sich mit der hohlen Hand bespülend oder untertauchend. Wer im Ganges ertrinkt, der kommt direkt in den Himmel, so daß es auch nichts macht, wenn ein Krokodil jemand davonträgt, der so heilig geworden ist. Bei aller Heiligkeit ist das Wasser oft trüb, und wer wünscht sich an einem Ort zu waschen, wo viele Menschen den schweren Benaresstaub in Heiligkeit ohne Ende verwandeln? Viele kommen alt und schwach oder krank nach der heiligen Stadt, um hier zu sterben; andere stecken sich gegenseitig an, und wer das Leben in den kleinen Nebenstraßen beobachtet, wer nicht wie ein Globetrotter alles abklopft, ohne etwas wirklich gesehen zu haben, der verliert viel vom romantischen Zauber und gewinnt doch etwas, das tiefer als aller Abklatsch ist. Da hängt ein Volk, aus so verschiedenen Völkern zusammengewürfelt (es ist sehr irrig, Indien als ein abgeschlossenes Ganzes zu betrachten), an einem Wasser wie wir an der Donau oder die Deutschen am Rhein, nur mit so viel mehr Andacht und Glaube und Hingebung! Da sieht man, wie tief dem Morgenländer, der so viel mehr Zeit zum Nachdenken findet, an dem Leben vor und nach diesem Erdenleben liegt, wie sehr er trachtet, sich dem Kommenden richtig einzustellen, wie abgewandt vom rein Vergänglichen er ist. Deshalb erträgt er die körperlichen Leiden leichter, deshalb hängt er nicht mit jenem wilden Begehren und jener Zähigkeit, die uns Westländern eigen, am Leben und seinen Kundgebungen. Einmal hat er alles gehabt, was ein Dasein bieten kann, und einmal wird er es auch wieder haben. Wohl ermüdet ihn zuzeiten das Gebundensein an dieses ewige Rad der Wiedergeburten, aber es macht ihn auch ruhiger, denn er braucht nicht alle Erfahrungen fieberhaft in ein einziges Leben zu pferchen ...

Es ist gar nicht meine Absicht, die unzähligen Tempel und Tempelchen, die Ghat und Götzennischen, die Kasten in ihrem Gewirr zu beschreiben, denn das würde einen ganzen dicken Band füllen, und das findet man, wohl besser, als ich es könnte, schon von anderen beschrieben.

Am besuchtesten ist vielleicht das Hanuman Ghat, wo man die heiligen Affen sieht und in dessen Nähe man die Sannyasi oder Bettelmönche findet, die sich auf das künftige Leben vorbereiten, keinerlei irdische Wünsche hegen und die oft durch ganz Indien wandern. Da sie gegen jede Hauswand lehnen, überall ihre Schlafmatte aufrollen dürfen und von jedermann, den sie darum ansprechen, gefüttert werden, mit gelber Asche bestrichen sind, daher nur einen kleinen Lendenschurz tragen, sich nicht zu waschen oder zu kämmen brauchen, kann man verstehen, warum es in Indien Sannyasi voll Heiligkeit und bei uns nur bettelnde arme Teufel ohne solche gibt. Ich war auch schon manchmal daran, in Indien Sannyasi zu werden, um mir dadurch Kost und Wohnung zu ersparen, aber unsere weiße Haut nimmt die gelbe Asche schlecht und unser Haar die Läuse leicht auf, weshalb ich bei westlichen Gewohnheiten verharrte. In Europa, wo jedermann arbeiten, sich kleiden und selbst verpflegen muß, kann man freilich nicht so eingehend über das nächste Leben und die Gesetze des Weltalls nachdenken. Das leisten sich bei uns höchstens Professoren, die schon eine Pension beziehen. Man darf bei Beurteilung von Völkern auch die äußeren Umstände nicht vergessen.

Eigentümlich berührt es, Moscheen und Hindutempel, alte, zerfallende buddhistische Stupas und Plattformen neben Hindutempeln oder Sikhhallen zu sehen. Und jeder von diesen allen, die hier nach ihrem Glauben opfern, ist sicher, den rechten und einzigen Weg entdeckt zu haben! Alle Wege führen zum Gipfel, und über ihm leuchtet die gleiche Sonne ...

Vor dem wunderbaren Tadsch Mahal.

Von Benares fährt man eine Nacht hindurch nach Agra, einer Stadt mitten auf der weiten Ebene, unweit der Jumna, gelegen, um die sich zur Zeit der Meuterei die wildesten Kämpfe abspielten. Für andere mag Agra einen anderen Reiz haben; für mich war es die Erinnerung an den furchtbaren Aufstand und die Hinmetzelung von Frauen und Kindern. Im Fort hatten so viele mühselig Obdach gefunden ...

Für unsere Verhältnisse hat eine kleine Stadt wie Salzburg bedeutend schönere Straßen, macht mehr *Stadt*eindruck als die wichtigsten Orte Indiens, außer Bombay und

Kalkutta. Das kommt daher, daß die Asiaten niedriger wohnen, also nicht an unseren Luxus gewöhnt sind. Richtiger bezeichnet wäre es, wenn man sagen wollte, daß sich die Lebenswerte des Ostens und Westens nicht decken. Der Inder macht sich nichts aus einer schönen Wohnung, weil er die Hauptzeit auf einem Dach oder sonst im Freien verbringt; dafür liebt er Schmuck, besonders an seinen Frauen, und manchmal hängt ein Vermögen an Ohren, Nase, im Haar, um den Hals, die Brust und die Mitte, an Armen, Fingern und Zehen, ja selbst an den Knöcheln einer Inderin. Darauf legen wir geringen Wert. Auch bedeutet Besitz Verantwortung und Ausbeutung und ist daher dem Asiaten, der gewöhnlich dadurch nur an lästigen Parasiten gewinnt, eine Last, uns – die wir mit westlicher Selbstsucht die Verwandten nach Kraft und Tunlichkeit abschütteln (warum das leugnen?) – eine Freude. Das indische Familiensystem, das man leider zu brechen sucht, ist für einen Staat sehr günstig. Das jeweilige Oberhaupt – der älteste Mann – leitet alles, macht alle Einkäufe, kümmert sich um den Gang der Besitzungen, verteilt die Wohnungen, die alle zusammenhängen und *ein* Besitztum bilden; die Söhne und meinetwegen die schon erwachsenen Sohnessöhne (die mit ihrer Familie auch beim »Vater« wohnen und ihm untertan sind), steuern zu gleichen Teilen bei, das heißt, jeder gibt von seinem Gelde ein Drittel, und zwar der Millionär wie der arme Winkelschreiber, und dennoch werden alle gut versorgt, obschon ein völlig arbeitsloser Mann bei seinem reicheren Bruder als Diener eintreten muß, ohne deshalb sonst schlecht behandelt zu werden. Irrsinnige, Krüppel, Kranke, Witwen und so weiter werden also von den reicheren Verwandten erhalten, und wer am reichsten ist, der zahlt begreiflicherweise für alle anderen mit. Es mag dies bei wachsender Selbstsucht eine Plage für den Bemitteltsten sein – man denke aber, was für eine Erleichterung es für die ärmeren, lebensuntauglicheren Geschwister und für den Staat ist, wenn es keine Bettler, Krüppel und so weiter gibt. Es gibt Bettler in Indien, doch sind viele davon Sannyasis oder Bettelmönche, denen man im Grunde weniger Geld als Speisen gibt, und nach dem mohammedanischen Gesetz schneiden die Geschwister auch nicht so gut ab, die Familie bleibt nicht so fest zusammen, und das gilt von unzähligen Kasten und Sekten, daher darf man Indien nie kurz in Bausch und Bogen abtun.

Agra hat – wie ich also schon andeutete – trotz seiner mehr als 190 000 Einwohner und seiner räumlichen Ausgedehntheit nicht *eine* Straße, die ein ordentliches Pflaster hätte oder ganz unseren Straßen gleichschauen würde. Unsere Bauern würden die meisten Häuser glatt zurückweisen, aber noch einmal: der Osten ist nicht der Westen. Die Schönheiten sind zu finden, nur nicht da, wo sie von uns gesucht werden würden.

Der erste Zauber zeigt sich nach der Jumnabrücke – ein schneeweißes Gebäude auf weiter, sandiger, trostloser Ebene, von einigen zypressenähnlichen Bäumen umschattet. Das ist der wunderbare Tadsch Mahal, das Grabdenkmal, das ein liebender Fürst seiner Gattin erbaut hatte, nachdem sie ihn mit neun Kindern gesegnet. Das Werk soll von einem italienischen Baumeister herstammen, dem die eine Hand abgeschlagen worden sein soll, nachdem er den Bau vollendet hatte, weil er ein kleines, unauffindbares Löchlein in der Kuppel angebracht hatte, durch das *ein* Tropfen bei jedem Regen hineinsickert und vor das Grab fällt.

Am schönsten ist der Bau im Mondlicht, wenn das Weiß feenhaft leuchtet, der Ruf eines Schakals die Luft durchzittert oder hinter den düsteren Bäumen und dem niederen Strauchwerk, das sich im Kanal spiegelt, eine Hyäne lacht …

Silber auf der Kuppel, den schlanken Minaretten, die wie ein Finger gegen das Dunkelblau des Tropenhimmels zeigen, das runde Tor und dazu das Erinnern, daß es Liebe von großer Stärke und Dauer war, die dieses schönste aller Grabdenkmäler geschaffen! Der Sand dehnt und dehnt sich dahinter, wo die Gärten enden, und wirkt weiß wie frischgefallener Schnee, und es ist so einsam, daß man das Schlagen des Herzens hört.

Ganz still bleibe ich vor dem Wunderbaren und staune weniger über ihn als darüber, daß ich auch hierher gekommen bin. Wo mein Fuß überall gestanden, was meine Augen alles gesehen, was mein armes Menschenherz alles gelitten hatte!

Ganz still in der Nacht, in der die Hyänen lachen und die Pfauen mit ihren Hennen über den Sand wandern. Ich bin so schaumüde, daß mich so richtig nichts mehr erfreut, nichts mehr begeistert, nicht einmal der besungene Tadsch Mahal, das schönste Bauwerk der Welt. Ich habe für alles überzahlt und finde daher das Konto geschlossen ...

Oder richtiger: Das Schicksal hat meinen Wechsel nicht honoriert.

In Agra.

Ein Wicht auf der Eisenbahn, der mir drei Stationen lang in den Ohren gelegen hatte, hatte mich für sein Hotel gekapert, und ein elendes Schandloch war es, dessen Name mir glücklicherweise entfallen ist. Ganz recht! Kein Lied, kein Heldenbuch nenne ...

Ein winziges Wägelchen mit einem Pferd, das längst das Gehen verlernt hatte, brachte mich samt Gepäck in diese indische Mördergrube, die nach Worcestersauce aus dem Ostende Londons und nach allen Gestänken des Ostens roch (durchflochten vom Rauch westlicher Zigarren!) und in der ich ein Zimmer inne hatte, das von der sonnebrütenden Veranda, die sofort auf den freien Hof mündete, durch eine herabgelassene Strohmatte getrennt war.

Glücklicherweise war ich nicht nach Indien gekommen, um in indischen Hotels (die nämlich europäisch sein wollten!) zu wohnen, daher schüttelte ich den beredten Pferdanpreiser, den Diener und all das übrige bakschischhungrige Gesindel ab und wanderte zu Fuß gegen das Innere von Agra. Es war ein Glück, daß ich meine eigenen Füße hatte, denn die kosteten nichts, und der Weg war lang, staubig und sonnig, lang genug, um ein Kamel umzubringen, doch Schriftsteller, die sieben Jahre lang Schriftleitungen ertragen und Verleger gefischt haben, sind bedeutend zäher als ein Wüstenkamel ... Auch eine Agra-Erfahrung!

Die Straße, durch die ich endlich pilgerte, war einseitlich ein abgebrochener, graubrauner Berg, mit und ohne Häuser, doch immer staubbekrustet. Auf der anderen Seite gab es Ledergeschäfte, und der Geruch von Häuten begleitete mich eine Meile hindurch. Bei vierzig Grad und mehr im spärlichen Schatten nicht der wünschenswerteste Duft. Als ich eben bei einem Mohammedaner, der einen gelben Turban wie ein Radscha trug, eine minderwertige Eissoda mit tausend Cholerabazillen, die aber nicht angriffen, erledigt hatte, sah ich, die Augen weit aufreißend, zu meinem Trost die berühmte Freitagsmoschee, und von da ab wanderte ich etwas flotter weiter.

Ein Händler mit Pfirsichen kam hinter mir her. Ich hatte seit Tagen so gut wie nichts gegessen, weil ich Fieber hatte, doch an Pfirsichen kam ich gesund oder krank schwer vorbei, und daher kaufte ich um zwei Annas eine Pfirsich und zog damit ab.

Nach einer Weile hörte ich mich angerufen (mein Schritt ist sehr verschieden von dem eines Morgenländers), und der Händler reichte mir einen zweiten Pfirsich mit dem Bemerken, daß ich auch auf den nach meinem Gelde Anspruch habe. Diese seine Ehrlichkeit rührte mich beinahe wie die Wassergabe in Benares. Zumeist sogen die Inder uns erbarmungslos aus, doch war man einmal hinweg von all den Touristenplätzen, mitten unter ihnen, so waren sie so ehrlich und gut wie Menschen, die arm und ans Leiden gewöhnt es fast immer sind. Der zweite Pfirsich schmeckte noch besser ...

Im Bazar …

Es gab auch andere Berührungen – manchmal lustige. Ich durchwanderte den Bazar, die Stätte der einheimischen Händler, wo man sich nicht verlieren darf und wo es nie sehr sicher ist – Beutel und Gesundheit und, von Mohammedanern, deren es in Agra mehr als Hindus gibt, vielleicht das Geschlecht sind bedroht – und ich wanderte daher, mit einem Auge alles einsaugend, mit dem anderen alles bewachend vorwärts, während ein junger Muselmann unbedingt mein Körbchenträger sein wollte und ich ihm vergeblich in mehreren Sprachen begreiflich machte, daß ich nur schauen, doch nichts kaufen wollte und in jedem Fall alles selbst tragen würde. Umsonst! Wer nicht hören will, der muß fühlen. Ich dachte mir: »Mensch, du wirst nicht so bald einer weißen Mem Sahib lästig fallen!«, und marschierte aus. Eine halbe Stunde lang durchwanderte er mit mir den Bazar, immer hoffend, denn die Hoffnung stirbt schwer, doch als ich daraufhin *noch* in eine Seitengasse einbog, gab er es sozusagen heulend auf. Ich lachte. Mehr als einen lästigen Anbeter hatte ich in all den Jahren einfach totgelaufen …

Es war wunderschön. Man kann sich keine richtige Vorstellung davon machen, weil Worte so sprödes Laub sind, aber in einem Bazar *lebt* alles, öffnet sich die Seele des Landes wie eine Lotosblüte dem ersten Morgenstrahl, denn die Inder wohnen, leben und sterben zuzeiten in diesen engen Nischen, die sie Geschäfte nennen, sie liebkosen dort ihre Kleinen, sie schauen von dort den Nautschmädeln nach, sie flüstern von nächtlichen Freuden ihren Frauen zu, die da im Körbchen das einfache Mahl bringen, oder sie kauern rund um den Straßenkoch und essen mitten im Staub und im Getriebe, der eine stets ein wenig von dem anderen abgewandt, denn jemand beim Essen anzustarren ist höchst ungezogen.

Sie hatten solche unglaublichen Kuchen, so wunderbare Speisen, und ich schaute mir alles an, doch mit den Händen auf dem Rücken, denn hätte ich eine Sache berührt, hätte der ganze Kram weggeworfen werden müssen. Da wäre er entheiligt worden. Weil ich nichts berührte, meinen Schatten nicht unverschämt vorwarf und nie lachte, sondern nur gefesselt schaute, war nie jemand ungeduldig, bösartig oder gar feindlich. Manchmal lächelten sie mir zu, meist ließen sie mich still teilnehmen an ihrem Tun, und durch dieses Mitleben in den Bazars, in den schmutzigsten Winkeln, ging mir ein Verstehen für die Denkart der Leute auf.

Auch war es possierlich, die Affen zu sehen. Sie lebten in Agra auf den Dächern, sprangen von Haus zu Haus, rissen auch zuzeiten da ein Sari von einer Leine, dort einen Kochtopf, doch im allgemeinen benahmen sie sich brav und waren geduldet, wenn auch nicht immer wohlgelitten. Es waren große Tiere, wenn sie aufrecht standen, nicht viel kleiner als ich, von hellem Braun, das schon einen Stich ins Graue hatte. Von Zeit zu Zeit sausten sie auch an einer Rinne nieder und durch eine Straße, der eine nicht selten den Schwanz des anderen haltend, wie um sich gegenseitig nicht zu verlieren. Es versteht sich, daß sie den Obst- und Gemüsehändlern nicht selten etwas stahlen und diese sich wie bei den heiligen Kühen trösteten, daß es ihnen von den Göttern zurückbezahlt werden würde.

In der Festung.

An der großen, edelgebauten Freitagsmoschee vorbei, um die eine Anzahl Buden wie bei uns die Jahrmarktsbuden gereiht sind und hinter der man Vergnügungsbuden in westlicher Art findet, gelangt man über eine breite Straße nach der Festung, dem berühmten Agrafort, das viele Eingänge hat, doch nur durch den nach der Perlmoschee von Fremden betreten werden darf, da in manchen Teilen viel Militär untergebracht ist, denn das Fort ist die Burg der Engländer, ihr Rettungsort in Augenblicken der Gefahr.

Die Straße, mitten in der Stadt gelegen, teilweise von ungeheuren Bäumen beschattet, ist so ländlich, so still wie bei uns eine ferne Dorfstraße. Karren mit einem vorsintflutlichen, käfigartigen Überbau und von Kamelen gezogen, rollen gemütlich dahin; Männer tragen ihre Last auf Schulterstangen, Frauen schwere Tontöpfe auf dem Haupte, was ihnen einen stolzen Gang gibt; irgend ein Kuchenhändler kauert in einer Ecke und läßt seine Ware sprechen, denn ihm ist es zu heiß, um auch nur den Mund aufzutun.

Heiß! Ich habe vielleicht nie so gelitten wie in Agra. Es war Juni und daher hier, am Rande der weiten Sandflächen, die zu Wüsten wurden, im Innern von Indien, der allerheißeste Monat. Wenn wir an der Sonne unter 60 Grad Celsius hatten, sollte es mich wundern; vermutlich hatten wir 70, und ich mußte sehr oft lange Strecken, zur Mittagszeit, zu Fuß im grellen Sonnenlicht zurücklegen. Oft war ich in Gegenden, in denen man sich nicht einmal einen Choleratrunk kaufen konnte (denn dieses Trinken aus weiß Gott was für Gefäßen, obschon ich häufig die Tonnäpfe fand, die jedesmal zerbrochen wurden, war höchst unhygienisch, und vermutlich setzten sich damals die Bazillen zur Tropenruhr, an der ich später erkrankte, fest), und ich durfte nicht nur gehen, sondern mußte schauen, zeichnen, lernen, einsaugen, notieren. Dabei hatte ich Fieber und noch einmal Fieber, so daß ich die ganze Zeit von Kalkutta bis Karachi nur einmal eine vollständige Mahlzeit einnahm und vorwiegend von Sodawasser lebte.

Das Tor des Forts war rotbraun, und man ging durch einen aufsteigenden Gang in das Innere. Ich wies diesmal jeden Führer so energisch zurück, daß es mir gelang, allein gehen zu können. Was zu sehen war, hatte ich vorher durchstudiert. Nun aber wollte ich einsam durch alle diese Gänge, Moscheen, Plätze, Nischen, verfallenden Teile und zwischen diesen Riesenmauern gehen, allein die wunderbare Aussicht über Agra genießen und nichts, nichts in die Ohren geschnarrt bekommen. Es war zu großartig, hier zu verweilen und sich zu vergegenwärtigen, wie die Leute gelitten und gewartet haben mußten, während die Meuterei voll im Schwunge war und die britischen Truppen so lange nicht durchdringen konnten. Alle diese Hallen waren voll Menschen gewesen – Frauen und Kindern – und draußen hatte das Volk getobt und gewütet. Die treu gebliebenen Sikh waren hier und standen Wache, und manch ein furchtsamer Händler, irgend ein Eurasier, floh hierher in der Mitte der Nacht, um seinen mühsam erworbenen Schatz in Sicherheit zu bringen. Ich mußte an das »Zeichen der Vier« denken und schaute unwillkürlich alle Vertiefungen an, als ob der Agraschatz noch vorhanden wäre ...

Das Fort ist eine ganz große, wunderbar schöne, eigenartige Stadt. Innerhalb dieser schiefabfallenden, ungemein hohen, rotbraunen Mauern liegen Moscheen, Paläste, die alte Beratungshalle der Herrscher, die Frauengemächer, die unzähligen Burgen, die Säulengänge ... Man kann weder alle durchwandern, noch überschauen, aber etwas Ähnliches sieht man meiner Ansicht nach nirgends auf Erden wieder. In mancher Beziehung entzückte mich das Fort mehr als der unvergleichliche Tadsch Mahal. Es war so wuchtig, und man dachte an die Großmoguln, an den Sieg Englands, an die Sehnsucht der Inder, die eine fremde Macht hier täglich über sich sahen. Von hier schweifte der Blick hinüber zur gewürfelten Moschee, hinweg über die Sandhügel, über die Kamele wanderten, über die Straßen des Bazars, über die Häusermassen, die alle farblos wie Staub wirkten, bis hinaus zu den berühmten Grabmälern einstiger Herrscher und Fürsten. Das war Agra, der Kern Indiens, obschon Delhi heute die offizielle Hauptstadt mit dem Durbar ist. Doch Agra ist der Ort, wo sich der Islam einst eingebohrt hat, wo alle Eroberer ihre Macht zeigten, wo der Hinduismus langsam schwindet und der Halbmond so richtig aufgeht, wo die fruchtbaren Südgebiete zu den Wüsten des Nordens werden, wo man das Leben noch beobachten kann, wie es vor Hunderten von Jahren gewesen ist.

Ich blieb lange im Fort. Zum Schluß fand ich im Haupthofe, der Perlmoschee gegenüber, einen Eissodamann, der sogar reiner als andere Eissodamänner war und von dem ich eine Menge seiner Ware trank. Dann, etwas versöhnter mit der Welt und der Hitze, verließ ich das Fort, um weitere Wanderungen anzutreten.

Ich setzte keinen Ehrgeiz darein, alle alten Gräber abzulaufen oder alle Touristenplätze, Kaufläden etc. durchzustöbern; ein Händler zog mich in sein Prachtgeschäft und zeigte mir golddurchwobene Saris, die einen vor Schönheit beinahe zum Schreien bringen konnten, und außerdem Fächer aus Pfauenfedern, Messingwaren mit Einlegearbeiten, Elfenbeinschnitzereien, Edelsteine, wunderbare Wandteppiche und Arbeiten aus besonderem Agrastein, die sehr schön und nicht teuer waren. Dennoch kaufte ich nichts als eine kleine Nachahmung aus Stein vom berühmten Tadsch, um sie meiner Mutter mitzubringen. Sonst machte ich bei dem Alten nur Textilstudien, wohl sehr zu seinem Leidwesen und sehr zu meinem Vorteil. Was ich sonst tat, war, durch immer neue Straßen zu gehen, die nach Zünften eingeteilt waren, und das Leben kennen zu lernen. Das war für mich wichtiger als aller Stein.

Nach Delhi.

Ich wurde immer bewacht. Nicht in jeder Station, doch in vielen pendelte ein weißer Zugwächter an mir vorüber und warf einen Blick in das Abteil. Das geschah, weil mehrere Frauen getötet worden waren und weil die Engländer immer mehr als andere Völker auf die Sicherheit einer Europäerin schauen. Auf Java hätte man mich vierteilen können, und vielleicht hätte man noch ruhig zugeschaut, doch nicht in Britisch-Indien. Der Schaffner riet mir, mich einzuriegeln und, wenn ich Furcht hätte, die Fenster zu schließen. Das tat ich nicht, denn mein Gepäck war unter dem Sitz, also nicht erreichbar, die Tasche mit Paß und

Geld lag unter mir, und überdies wachte ich auf, so oft wir hielten, denn ein indischer Zug ist nicht ein europäischer.

Kaum hielt er, so stürzten die durstigen Reisenden beider Hauptreligionen aus dem Zuge, um ihre Tonkrüge mit Wasser zu füllen, doch hatte jeder Glaube seinen eigenen Brunnen. Unterdessen kamen die Neueinsteigenden, beladen mit Bündeln wie Mount Everest, mit Körben voll unheimlich riechender Leckerbissen, mit Kindern und Frauen und Dienern ... Dieses Getue und Geschrei! Dieses Verstauen von Menschen und Gepäck, dieses Sichzurechtschieben, Sich-freundschaftlich-puffen, bis man eingekeilt saß, dieses züchtige Vorziehen der Schleier, wenn einmal alles Hasten vorüber war! Ich dankte Gott, nicht in der Dritten zu sitzen.

Aber auch ich wurde nicht selten heimgesucht. Einmal kamen vier Mohammedanerinnen mit der Burka herein, das ist ein wallender weißer Umhang, um den Kopf etwas verengt, der ein Stoffnetz trägt, durch das die Frau wohl durch die winzigen Löchlein hinausspähen kann, niemand aber auch nur ahnt, was daruntersteckt. Es geschieht manchmal, daß sich ein Mann, unter einer Burka verborgen, in ein Frauenabteil einschleicht, das Weib vergewaltigt und – die Hülle zum Fenster hinauswerfend – vom Trittbrett aus in das Gedränge der Reisenden springt und so entkommt. Leicht geschieht es nicht, und man hat als Frau immer das Recht, die Notleine zu ziehen.

Ich wartete mit bedeutender Neugierde, bis wir den Ort verließen und sich die vier unförmigen Massen in schöne Lichter der Zenana verwandeln würden. Sie nahmen auch richtig die Burka, die sehr heiß macht, ab, doch, o weh! es waren dicke, alte Tudeln, an denen nichts als Speck zu sehen war. Ich dachte mir, daß ihre Tugend mehr bewahrt werden würde, wenn sie sich zeigen wollten ...

Sie aßen dicke, speckige Kuchen und tranken indische Kracherl, so daß gar bald das ganze Abteil nach dem eigentümlichen Parfüm ihrer Kleider, nach dem Honig und den Gewürzen der Kuchen und nach weiß Gott was noch roch. Wer sagt, daß diese vier behäbigen Damen nicht ebenso gut und vermutlich sogar besser als ich waren, aber meinen Geschlechtsgenossinnen des Westens war ich zur Begleitung gewiß tausendmal lieber. Das ist nicht Rassenvorurteil, das ist einfach Gewohnheit, aber deshalb sagt Kipling so treffend, daß der Osten der Osten, der Westen der Westen sei und sich die beiden nicht treffen können. Schon unsere gegenseitigen Nasen nehmen Anstoß, denn wir stinken ihnen ebenso kräftig wie sie uns – alle Trugvorstellung beiseite! Mir wurde zum Schluß von ihren Zenanadüften ganz elend.

In Delhi.

Man fährt nur einige Stunden dahin und muß die Nacht, gegen ein Trinkgeld an die Warteraum-Amah, dort verbringen. Auf einer Holzbank. Es tun einem alle Knochen weh, doch erspart man ein Nachtlager in einem Hotel. Nur in Indien kann man so ungehindert in Wartesälen herumlungern (unangenehm genug ist es ja, um glatt verziehen werden zu können), und das kommt daher, daß für den Inder des niederen Volkes Zeit keine Rolle spielt. Er entschließt sich zu einer Wallfahrt, packt sein winziges Bündel, nimmt die Frau mit, schnallt ein Kind auf ihren Rücken, eins auf den eigenen, nimmt zwei mit Bündeln an die Hand, und sein Weib schleppt den Eßkorb hinterdrein. Sie erreichen den Bahnhof. Wo erhält man den magischen Zettel? Dort, bei jenem Fenster? Salaam! Nach Benares. Er zählt mühsam das Geld vor, Kinder reisen frei. Wann geht der Zug? Morgen früh? Auch recht. Sie begeben sich hinaus auf die kleine Plattform, entfalten ihre Decken, rollen sich und die Kleinen hinein und warten, bis der Zug kommt. Manchmal ist er zu voll, und sie müssen den nächsten Zug abwarten. Auch recht. Nur die Teufel und die Weißen haben keine Geduld im Leib und fahren immer planlos hin und her.

Delhi war einst die Residenz der Großmoguln und ist seit mehr als dreitausend Jahren der Punkt, an dem der Handel mit dem Punjab und allen Grenzgebieten zusammenläuft, wohin alle Großhändler kommen, und ist auch heute der Brennpunkt der Politik, der Kunst, vieler Gewerbe, wie zum Beispiel der Zucker-, Baumwoll-, Mühlenindustrie und Sitz vieler Kunstgewerbe, die man nirgends so gut wie gerade in Delhi sehen kann, wo aus Messing der Tadsch Mahal, die herrlichsten Gongs, die prächtigsten Tassen, Tiere, Fingerschalen, Götter gemacht werden und wo man die unvergleichlichen Brokate herstellt, denen nur noch die von Benares gleichwertig sind.

Die Stadtmauer hat sieben Tore, darunter ist das Kaschmirtor, durch das die Kamelkarawanen aus dem Norden kommen, das wichtigste, und um dieses Tor spielt sich am stärksten das Leben der Eingeborenen ab. Vor der heutigen Stadt breitet sich das alte Delhi über vierzehn Kilometer aus. Es besteht aus unzähligen Ruinen, die von Schakalen und Hyänen heimgesucht werden und besonders in einer Mondnacht unendlich romantisch zu durchwandern sind. Indessen nicht allein!

Delhi ist uralter Boden. Man nimmt an, daß die erste Ansiedlung, von Ptolemäus »Indabara« genannt, schon seit dem zweiten Jahrtausend vor Christi bestanden haben soll; jedenfalls hat die Stadt in der Geschichte Indiens immer eine große Rolle gespielt und auch heute berührt es einen eigentümlich, mitten in der ausgedehnten Ruinenstadt die Siegestürme des Islams emporragen zu sehen. Der bedeutendste Herrscher gehörte zum Mongolengeschlecht und hieß Akbar. Er ermutigte Kunst und Wissenschaft, lebte indessen vorwiegend in Agra, und erst unter Sha Jenan, der den Tadsch erbauen ließ, blühte Delhi zu unerwartetem Glanze auf. Da entstand die herrliche Moschee und die Kaiserburg, doch wurde er von seinem Sohne Aurangzeb verdrängt, und wachsende Unduldsamkeit gegen die Hindus führte zu inneren Zerwürfnissen. Im Jahre 1803 fiel Delhi in die Hände der Engländer, und hier begann auch die fürchterliche Meuterei von 1857. Man sagt, daß die Engländer nichts wahrnahmen als die sonderbare, ihnen unverständliche Tatsache, daß sich die Eingeborenen von Dorf zu Dorf, von Stadt zu Stadt Tschipatis schickten, und sie ahnten nicht, wie schwerwiegend dieses geheime Zeichen ihnen werden sollte.

Das Fort ist nicht so gut erhalten wie in Agra; man findet in der Stadt die üblichen Bazare, die schönen, oft beschriebenen Moscheen, die einstigen Paläste, die schwarze Moschee mitten im Eingeborenenviertel, doch das Fesselndste bleiben nach wie vor die kleinen Geschäfte, in denen gearbeitet wird und in denen sich das Leben abspielt. Die Beschreibung der bekannten Bauten findet man in jedem Reisewerk.

Vom Delhi-Tor führt die sogenannte Grand Trunk Road nach Agra und weiter nach dem Süden, und das ist ein wunderbares, unvergeßliches Bild, denn hier fahren alte Purdafrauen (die hinter dem Schleier leben müssen) in Ochsenwagen, die zu einer Sänfte umgestaltet sind und an deren Seite die beschützenden Diener laufen; da begegnet man den komischen Wagen, von Kamelen gezogen, die ich schon beschrieben habe; da laufen Zebukühe (die alle einen Höcker haben und das wahre Rind Indiens sind), da sieht man Polizisten zu Pferd und Bettelmönche zu Fuß, Wallfahrer mit Frau und Kind, ganze Karawanen, Teppichhändler aus Afghanistan, Lamamönche aus Tibet, kurz, auf dieser breiten Heerstraße bewegt sich ganz Indien in seiner vollen Farbenbuntheit und Natürlichkeit.

Raewind.

In Delhi war ich so müde, daß ich nicht weiter wollte und – da mein Geld beschränkt war – auch nicht bleiben durfte. So suchte ich einen Bummelzug aus, der schon um zehn Uhr Delhi verließ und erst um sieben Uhr früh in Raewind war, anstatt den Schnellzug nach Mitternacht abzuwarten, der direkt nach Lahore fuhr. Ich wollte schlafen, und das konnte ich gewiß besser im langsamen Zuge.

Ich fand kein Frauenabteil und stieg in eins, in dem ein Inder saß. Er war jung, sprach englisch, und ich hoffte jedenfalls, daß er mir nicht die Kehle durchschneiden würde, nachdem wir aus der Station heraus waren. Jedenfalls hatte ich so starke Malaria, daß ich lieber auf weicher Lederbank den Hals durchschnitten erhielt, als noch länger auf der Holzbank oben im Warteraum liegen zu müssen. Das versuchte ich den beiden weißen Eisenbahnern begreiflich zu machen, die mir sehr zuredeten, lieber mit dem Schnellzug zu fahren. Ich rührte mich nicht. Hier lag ich und ... Der Zug pfiff, da fragte der Wächter, ob ich nicht wenigstens vorn im Frauenabteil liegen wollte, damit er »ein Auge auf mir lassen« konnte, und da ich ihm gern das Auge auf mir gönnte, hielt er den Zug an, bis ich umgestiegen war. Nun hatte ich fünf Bänke für mich allein und pries die Engländer sowie meinen Eigensinn.

Wo aber hätte man so liebevoll über mich gewacht? Was tat eine durchschnittene Kehle den meisten Regierungen? Aber so sind eben die Engländer. Es ist daher eine unrichtige Politik unwissender Europäer, England den Verlust Indiens zu wünschen. Ich möchte sehen, wie wir Weißen dann fahren würden. Ich werde es jedenfalls abwarten, nicht als Erste ausprobieren. Alle Achtung vor den Indern, doch Asiaten sind – Frauen gegenüber – eben Asiaten und Mohammedaner eo ipso ...

Raewind ist ein Loch, doch ein so malerisches Loch! Ich aß dort die besten Pfirsiche Indiens, aß ein volles Dutzend auf einem Sitz. Dann genoß ich im vollsten Maße das Bild meiner Mitreisenden.

Es waren viele Leute aus dem Punjab und von den Abhängen des Himalayas hier, und ihre Trachten waren so verwirrend wie interessant. Die Punjabimänner trugen Schnabelschuhe, das heißt Sandalen, die vorne in einer gekrümmten Spitze hinaufgingen und auch hinten eine spitze Verlängerung nach oben hatten. Die Hosen saßen fest an den Beinen, die lose Jacke wurde von einer gestickten Weste um den Leib gehalten, manche hatten auch einen weichen Gürtel oder ein Tuch zu einem breiten Gürtel gedreht. Andere Reisende hatten ein Hemd wie die unsrigen, doch hing es über die Hose hinunter, was mich sehr belustigte, und die Frauen hatten das Sari bald auf diese Weise, bald auf eine andere Weise um den Leib gewunden. Bei mancher sah man die Umrisse der Brust nackt, bei anderen war auch der Rücken unter dem Schleier noch dicht verhüllt – und der Schmuck! Dicke Knöchelspangen, so daß sie kaum zu gehen vermochten; das machte ihren Gang langsam und schleppend und verlieh angeblich Anmut, denn der Gang einer schönen Frau wird immer mit dem einer Gans oder einer Pfauhenne verglichen; andere hatten kleinere silberne Knöchelspangen, doch dafür Silberringe auf jeder Zehe, und immer hatten sie Armbänder – aus Silber, aus Bein, aus buntem Glas, sehr oft vom Handgelenk bis zum Ellbogen. Die Ohren trugen langen und schweren Goldschmuck, die Nase hatte den Nasenring, der manchmal die eine Gesichtshälfte einnahm und der Schwere wegen mit einem Band am Haarknoten befestigt werden mußte. Bei einigen Frauen lief die Schnur auch um das Ohr ins Haar zurück. Um den Hals lagen schwere Silberketten, um den der Kinder allerlei Amulette (Abschriften aus dem Koran in einer Silberkapsel, bei Hindus ein Glücksstein, bei Tibetanern ein Stückchen Palmenblatt mit Pahlischrift), und die Farben der Gewänder waren so bunt wie in einem Märchen. Alle diese Menschen saßen auf der steinernen Plattform im ersten Morgensonnenlicht, blickten über die weite Sandebene hin, aßen ihre flachen Brote mit Ghi oder Reiscurry oder – die Islamiten – ihr Ziegenfleisch.

Nach Lahore.

Der Zug fährt durch die Sandwüste, und man kann nicht sagen, wie heiß es ist. Darüber werde ich später noch weiter zu klagen haben. Lahore ist nach zwei Stunden erreicht. Es ist die »Stadt der fruchtbaren Nächte«, wie Kipling, dessen Heimat es ist, erzählt. In der Tat kann man sich denken, wie wahnsinnig heiß es im Innern des Landes, wenn kein Wind weht, auf diesen flachen Steindächern sein muß, die eben erst all die ungeheure Hitze ausstrahlen, die sie zwölf Stunden hindurch eingesogen haben. Auch bieten die nahen Dächer ein reiches Feld zu Intrigen, denn kleine geschmeidige Gestalten springen leicht von einem Haus auf das andere, tragen heimliche Botschaft ...

Von hier biegt der Weg nach dem berühmten Khaiberpaß an der Grenze von Afghanistan ab. Der König gestattet indessen keine Durchreise, wenigstens wurde unsere Bitte (die einer Amerikanerin und die meine) glatt abgewiesen.

Sehr schön sind die Lawrence Gardens mit indischen und europäischen Bäumen, und die breiten Straßen des Europäerviertels sind nicht ohne Reiz, doch gerade die Eingeborenenstadt ist das Wertvollste für den, der das Volk kennen lernen will, und da sieht man schon die kräftigen, wilden, bärtigen Gestalten der Berge, die sonderbaren Händler aus Kaschmir mit ihren prachtvollen Stickereien und den Kaschmirschalen aus Tibetziegenwolle, die so weich und zusammenlegbar sind, daß man sie leicht in eine kleine Tasche stopft. Ein Schal, der Königin Viktoria gewoben, paßte in eine Nußschale ...

Wunderbar ist das Lahoremuseum mit seinen Resten aus buddhistischen Tagen, den Erzählungen aus der Jataka in Stein, den Arbeiten aus den verschiedenen Provinzen, von den Eingeborenen das »Wunderhaus« genannt.

Vor dem Museum steht das mächtige Geschütz Zamzammah, was »Löwengebrüll« bedeutet, und man sagt, daß, wer diese Kanone besitzt, den ganzen Punjab hält, und der Punjab ist bekanntlich das Tor ganz Indiens. In der

Markthalle sieht man die Tropenfrüchte aus dem Süden neben den Äpfeln und Pfirsichen aus Peshawar und weit mehr aus dem wunderschönen, entlegenen Kaschmir, dessen Landschaften mich indessen nicht so reizten, da ich nicht der Naturschönheiten halber reiste, besonders nicht solcher, die der Schweiz glichen, da mein eigenes Land genug davon bot. An seltsamen Sitten aber hätte ich oben viel lernen können, und es war lange Zeit meine Absicht, nach Kaschmir zu reisen, um mich einmal in einem Höhenklima zu erholen. Das, wenn es mir erspart bliebe, heimzukehren.

Ja, ich saß nun oft im Dämmern der Subtropen irgendwo in einem Park oder unweit einer alten Mauer (Klagemauer!) und wünschte, wenigstens nicht heimkehren zu müssen. Seit die Freundschaft mit meinem literarischen Vertreter gelockert war, schien mir auch in Europa alles blaß und wertlos. Er hatte sieben Jahre lang an all meinen Reisen und Erlebnissen teilgenommen, von jedem Ort waren Bilder, Gegenstände, Manuskripte, Beiträge an ihn abgegangen, er hatte »von jeder Laus einen Flügel« bekommen (wie meine Mitbürger oft sagen), und alle Briefe strotzten von meinen Skizzen, so daß er so gereist war wie ich selbst, nur mit weniger Kosten und Leiden. Und stets hatte es geheißen: Warten! Nur warten! Nun aber war alles verloren, was ich allein mühsam aufgebaut hatte, und ich trug keine Sehnsucht, nach Europa zu reisen. Es ist sehr verschieden, ob man als Sieger oder gerade nur als Mensch heimkehrt.

Meine Mutter war alt, sehr alt, ihr konnte ich nur das Unpersönliche schreiben, das man einer Zeitung zur Veröffentlichung schrieb, und wer mir unterwegs lieb geworden, den hatte ich durch das Weiterwandern verloren, blieb mir ja oft nicht das Geld für ein Brot, geschweige denn eine Briefmarke. Ich fühlte nun, daß ich ein Leben lang einsam, krank und in der Hölle sein würde, denn der Himmel oder die Hölle ist nur ein gedachter Ort, der Widerschein unserer Seelenstimmung, und ich sah all mein Wirken an einer unsichtbaren Schicksalsschranke zersplittert werden und hegte keinen Wunsch mehr, von Ort zu Ort zu gehen. Wo ich auch hinkam, geschah es, um zu leiden; in diesem Leben oder einem anderen, in Indien oder daheim, es gab für mich weder Frieden noch Glück.

Mein einziges Heil war die Arbeit; ich segnete sie.

Von Lahore nach Karachi fährt man ungefähr sechsundzwanzig Stunden mit dem Eilzug, und eine schrecklichere Fahrt ist kaum zu denken. Engländerinnen, Gattinnen von Beamten, die zu jener Zeit die Fahrt zurücklegen müssen, werden als Märtyrerinnen bemitleidet und mit jedem erdenklichen Luxus in der Ersten umgeben; ich fuhr in der Zweiten und kaufte viermal Eissoda.

Man durchfährt die Sandwüste, die Alexander der Große einst gekreuzt hat und die heute, von Multan und besonders von Sukker aus, überschwemmt wird und fruchtbares Land werden soll, was gewiß großen Einfluß auf das Klima dieser Orte haben wird. Die Gegend ist trostlos, endlose Sandstrecken, sich da zu winzigen Hügeln erhebend, da zu unmerklichen Becken abfallend, fast nie ganz unbewachsen, denn sehr zähe, niedrige Sträucher mit schmalen, harten Blättern begrenzen die Bahn, und dazwischen sieht man weiße Stellen, genau als ob Frost auf der Erde läge – wohl Salzablagerungen wie oben auf den Anden von Peru. Es wirkt ganz eigenartig, diese Frostlandschaft inmitten des Grauweiß des unendlichen Gesichtskreises. Von Zeit zu Zeit merkt man Kuppeln, bauschen sich Masten zu etwas zusammen, man erkennt allmählich Lehmbauten und darunter eine verstaubte Moschee. Häuser wie Stallungen, die Straßen bunt von den hellen und oft grellen Trachten der Bewohner. Der Zug hält, man stürzt um Wasser; Obst und Kuchen, geröstetes Ziegenfleisch werden angeboten, der Staub wirbelt grausamer auf und – – weiter geht es.

Der feine, glühende Sand tost unaufhörlich wie starker Regen gegen die festgeschlossenen Scheiben. Die erhitzten Wände des Zuges verwandeln das Abteil in die Bleidächer von Venedig, die Bänke, der Boden, die Kleidung wird staubbedeckt. Kein Putzen hilft. Man hustet, keucht, schüttelt sich, versucht zu schlafen. Es ist besser, das Fenster offen zu lassen, selbst wenn ganze Berge von Sand auf den Kleidern liegen. Tagsüber geht es nicht. Da mischt sich die glühende Luft von draußen mit der glühenden Luft drinnen, die der Fächer dreht und dreht, wie wenn man Grieß in einem Topf siedenden Wassers mischt.

Man kann nicht sprechen, denn die Zunge klebt dick und bitter an dickem, bitterem Gaumen; was man trinkt, schmeckt schlecht, das Eis durchschneidet kaum die Schicht erhitzter Ablagerungen, die man nicht zu entfernen vermag. Das Blut brennt in den Adern, die Muskeln erschlaffen, die Augen brennen vom Widerschein der Ebene, vom Sand, der Krankheiten mit sich führt, die Lungen wollen nicht mehr diese vergiftete Luft einsaugen, und je länger man fährt, desto furchtbarer erhitzt ist der Zug. Man beginnt sich zu fragen, ob er plötzlich in Flammen aufgehen werde.

Draußen nichts als große Pfauenherden, wenn die Sonne ihre sinkenden Strahlen blutrot über den Wüstensand zieht; dann vielleicht ein Tschita (eine Art kleiner Leopard), der diesen Herden blutgierig nachschleicht, ein Friedhof und darum Schakale oder unweit eines Sterbehauses eine hungrige Hyäne. Hunde laufen durch die trostlosen Gassen der trostlosen, glühenden Städte, und erschöpfte Reisende, in Schweiß und überflüssige Schleier gehüllt, sinken auf die leeren Plätze. Ein Mann mit sieben Frauen pfercht sich ein. Ich kann nicht länger liegen, muß sitzen. Die älteste Frau befiehlt über alle, selbst den Herrn und Gebieter, aber seine Augen gehen immer zur jüngsten, die sehr bescheiden am äußersten Rande der Bank sitzt und sich nichts zu sagen getraut, kaum die Augen aufschlägt. Für sie holt er Limonade, und für sie findet er den besten Kuchen, wenn er die schlechteren auch zuerst der dicken Würdevollen überreicht, die wie eine gestürzte Ruhmeshalle den Ecksitz einnimmt. Der Diener fährt in der Dritten, kommt jedoch bei jedem Halten, schleppt Wasser herbei, bringt dies oder das, fegt das Abteil so rein, als dies in fünf oder zehn Minuten geht. Die Würdevolle fragt in Sindhi, meinen ungläubigen Ohren unbekannt, wohin? Ich erwidere, mit der Seele den Sinn erratend, Karachi. Allein? Oh ja, allein! Da seufzt sie, denn sündhaft und schwer ist es für eine Frau, allein zu reisen, und sie freut sich auch, denn sie *hat* einen Mann, wenn sie auch nicht mehr die erste Violine spielt.

Eine der Frauen stammte aus Ratjputana, dem nördlichen, denn sie trug den Ehering am Daumen und hatte einen Riesenspiegel daran ...

In Karachi am Wüstenrand.

Ich hatte kein Auge geschlossen und nichts gegessen. Ganz matt und teilnahmslos lag ich in der Ecke, als wir in eine größere Halle einfuhren und ich auf einer Uhr acht las. Die dicke Ehrwürdige mir gegenüber half ihrem Gatten, der eben die Schönste sorgfältig verschleierte, die Koffer und Päckchen zusammenzufinden, und sagte zu mir:

»Karachi!«

»Karachi?« fragte ich ungläubig. Ich hatte gefürchtet, noch einen weiteren Tag fahren zu müssen.

Irgendwie erreichte ich mit Hilfe eines Trägers eine Droschke und mit dieser, eine endlose Straße entlang, die Bunder Road und in einem sandigen Garten das christliche Jungmädchenheim.

Die Leiterin war in der Kirche, und ich saß in einer Ecke und wartete, bis sie eintraf. Sie kam mit Jill, ihrem Hunde, der breiter als lang war und mit seiner hündischen Überlegenheit (er wurde täglich gebadet, gekämmt, bebändert) so recht in ein christliches Mädchenheim paßte. Auf meine Bitte hin wies sie mir das fernste und deshalb ruhigste aller Zimmer oben im ersten Stock an. Eine lange Steinveranda mit großen Bogen ohne Fenster führte dahin. Ein Holzgitterwerk verdeckte bis weit über die Hälfte alle Aussicht, als ob man auch hier hinter der Purda säße. Nach und nach fragte ich nach dem Grunde und erfuhr, daß sich sonst unten auf der Straße Männer versammelten, um den jungen Christinnen beim Auskleiden zuzusehen. Bei der Hitze ließ man natürlich alle Türen und Fenster angelweit offen …

Ich schloß meine Türe, nicht aus Neid, sondern weil ich immer gern eine Schranke zog, die meinen Mitmenschen sagte: »Bis hierher und nicht weiter!«

Es war ein stilles Zimmer (still für den Osten!) und ich dankte Gott alle Tage dafür, umsomehr als ich ihm herzlich wenig sonst zu danken hatte. Es enthielt zwei Betten, ein Tischchen, einen Schubladenkasten, einen halbblinden Spiegel – lange gut genug für mich! – einen Hängeschrank und zwei Stühle. Es hatte auch drei Fenster und zwei Türen mit Glasscheiben und weiß getünchte Wände und war grell wie die Wüste. Die meisten hätten sich darin nicht wohl gefühlt, ich aber freute mich all dieses Lichtes. Nun konnte ich malen, zeichnen, schreiben, lesen …

Ich nahm ein Bad – ich bedurfte dessen! – und kleidete mich um; schwankte unsicher auf den Beinen und ging hierauf zum Frühstück hinab, das am Sonntag um zehn Uhr war und gleichzeitig auch Tiffin in sich einschloß. Man hatte da in der Regel zuerst Fisch und dann Reiscurry mit einem Gebäck, das sehr dünn und aus gestampften Fischen hergestellt war, mit Kümmel bestreut und heiß ausgetragen wurde. Dazu hatten wir Tee und Obst.

Man erlaubte mir, ein Buch aus der Bücherei zu nehmen, und ich setzte mich unten im weiten Salon hin, wo die niederhängenden Strohmatten das Leuchten des Hofsandes abhielten und nur einzelne Strahlen wie Goldfäden über das Grau des Steinbodens liefen. Miß H., eine kleine hübsche Gestalt, saß am Klavier und spielte, und anstatt zu lesen, lauschte ich ihrem Spiel und Gesang. Ihre Stimme war wie eine Glocke, und sie sah sich nicht nach mir um. Es war auch besser so, denn ich hatte das Buch fallen gelassen und hing nur meinen trüben Gedanken nach. So verblieben wir beide über eine Stunde. Ich dankte ihr für ihr Spiel, erfuhr einen Teil ihrer Lebensgeschichte beim Aufstieg und merkte nur, daß sie Nummer acht, während ich Nummer zehn inne hatte. Nummer neun lag krank im Hospital nach einer Operation und wurde heimerwartet. Ein Rabe saß auf der Brüstung, der feine Sand wirbelte über die Fliesen hin, die Sonne warf ihren grellen Schein auf die fernen Belutschiberge. Jill watschelte asthmatisch seiner Herrin nach. Da standen wir und sprachen und ahnten nicht, daß der Tod die Fittiche über uns drei gebreitet hielt und wie traurig unser aller Ende, so verschieden es auch war, ausfallen würde ...

Die Tagesordnung.

Indien verwöhnt, verwöhnt sogar einen grundarmen Teufel wie mich. Um sieben Uhr früh brachte ein lautloser Diener mit einem malerischen Turban und weiten Hosen mein Chota hazari und stellte es auf ein Tischchen dicht an das Bett, so daß ich nur die Hand auszustrecken brauchte, um mir den guten, starken Tee einzuschänken und die Butterbrötchen in den Mund zu schieben. Dabei lag ich gleich den Göttern und Fidjiern auf dem Bauche und las das Buch, das ich am Abend weggelegt hatte. Hob ich dagegen den Kopf, so sah ich ganz Sind an mir vorbeischreiten, denn durch die breite Seitenstraße, nur einseitig von Parsihäuschen begrenzt, kamen die Karawanen aus Belutschistan, die vor vielen Stunden die Hügel gekreuzt und wie einst die Eroberer vierzig Jahre nach des Propheten Tod über die Wüste geritten waren. Sie brachten persische Teppiche und allerlei Seiden, und die kurzhaarigen, lichten Kamele mit ihrem verächtlichen Nasenausdruck wiegten sich unter meinen Fenstern vorüber stadtwärts. Es eilten auch Arbeiterinnen zum Bau – starke Weiber, die gut Sand oder Ziegel tragen konnten – in rote Gewänder gehüllt, barfuß, oft silberne Knöchelspangen und auf dem Rücken ein schlafendes Kind tragend. Da saßen auch Bettler und schlugen mit der Stirne gegen den staubigen Weg, und heilige Kühe wandelten unzufrieden durch diese Einöde.

Kaum hatte ich in Ruhe gefrühstückt, vernahm ich schon Lärm im angrenzenden Badezimmer und konnte ins heiße Wasser springen. In der kleinen halbgefüllten Wanne fand ich gerade zusammengelegt Platz und wusch mich zuerst aus Reinlichkeitsbedürfnis und dann aus Vergnügen.

Alle kleinen Sachen wusch ich selbst und trocknete sie an der Leine, die von meiner Hintertür bis zur Säule der Hinterveranda reichte, und mehr als einmal flog mir eine unverschämte Krähe bei einem Haar mit einer Hemdhose davon. Sonst kamen auch noch Baumratten dahin, die allen Wolldecken gefährlich wurden, weil sie die Fransen abbissen und sich daraus weiche warme Nester machten. Ein Nest hatten sie im Badezimmer der Leiterin zwischen Innen- und Außenfenster, und abends krochen vier und oft sechs dieser reizenden Tierchen hinein und lagen, weil der Raum begreiflicherweise sehr eng war, *über*einander!

Vom Schwitzen erzählen keine Worte! Nach dem Bade rann das Wasser in solchen Mengen aus den Poren, daß ich ein besonderes Kleid überwarf und es erst zum Auswinden naß werden ließ, ehe ich mich nochmals gut abrieb und Wäsche und Tagkleid anlegte. Nun arbeitete ich auf der geliebten Erika bis neun Uhr. Es war die erste Frühstücksglocke, und ich eilte in das Erdgeschoß hinab zum Morgenimbiß, der aus Tee, Hafergrütze und einer Fischspeise bestand und von Butterbrot und Obst vervollständigt wurde. Nun konnte man ungestört bis ein Uhr arbeiten oder ausgehen, dann gab es Tiffin mit Fisch oder gerösteter Leber oder Gemüselaibchen und Butterbrot. Tee brachte der Diener um halb fünf, und das Abendbrot wurde um halb neun eingenommen. Als ich hinkam, gab es wenig zu essen, doch nach einer allgemeinen Beschwerde erhielten wir sehr gute Mahlzeiten (die Leiterin hatte das Karachiheim eben erst übernommen gehabt) und zum Abendbrot Suppe, irgend eine Zwischenspeise, Fleisch und Gemüse oder Fisch und Zutaten und einen Pudding, gefolgt von den sogenannten Promotions- oder Beförderungsnüssen, das waren Erdnüsse in Cayennepfeffer geröstet und so bezeichnet, weil sie einen angeblich in den Himmel beförderten.

Nach dem Abendbrot lagen wir im Salon auf den Knien und hörten etwas Erbauliches an, beteten irgend etwas und dann das Vaterunser. Am Anfang betete ich ganz geduldig mit, zum Schluß steckte ich die Augen hinter die Hände und verblieb eben kniend. Ich war ein ganz schrecklicher Heide geworden, und das Unerklärlichste blieb mir, daß ich immer ungläubiger wurde, je *mehr* um mich her gepredigt und gebetet wurde. Wirkungen des Bösen, vermute ich.

Später saß ich unten im Salon und wurde sofort umringt, denn die Karachimädchen waren bedeutend netter als die Kalkuttarinnen, sie fragten mich schon beim zweiten Mal nach allem aus, waren wie die meisten Menschen gerade von meinen Südsee-Erfahrungen begeistert und forderten mich lebhaft zum Erzählen auf. Sie waren aber auch geneigt, mir selbst allerlei zu erzählen, und aus diesem Grunde lernte ich in Karachi mehr als irgendwo in Indien, denn die Mädchen kamen aus den verschiedensten Teilen und entsprangen verschiedenen Klassen. Untereinander lagen sie sich öfter in den Haaren, aber ich hielt mich, außer am Abend, stark zurück und konnte mich nicht beklagen. Ein einziger Vorfall verdüsterte den Aufenthalt, und selbst daran hatte ich keine Schuld getragen.

Um zehn Uhr gingen wir immer auf unsere Zimmer, um elf Uhr wurde das Licht abgedreht. Zuzeiten störte uns noch eine späte Hochzeit, und sehr oft heulten in mondhellen Nächten die Hunde, die Yam Dut, den »Herrn des Todes«, sahen, aber in der Regel trat verhältnismäßige Stille ein. Außerhalb von Karachi heulten Schakale und lachten Hyänen in die laue Tropennacht hinein.

Forschungen.

Karachi ist heute der wichtigste Luftschiffhafen Indiens und wird durch die Bewässerung der Wüste noch an Wert gewinnen. Karachi ist auch das Tor des Nordens, denn von hier gehen alle Erzeugnisse des Punjabs, der oberen Himalayagebiete, von Kaschmir und Peshawar nach Europa ab, und hierher kommen die Karawanen aus dem wilden Belutschistan, aus dem verbotenen Afghanistan, aus Persien, aus Arabien, und viele sehr verschiedene Völker stoßen hier zusammen. Nur noch in Bombay findet man zum Beispiel so viele Parsis, und über all dem, was man sieht, brütet die Hitze, der Sand, das Geheimnisvolle der Wüste. Es regnet oft jahrelang nicht oder höchstens zwei- oder dreimal jährlich in starken Güssen. Die Wolken, vom Meer aufsteigend, fliehen über die Stadt hinweg bis zu den Himalayas, verdunkeln die weite Ebene und lassen nicht einen Tropfen fallen, doch wenn es regnet (es regnete dreimal während meines Aufenthaltes, und das war ungewöhnlich), stürzt das Wasser in solchen Mengen nieder, daß die Abflußmöglichkeiten nicht genügen, die Straßen zu Seen werden und die Tropfen, die den feinen Sand von oben niederschlagen, wie tausend Nadeln in die Haut eindringen. Mücken bilden sich, Krankheiten entstehen, denn nur die furchtbare Hitze und Trockenheit kann vor der Pest schützen. Ganz ohne Pflanzen ist die Stadt aber nicht, teils weil in den Gärten begossen wird, teils weil durch das nahe Meer und das äußerste Delta des Indus genug Feuchtigkeit in den porösen Boden eindringt, um besonders Dattel- und Kokospalmen genügend zu bewässern, denen ja auch schon Luftfeuchtigkeit, die in Karachi groß ist, genügt.

Ein Teil der Flotte Alexanders wartete hier drei Wochen lang auf günstige Winde; damals war der Ort nur ein elendes Fischerdorf, doch im Jahre 1729 wanderten einige Händler aus Kharak aus und siedelten sich am Hügel Kalachi-Kun, unweit der heutigen alten Stadt, an, daher der Name.

Unweit des Cantonments oder Europäerviertels, das in Karachi indessen nicht fest begrenzt ist, liegt Elphintone Street mit den umliegenden Straßen voll kleiner Geschäfte, an die sich das Goan- oder Portugiesenviertel mit der katholischen Kirche, dem Kloster und so weiter anschließt. Doch das eigentliche Herz der Eingeborenenstadt ist eine gute halbe Wegstunde gegen den Hafen zu, rund um den Boultonmarkt, und obschon man da alle Krankheiten der Tropen erwischen kann, blieb das mein Lieblingsausflug. Man überschätzte die gesundheitliche sowie die wirkliche Gefahr des Viertels. Zuerst ging ich nur begleitet, dann führte ich andere unternehmungslustige Europäerinnen und zum Schluß durchwanderte ich mutterseelenallein das komische Gekreuze und Gequere der engen Gäßchen, allerdings ganz selten nach Sonnenuntergang.

Schon die Markthalle war ein Studium für sich. Davor saßen Bettler, darunter einer, der Gliederzucken hatte und seine Gelenke wie Bälle herumwarf; daneben ein Ohr- und Nasenloser, ein dritter ohne Beine oder Arme, ferner Blinde, Krätzeverunstaltete, dann näherten sich die Körbchenträger – kleine Jungen von zwölf bis vierzehn Jahren, zudringlich und unabschüttelbar wie Kletten. Man trägt in Indien nämlich nichts selbst, sondern nimmt solch einen Jungen, der die Sachen in seinem Körbchen bis zur Ghari, der Droschke, oder bis nach Hause bringt und dem man einige Annas dafür schenkt. Ich kaufte selten mehr als eine Kleinigkeit, daher wies ich die Jungen ab, wurde aber, bis sie mich kannten, durch mehrere Straßen verfolgt. Es machte sich zuzeiten bezahlt, einen zu nehmen, um die Herde loszuwerden.

Der Markt verriet die Subtropen mit Trauben, Pfirsichen, Melonen, neben denen man noch Papayas, Bananen, Ananas, Orangen und die Früchte der Wüste, wie Datteln, Belutschipflaumen und so weiter, fand, während auf den schiefabfallenden Gemüsetischen, die drei Fuß über dem Boden erst begannen, Schlangenfrüchte (ein Gemüse wie Gurken, ganz grün und wie eine Schlange geformt), Eierpflaumen, Zwergzitronen, allerlei Pfeffer, Zwiebel, Lauche, Pfefferminz, Kerrikraut in Bündeln und vor dem Markte in niederen runden Körben Lotossamen, Erdnüsse, Bohnen und Seifennüsse, die im Wasser aufgelöst genau wie Seife schäumten, zu sehen waren.

Bis hierher kamen oft auch Europäerinnen, doch wenige wagten sich in das Gewirr hinter dem Boultonmarkt. Die Häuser hatten oft schön verzierte, vorspringende, doch stark vergitterte Erkerchen, waren zweistöckig und vieleckig, drückten sich plötzlich an niedere, verschwiegene Bauten, die fast fensterlos waren und einem strenggläubigen Mohammedaner gehörten, und hatten im Erdgeschoß immer die tiefen, etwa einen Fuß über dem Boden beginnenden Nischen, die Geschäftsraum wurden, während die Kunden draußen auf der Straße blieben. Vorsichtig mußte man auch aus dem Grunde sein, weil unzählige Kamelkarren, ganze Kamelkarawanen mit schweren Lasten, nicht wenige Esel und eine gute Zahl Gharis durchfuhren, die kaum genug Raum zum Sichdurchwinden fanden und daher den Fußgänger gefährdeten. Überdies mußte man den vielen heiligen Kühen ausweichen, die trotz ihrer Riesenhörner sehr gutmütig waren und die ich ganz ungeniert in eine Ecke schob, wenn ich vorbei wollte.

Ich war ganz selig, wenn ich in diesem Schmutz herumsteigen durfte. Ich lebte mit. Da lagen ausrastend auf dem Boden die Kamele, die nach dem Sand der Hügel und dem Schmutz fremder Karawansereien rochen und gegen den bösen Blick blaue Glasperlen um den Hals trugen. Sie hatten immer einen unerfreulichen Ausdruck auf dem Gesicht, und man sagte, daß sie sogar den eigenen Herrn nicht mögen, nie ganz zahm werden. Die Tragsessel, unförmige Dinger, waren nicht immer abgeschnallt, doch die Säcke mit Waren türmten sich auf der staubigen Erde und versperrten nicht selten den Weg.

An einem Zaun um ein winziges Stück Rasen hingen giftgrüne Ballen frischgefärbten Garns, die in die Gefängnisse geschickt und dort zu billigen Teppichen verarbeitet werden sollten; der Hukaladen war wie ein Wandschrank und die bäuchigen schwarzen Pfeifenkörper, die kleinen indischen Schalen, die langen Schläuche wie Schlangen von der Decke hängend, machten einen seltsam unheimlichen Eindruck. Daneben war der Weihrauchmann mit Bergen von Räucherstäbchen in rotem Papier mit Goldschrift, mit Päckchen von gemischter Opfererde (Weihrauch, Kuhmist, Sandelholzsplitter, Benzoeabfälle, getrocknete Kräuter), mit Hügeln duftender Harze, mit einem Gefüge von geheimnisvollen Schachteln, die er neidisch geschlossen hielt; ihm quer gegenüber war der Kuchenhändler für das einfachere Volk mit Honigwürfeln, schwarzen Zuckerkugeln und Bergen von Datteln, auf denen zehntausend Fliegen zwanzigtausend Nester hatten ...

Im Mehlladen standen nicht nur Säcke mit ernstsprechenden Händlern andächtig im Kreis herum, sondern es gab auch Hirse, Reis, Bohnen, getrocknete Erbsen, Dhal, Gram und so weiter in flachen Körben zur Schau, und dann kam der Reisighändler, der lauter »Holzkram« zu haben schien und der dennoch die fieberheilenden Tschiretareiser, die Zahnputzrinde, die den Mund rotfärbte, die Stäbchen, mit denen man sich morgens die Zähne massieren sollte, Sandelholz, die hölzernen Stiele und Schläger, die jedermann brauchte, feilbot, und sein Nachbar machte Armbänder aus roter Baumwolle, die er mit einem feinen Goldfaden umspann und mit einer winzigen Schleife, die einen Kopf aus Wolle einfing, vollendete. Ich machte eine Aufnahme von ihm, und er war ganz damit zufrieden.

Eine ganze Straße nahmen die Baumwollhändler ein. Vor dem Geschäft hing die Baumwolle in runden Körben oder Bündeln, und auf dem Fußsteig, oder was dessen Stelle einnahm, wurde die Wolle gereinigt, indem ein sitzender Mann mit einem langen harfenartigen Instrument, gegen das er mit einem langen runden Holz schlug, die Baumwolle immer in die Luft springen und sie zerflattern machte. Dadurch verflog der darin befindliche Staub, und die Baumwolle war wieder leicht und konnte neuerdings zu

Matratzen verarbeitet werden. Man kaufte da auch frische Baumwolle in Ballen oder in kleinen Mengen, ganz wie man wollte, und mitten in diesem Flockenwerk saß irgend ein beturbanter Händler und zog an seiner Huka.

Einige Männer einer besonderen Sekte trugen eine Art flachen, mützenartigen Turban, dessen Innenseite aus dem schimmerndsten Goldbrokat war, andere gingen barhaupt, die Parsis trugen gestickte Fez, die Mohammedaner je nach ihrer Provinz sehr hochentwickelte, vorn mit einem Edelstein geschlossene Turbane, oder flachere, deren Ende bis zum Kreuz niederflatterte, oder turmartige, die dem Gesicht etwas Finsteres verliehen, und ebenso verschieden war die Tracht der Frauen. Die Mahrattis mit ihren faltigen Röcken, blusenartigen Brusthaltern und umgewundenen Saris, die Sindhikinder alle in engen Hosen, auch die Mädchen; die Parsis am hübschesten gekleidet, das Sari mehr als freier Schleier über ein volles Gewand geworfen und immer aus dem Gürtel hervor die breite Spitzenrandung des zeremoniellen Hemdes aufweisend. Manche Inderinnen trugen so schwere Knöchelspangen, daß sie kaum zu gehen vermochten, andere hatten Beinarmbänder bis zum Ellbogen, und das Schlimmste war der ungeheure, meist mit drei Rubinen geschmückte Nasenring ...

Man darf sich aber das Wandern durch diese engen Straßen – in denen man nie den geheimen Ariadnefaden verlieren darf, denn da ist niemand, den man fragen kann oder den zu fragen es ratsam sein würde – nicht angenehm vorstellen, denn der staubige Weg ist voll Kuhmist, Eselerinnerungen, den kleinen Visitenkarten der Kamele, den unfreiwilligen Verlusten vieler Kinder und den Aufzeichnungen herrenloser Hunde, und über all dem schwebt der Geruch von schwitzender Menschheit, ranzigem Öl, lausigem Federvieh, ungewaschenen Rindern und der fadsüße Duft östlicher Kuchen, der harzige von fremdem Weihrauch, der scharfe aus einer indischen Eßstube, und alles das verschmilzt zu einer einzigen Nasenplage. Auch gibt es viele Fliegen, die in die Augen möchten und gegen die man sich tunlichst schützen muß. Am schlimmsten aber ist die Hitze, die in diesem engen Gewirr, wohin kein Lufthauch dringt, doppelt unerträglich wird. In Karachi, zum erstenmal seit ich im Tropengebiet weilte, erkrankte ich an der »prickly heat«, einem sehr schmerzhaften Hitzausschlag, der den Körper in eine ununterbrochene Masse roter Pusteln verwandelte, die durch jede Feuchtigkeit noch ärger brennend und juckend wurden, und wer kann bei sechzig Grad Celsius trocken bleiben?! Man wusch sich zweimal täglich (ich durfte nicht öfter), und je mehr man badete, desto schlimmer wurde der Ausschlag. Von zwei bis vier lag ich ruhend und lesend auf dem Bette, eine Arzneiflasche und Pinsel in der Hand und pinselte mich ununterbrochen bald da, bald dort. In der Nacht war an ein Schlafen nicht zu denken, die Luft lag schwer wie ein Alp auf dem erschöpften Leib, und alle Pusteln bissen wie gierige Stechmücken in das nasse Fleisch ...

Ich litt fast zwei Monate daran.

Dazu kamen bald die sogenannten Mangozehen, an denen ich nur zu häufig zu leiden gehabt – tiefe eiternde Sprünge zwischen den Zehen, die ebenfalls durch das unaufhörliche Schwitzen immer schlechter wurden und so juckten, daß ich kratzen mußte, bis der Mund schief im Gesicht stand und mir die Augenwinkel vor lauter Gesichterschneiden brannten. Endlich stieg die Malaria zu neuer Kraft im Blut.

Neue Freunde.

Meine ersten schattenhaften Erinnerungen umgeben eine Frau, bei der ich ernstlich an den Aufstieg vom Tier- zum Menschenreich zu glauben begann, denn sie hatte das stillzufriedene breite Gesicht einer wiederkäuenden Kuh und die großen, ausdruckslosen, gutmütig braunen Augen einer solchen. Ihr Verstand stand auf gleicher Höhe, und nur ihr Gatte wirkte auf sie wie ein rotes Tuch auf ein Rind.

Sie war ihm davongelaufen und hatte im Heim Zuflucht gesucht. Eine große Geschichte mit viel Prügelei endete mit einem Schutzmann und ihrer friedlichen Rückkehr zu ihrem gesetzlichen Anhänger, der wie ein Regenwurm aussah, über den aus Versehen die Schotterwalze gefahren ...

Ferner wohnte eine farbige Mutter mit einer sehr lebenslustigen Tochter im Heim – seelengut, doch mit der schrecklichen Gewohnheit der Eurasier, einen fortwährend anzugreifen – und sie hatte die Pest gehabt, so daß sie mir genau erzählen konnte, wie sie einmal in einem Bazar einen scheinbar harmlosen Floh (nicht bissiger also als alle anderen!?) gefangen und kurze Zeit danach sonderbares Herzklopfen und Fieber verspürt hatte. Am schlimmsten seien die Schmerzen am Ende der Oberschenkel und unter den Armen gewesen und als sie hingegriffen hatte, war sie sich bewußt geworden, daß es die Beulenpest sein mußte. Der Arzt kam, und da man heute nicht das Ausreifen der Beulen abwartet, sondern sofort jede Erhebung aufschneidet, entging sie nach einer Woche der Gefahr, verblieb aber lange leidend und behielt eine dauernde Herzschwäche zur Erinnerung.

Eine Missionslehrerin aus Sukker, still, höflich, gutmütig, und ihre sehr energische, mit allen Dienern schreiende, mit jedem Menschen Streit suchende Schwester, die eine Stelle als Erzieherin zu kleinen Kindern suchte, Edna R., dunkel wie eine überreife Kokosnuß, die jüngste und wildeste im Heim, aber gefällig und gutherzig, eine unglückliche Deutsche, die vor kaum drei Monaten geheiratet hatte, nun ihren Mann verließ und überdies in anderen Umständen und fast mittellos war, eine kleine Französin, die mit einem englischen Feldwebel verlobt war und ebenfalls heimfahren wollte, Fräulein S., die aus dem Hospital heimgekehrt und als geheilt angesehen wurde (meine nächste Zimmernachbarin), und eine bejahrte, sehr taube Missionarin, die furchtbar gern an allem teilgenommen hätte, die aber jeden Menschen bekehren wollte, und die neben mir saß, was mit der Zeit zu Reibungen führte, da ich nicht nur unbekehrt blieb, sondern endlich ihre Behauptungen widerlegte, und zwei Krankenpflegerinnen, die aber in Indien schon fast Doktorgrad haben müssen, waren die Insassen des Heims und – was im Grunde selten ist – sehr betonte Charaktere. Man hatte nicht wenig Mühe, an allen Klippen gefahrlos vorüberzuschwimmen, aber es verlohnte sich, wenn erreicht. Sie waren ausnahmslos überraschend gut gegen mich, doch mein geheimes Sehnen ging immer zur älteren der beiden Pflegerinnen, die etwas Stolzes, Herbes hatte und deren silbergraues Haar so vornehm wirkte. Sie wußte sehr viel über indisches Leben, und sie war es, die sich mir allmählich näherte und mir unendlich viele Sachen von wissenschaftlichem Werte und schönem Aussehen schenkte. Von ihr lernte ich am meisten.

Der unheilbringende Kuchen.

Fräulein I., die kleine Missionarin, war mein erster Schutzengel und Wegweiser. Sie sah, daß ich gern lernte, und sie führte mich in eine Kokosölfabrik, in der ich die Zubereitung der Kokosseife, Kokosbutter, des Kokosöls und anderer Kokosfabrikate kennen lernte und auch mit einem neuen Stadtteil bekannt wurde. Sie brachte mich in verschiedene Schulen, wo ich das Unterrichtswesen aus nächster Nähe studieren konnte, und sie führte mich bei einigen Freunden ein, die viel über indischen Aberglauben und seltsame Bräuche wußten. Leider kochten diese Bekannten nach indischer Art, und eine Familie brachte Kuchen aus dem Boulton-Markt heim. Es gab Dschilabis, ein Netzwerk aus Sirup und Ghi (flüssiger Butter), die besonders bei der Geburt eines Kindes aufgetischt wurden, Ladu-Bälle aus Dhal (einer gelben Hülsenfrucht) und Zucker, Kuchen, der wie ein Stück blauweißer Waschseife aussah, etwas, das ein Krapfen sein mochte, viereckige Würfel aus Rohzucker und Muskat, Hirsestangen und andere unbekannte Herrlichkeiten und an und für sich alle ganz gut. Leider mußte auf einem Kuchen eine verpestete Fliege gesessen haben, denn der Kuchen nahm mir die letzten Reste von Magen und »Innereien«. Ich erbrach ihn mit einer Hingabe (oder Rückgabe), die mich körperlich und sogar seelisch erschütterte, denn man kann nicht bei der Erika sitzen, wenn man stets über eine Schüssel geneigt stehen soll. Von da ab konnte ich kein Fleisch mehr vertragen und verfiel, ohne es zu ahnen, in eine chronische Dysenterie. Als ich endlich etwas zu vermuten begann, gingen schon die Schleimhäute ab, und es war an eine Heilung in den Tropen nicht mehr zu denken. Dadurch verlor ich Gewicht und gewann die Freundschaft Miß Hoffs, die mich liebevoll pflegte und als schützender Pfeiler zwischen mir und einer oft unfreundlichen Welt stand.

Das Mahl in einem Sindhihaus.

Kamele mit einer bergartigen Hirsestrohlast zogen an uns vorüber, als wir von der mohammedanischen Karawanserei abbogen und am Sikhtempel vorbei zu unseren Gastgebern gingen. Der Tempel war weit offen, und vier Männer mit wallenden Bärten und Gewändern saßen vor einem Altar, auf dem nur drei prachtvoll gebundene Bücher lagen, auf dem Boden. Ein feiner Duft erfüllte die Luft, die Kerzen brannten und die Schleier um etwas, das ein Baldachin sein mochte, wogten leise. An der Wand hingen Bilder aus dem Leben Nanaks, des Gründers, der vor etwa zweihundert Jahren diese Sekte ins Leben gerufen hatte, die keine weiteren Götter kennt, nur die Bücher verehrt, von denen das heiligste unter dem Baldachin an heißen Tagen gefächelt wird, und die vernünftige Tugendregeln aufstellt. Ein Priester in weißer Jacke und dem wehenden Lendentuch, Dhoti genannt, das die Bengalen immer tragen, winkte uns, einzutreten, und wir streiften uns erst die Schuhe ab, ließen hierauf die Handtaschen, weil ebenfalls von Leder, vor der Tür, spülten uns die Hände an der nahen

Quelle ab und betraten hierauf das winzige Heiligtum. Auf den sehr schön gestickten, prunkvollen Seidendecken des Altars sah man immer drei Gestalten – in der Matte den Weisen und zu beiden Seiten die Lieblingsjünger. Man hätte uns selbst das Preschad (eine heilige Speise) gegeben, doch wies ich sehr höflich dankend ab, da mein Magen von heiligen und unheiligen fremden Speisen genug zu haben schien und ich eben erst einen schweren Malariaanfall überwunden hatte, der mich weichgelenkig wie eine Gliederpuppe mit verdorbenem Gummiband gemacht hatte.

In der Ghariktastraße, durch die ich stets zum Hauptpostamt zu eilen pflegte, gelangten wir zu den vierstöckigen, mietskasernenartigen Diwan-Jethumal-Bauten, und im obersten Stock wohnte der Kaufmann, den wir besuchen wollten.

Indien braucht einen anderen Maßstab. Der Mann, den wir kennen lernen sollten, war ein sehr wohlgestellter Kaufmann von Karachi, ein Mann, der seine zehn- bis zwölftausend Rupien jährlich verdienen mochte (20 000 Mark!), und dennoch stiegen wir eine so düstere, eng eingebaute Steintreppe zu ihm hinauf, wie man sie bei uns höchstens in den ärmeren Arbeitervierteln findet. Kahle Mauern gaben keine Aussicht, und erst als vier Stockwerke hinter uns lagen und wir durch eine Holzgitterpforte und über zwei oder drei weitere Stufen einen freien Dachplatz erreicht hatten, sahen wir davon abzweigend die Türen, die in eine kleine Kammer, in eine offene, düstere Küche und in ein eigentliches Wohnzimmer führten, das aber auch nur ein unordentlich aufgebettetes Lager voll brauner Decken und verschiedener Kisten nebst einigen abgestreiften Kleidungsstücken enthielt, während daneben ein dichtbeladenes Wandbrett undeutliche Ecken bildete, und vor dem hohen Bett ein breiter Tisch mit einer roten Decke fast den ganzen Raum einnahm.

Die Aussicht war schön. In der Ferne verdämmerten die braungelben Belutschihügel, die Ebene lag als gelber Teppich vor dem weißen Gefüge der Häuser, dem flimmernden

Blau des Meeres, dem spärlichen Grün vereinzelter Anlagen. Die Flora war ähnlich der des tropischen Afrikas. Man traf Sträucher, deren Blätter zu Stengelverlängerungen geworden waren und deren zarte rosa Blüten dicht aus diesen Stengeln wuchsen; man fand den Kameldornbaum, der immer noch kleine grüne Blätter trug, wenn alle anderen Pflanzen schon verdorrt waren. Der Boden war hie und da mit dem weißen, wolligen Lämmergras bewachsen, Kakteen und die Rizinusstaude gediehen und auch vereinzelte Aromabüsche mit den winzigen, puderquastenartigen gelben Blüten, mit denen man die Suppe würzte. Die Schlangenpflanze, deren Blätter Tellergröße erreichten und die Schlangen angeblich an das Haus lockten, wanden sich um die Säulen mancher Villen, doch der Gesamteindruck war der von Sand, Öde und vereinzelten windgebeugten zerzausten Kokospalmen.

Die Windfänge, die wie Holzschuppen wirkten, grüßten von den nächsten Dächern, und überall standen auf den flachen Terrassen die schmucklosen, niederen, gurtenüberspannten Betten der Inder, die gleichzeitig Bett, Sofa, Tisch, Stuhl und Abladeort für alles Überflüssige sein konnten, die man mitten auf den staubigen Nebenstraßen, in dumpfen Stuben, auf Dächern, Veranden und Höfen fand und auf denen wir Europäer nie bequem sitzen konnten. Die Inderinnen dagegen zogen die beringten Füße seitlich an sich, schlugen die Arme um die Knie, plauderten in dieser Stellung stundenlang, arbeiteten, ruhten, liebten da oben ...

Tochter und Schwiegertochter begrüßten uns nach indischer Weise, indem sie erst salaamten, dann die Hände auf unsere Schultern und das Haupt auf unsere linke Achsel legten. Sundri, »die Schöne«, die zehnjährige Enkelin in Hosen und einer gestickten Jacke, führte uns in einen Winkel des Daches und schüttete uns zeremoniell Wasser über die Hände, ehe sie uns an den weiß gedeckten Tisch führte und uns einen europäischen Teller zuschob. Nach alter Hindusitte dürfen die Speisen nur auf frischen Blättern vorgesetzt werden, aber der Westen mit seinem Geschirr hat da störend eingegriffen – störend, denn das Laub wurde weggeworfen und frisches gebracht, und bei Tellern weiß man nie, welcher Art Waschung (wenn überhaupt einer) sie ausgesetzt gewesen. Weil alles, was wir einmal berührt hatten, dadurch unrein geworden und nicht mehr benützt werden durfte, nahmen wir nur ein wenig von jedem Gericht auf unseren Teller und baten »die Schöne«, den Rest zurück in die Küche zu tragen.

Wir hatten Reis, der in Ghi gekocht worden war und den man sehr stark mit Kümmel gewürzt hatte, so daß er aussah, als ob schwarze Ameisen über ihn geraten wären; hierauf Dhal, der sehr weich gekocht und zu einem Brei verrührt worden war und überdies eine wahre Kruste schwarzen Pfeffers hatte; Pokhoras, eine sehr gute indische Speise, die aus einem leichten Teig besteht, der mit Zwiebel, Petersilie und roten Pfefferchen gefüllt wird und schnell aus heißem Sesamöl gebacken werden soll; ein Tellerchen mit zerhacktem Chilipfeffer und Kerri, heiß wie die Hölle und scharf wie eine Damaszenerklinge; gebeizte Mangoscheiben und einen Fisch, der voll Gräten und aus Ghi gebacken war. An Stelle von Brot erhielten wir einen ganzen Berg flacher Tschipatis, die wir in heißen Ghi tauchen konnten, nachdem wir sie zuerst wie ein Taschentuch zusammengelegt hatten. Nachdem wir uns gesättigt hatten, brachte man uns Scheiben goldgelber Baummelonen, Aprikosen klein wie Pflaumen aus Quetta im Norden und anderes Obst. Später spülten wir uns auf dem Dache die Hände ab und trockneten sie an der Luft. »Padmani«, die Lotos, und »Sundri«, die Schöne, zeigten uns ihre Schulbücher, Stickereien zum neuen Kleid und endlich die Kinderwiege aus gesprenkeltem Lack, in der das Kind wie in einer niederrandigen, viereckigen Holzschachtel liegt. Solche Schaukelbetten aus ebenso schönem Lack gibt es auch für Erwachsene, insbesondere Frauen, die darauf den Tag verschaukeln und auch oft die Nacht da verbringen.

Raben sprangen auf dem Dache herum, setzten sich auf die leeren Schüsseln, tranken aus dem Wassereimer; kleine indische Spatzen suchten nach Reis, Eidechsen huschten am Gemäuer herab. Die Hitze nahm zu. Wir stiegen auf der seltsamen, unüberdachten Treppe zwischen den beiden hohen Häusern nieder und begaben uns heim zur Ruhe. Niemand arbeitet, ehe die Sonne ihre Füße ins Meer taucht …

Der Radscha von …

Es gab im Innern von Indien – ich will nicht sagen wo – einen steinreichen, jungen und hübschen Nawab, der einen herrlichen Palast, noch schöneren Schmuck und Tischgeschirr aus reinstem Gold hatte; was ihm indessen durch Tücke des Geschicks entgangen war und was sich so ohne weiteres nachzuschaffen schon die britische Regierung (die darüber sehr enggezogene Ansichten hegt) allein nicht möglich oder doch nicht leicht und gefahrlos machte, das war: eine weiße Frau!

Nun war die Zahl reinweißer, nachweislich durch und durch echter Frauen in Karachi keineswegs so groß, wie man glauben könnte. Unter den 217 000 Einwohnern waren, das ist tief gegriffen, vier Fünftel Asiaten, und von dem letzten Fünftel fiel ein Großteil auf die in Karachi diensttuenden Offiziere. Frauen und Kinder waren wenige Hunderte – wenn überhaupt so viele – und von diesen wenigen nur einige unverheiratet, jung, erträglich hübsch und etwas rundlich angehaucht. Der einzige Ort, wo man etwaige Nachschau halten konnte, war im Jungmädchenheim, in dem aber, o Bosheit des Geschicks, vorwiegend alte Schachteln wohnten oder Mischlinge, auf die ein echter Inder noch verächtlicher als die Europäer heruntersieht.

Ich fiel bei dem nochmaligen Durchsieben gewiß durch, weil mich weder die Schönheit noch die Rundung plagte und ich von der Tropensonne, der ich mich unbarmherzig aussetzte, auch braungebraten wie eine geröstete Erdnuß war. Deshalb blieben nur zwei Jungfrauen über – die hübsch singende kleine Modistin von Nummer acht und die stattlichere, stolzere Mabel S. von Nummer neun.

Anstatt nun kurzweg mit der einen dieser beiden davonzulaufen (romantischer nächtlicher Überfall mit vermummten Dienern, Flucht auf einem Kamel und so weiter, wie es mir als *Nicht*beteiligter gefallen hätte), sandte der gute Nawab nach altasiatischem Brauche zwei oder drei ältere Inderinnen, die Miß H. in ihrem Geschäft besuchten und langsam mehr und mehr Fühler ausstreckten. Die reine Wahrheit habe ich nie erfahren: Ob sie halb zugesagt und es dann bereut hatte, ob sie ihre Busenfreundin als Ersatz vorgeschlagen, ob sie sich über den Antrag so sehr geschmeichelt gefühlt hatte, ob sie nichts zu verschweigen vermochte – wir erfuhren es nicht. Sie machte nur die Anzeige bei der Regierung, und nun hatten wir an Stelle von fliegenden Turbanen, rasenden Kamelen, glitzernden Palästen und so weiter die prosaische Polizei im Haus, ewige Bewachung und sehr viel Ärger. Ich nahm mir vor, jeden, der eine von uns stehlen wollte, nach Nummer vier zu schicken, wo die sehr gesetzte, umfangreiche Missionarin hauste, weil erstens an ihr viel zu tragen war und ich ihr wünschte, einmal einen Nawab in seinem Palast anstatt ein Mitopfer in einer Verpflegungsanstalt quälen und bekehren zu dürfen.

Die Geschichte verlief im Sande, denn niemand von uns war schön genug (zusammengerechnet, nicht einzeln!), um eine Flucht zu lohnen, aber von da an gab es feurige Szenen zwischen acht und neun, und ich mußte immer mit den Sätzen eines Dschungeltigers in mein Zimmer flüchten, um nicht in den Kampf gerissen zu werden, der mehr und mehr um sich griff. Von da an waren die beiden Feinde. Die Nichtigkeit irdischen Hasses wurde mir an ihnen klar: Keine nahm der Nawab.

Ich aber lernte in den vier oder fünf Monaten meines Karachi-Aufenthaltes, daß es nicht gut ist, viele Weibchen ohne Männchen in *ein* Haus zu sperren. Es reißt an den Nerven und führt zu Intermezzos, die nur für den unbeteiligten Beschauer von vergnüglichen Folgen sind ...

Ich werde bockbeinige Heidin ...

Zuerst trafen Geldsendungen ein, und es war mir möglich, meine Kost und Wohnung genau zu begleichen, doch nach kurzer Zeit blieben alle weiteren Zahlungen aus, und ich konnte kabeln, schreiben, drängen, es rührte sich nichts, und das erstreckte sich mit überraschender Gleichheit auf meine Heimat, auf Österreich und auf Deutschland. Es war wie verhext.

Dabei folgte Brief auf Brief, der mich nach Hause rief und mir klar machte, was für eine schlechte Tochter ich war, wie sehr ich als einziges Kind der Verpflichtung unterlag, bei meiner Mutter zu bleiben, und viele eindringliche Bemerkungen mehr, ohne daß jemand seine guten Lehren mit Geld unterstrich, mit dem allein man von den Enden der Erde nach Europa fliegen konnte, und ohne in Betracht zu ziehen, daß ich nun auch – wie meine betagte Mutter, die zu spät im Leben geheiratet hatte – schwach und krank war, unfähig, wie einst im Zwischendeck zu fahren oder weiß Gott wohin zu Fuß zu laufen. Es fehlten nun *einige* Wochen auf das vollendete *achte* Jahr meiner Studienreise, von der jeder Tag seine Mühen und Drangsale und seine Arbeit gehabt hatte ...

Eine wachsende Erbitterung erfaßte mich, vielleicht umsomehr, als die alte Missionarin mir mit dem »lieben Herrgott«, der mich so schön sitzen ließ, ewig in den Ohren lag und ich gegen alle Reden taub geworden war. Ich sah weder Wahrheit noch Trug: Ich sah nichts als den Umstand, daß ich achtmal 365 Tage hindurch unentwegt meine Pflicht erfüllt, mich ganz meiner Aufgabe hingegeben hatte, daß meine Koffer hier, die Schränke meines Vertreters daheim von Arbeiten aller Art strotzten, daß ich

Werk auf Werk, das in mir emporgewachsen war, verschickt und keine Antwort erhalten hatte – kurz, daß ich einem Kaufmann glich, der seine Perlen, Seiden, Früchte mit jedem Schiff abgesandt hatte und den man nun nicht bezahlen wollte. An *mir* hatte es nicht gefehlt. Das Schicksal und seine Ausgesandten traf die Schuld ...

Und neben mir zum Frühstück, zum Tiffin und zum Abendbrot predigte jemand den engsten und beschränktesten Christenglauben – das Vertrauen auf das *Wort*! Nun aber geschah es, daß ich wieder einmal einen Anfall von Malaria hatte, der mich vor Fieber tanzen machte, und zu diesem nächtlichen Tanzen, ganz leise barfuß ausgeführt, kam Miß H. und fand, daß ich auf 41° zuwackelte. Sie war sprachlos, umso mehr, als ich über Schmerzen am Rippenfell klagte. Sie benachrichtigte das ganze Heim, und die Leiterin, die gerade einen Besuch fremder Missionare aus Persien hatte, glaubte mich schon auf dem Weg in die Ewigkeit. Kein Beteuern meinerseits half. Sie rang die Hände, die Eurasierinnen fürchteten sich vor meinem Geist (der noch gar nicht losgekoppelt war und gewiß nie die Hallen eines langweiligen Mädchenheims aufgesucht hätte), und Miß Hoff kam mit einer Pferdetinktur und rieb mich ein, daß ich den Himmel, wenn nicht schon besaß, so doch zu sehen wähnte, denn ich hörte vor Schmerzen alle Engel singen. Die Haut drohte sich zu lösen, und nun wurde ich mit einer Salbe von der Pferdetinktur befreit; das alles, während ich an der Todesgrenze herumflackerte und nicht darüber hinweg konnte.

Am Morgen war ich nicht tot, sondern sehr lebendig, denn die Brust und der Rücken brannten und die Zunge klebte dicht belegt wie immer nach dem Tropenfieber am Gaumen. Da öffnete sich die Türe, und die Missionarin aus Persien, die zugleich Ärztin war, schob sich mit einem hinkenden Bein ins Zimmer, begann mir Vorwürfe zu machen und zuzureden, doch ins Hospital zu gehen, um niemand Angelegenheiten und Verantwortung aufzubürden. Sie sprach von den Pflichten gegen den lieben Nächsten, und als sie am salbungsvollsten geworden, löste sich meine Zunge vom Gaumen, und ich sagte ihr, was ich von den »Pflichten gegen den Nächsten« hielt. Es war der beste Beweis dafür, daß ich jedenfalls nicht ganz tot war.

Sie bat mich später, ein Bild für sie instand zu setzen, und ich war nahe daran ihr zu sagen, daß ich als Leiche nicht malen konnte, tat ihr aber dennoch den Gefallen, weil ich mir dachte, daß man nicht Gleiches mit Gleichem vergelten sollte. Wie sehr aber dachte ich an meine lieben katholischen Mitschwestern, die nie von einer Verantwortung gesprochen hatten und die, auf einsamer Insel, gewiß in einer ganz anderen Lage den Behörden gegenüber waren. Unzweifelhaft ist der katholische Glaube der, der weitaus mehr Idealisten zeugt. Der echte Glaube, sagte ich meiner die Bibel-durch-die-Kehle-Jagenden immer, besteht nicht in Worten, sondern in der Liebe, und Liebe löst sich in Taten aus.

Da ich schlechter und schlechter auszusehen begann, die Leiterin auch mit einer Kummermiene herumschlich und sich alle vor meinem zukünftigen Geist bangten (Eurasierinnen sind sehr abergläubisch!), trat die Bibelquetscherin (echtgläubige Menschen, die ihren Glauben leben, die ehre ich, aber solch aufdringliches Bekehrungsgewinsel ist weitab von rechter Überzeugung) eines Morgens, gerade als ich müde vom Hauptpostamt zurückgekehrt war, ungebeten bei mir ein und begann mich mit Anklagen zu überschütten. Jemand wie ich könne den Krebs haben, sei eine Gefahr für die anderen, eine Plage, ein Verderben ...

Das an einem Ort, wo es Pest, Cholera und chronische Dysenterie gab und meine arme Zimmernachbarin ins Hospital mußte, um sich die Brust herausschneiden zu lassen. Ich sagte einige wenige Worte; sie genügten. Ich habe nicht vergeblich mit Menschenfressern gekämpft. Die Tür schloß sich von außen.

Wie krank ich am Abend sein mochte, wie müde am Morgen, nie wieder fehlte ich bei einer Mahlzeit, damit ich nicht mit Gewalt ins Krankenhaus geschickt wurde. Welche Überwindung es mich kostete, vermag ich kaum zu sagen. Es gab Stunden, in denen ich mit dem Gesicht nach unten auf dem Bett lag und zu erschöpft schien, auch nur einen Gedanken zu fassen. Dennoch arbeitete ich, malte in den frühen Nachmittagsstunden, lief durch halb Karachi nach Sonnenuntergang. Ich würde all diese Nebensächlichkeiten nicht anführen, wenn ich nicht eben zeigen wollte, daß bei einer solchen Reise allerlei hindernde Tatsachen in die eigentlichen Gefahren und Widerwärtigkeiten eingreifen, und daß man die Welt erobern, zum Schluß aber dennoch scheinbar nichts erreichen kann ...

Erst wenn ich tot bin, werden andere – die nichts dazu getan haben – ernten, was ich unter so vielen Tränen gesät und großgezogen habe; wie jemand, der einen Palast gebaut hat, in dem seine Feinde hausen, während er als Bettler durch die Welt zieht.

So wurde ich im sehr christlichen Mädchenheim täglich mehr und mehr eine ausgesprochene Heidin.

Das Heim der Einsamen.

Nur auf der Straße atmete ich auf. Da war ich losgelöst von allem, eine von den vielen, die den Staub Karachis aufwühlten. Meist ging ich stadtwärts gegen das Hauptpostamt, selbst wenn ich keine Nachfrage hielt. Es war mir angenehmer, meine Briefe allein zu erhalten, sie nicht von allen Neugierigen befingert zu wissen. Und der Weg durch die Straßen der Eingeborenenstadt war immer lehrreich.

Ich wußte, welche Häuser einem Mohammedaner gehörten, denn die Fenster waren vergittert und verklebt; welche einem Hindu, der Vorhänge spannte, und welches Haus von den Parsis oder Feueranbetern bewohnt wurde, denn eine Schnur getrockneter Blumen hing quer über den Eingang, und im Staub und auf der Steinschwelle sah man die hübschen Abdrücke aus weißer Kreide, die täglich erneuert werden mußten und die Glück zu bringen bestimmt waren.

Manchmal sah ich in einen Hindutempelhof, der von einem Scheiterhaufen erhellt wurde; vielleicht verbrannte man da eben eine Leiche; oder ich lauschte dem Singen irgend einer Sekte in einem geschlossenen Haus in einer Nebenstraße, oder ich beobachtete den Wanderkoch, der Pokhoras briet und andere indische Leckerbissen herstellte. Unten, an der Wegkreuzung hinter dem Park, saß sehr oft ein Sadhu, ein Mann von geweihtem Leben. Er hatte einen kleinen, blumenumkränzten Spiegel (gewiß nicht für sich, denn er war fast nackt, abgezehrt, aschebestrichen, mit langem, ungekämmten Haar), wohl um die Strahlen der Sonne anzuziehen, eine Wasserflasche aus einem ausgehöhlten Flaschenkürbis und eine arg gebrauchte Schlafmatte. Gegen Abend kamen seine Zuhörer und kauerten um ihn, während er die Perlen seines Rosenkranzes durch die Finger gleiten ließ und von irgend einem Guru, einem weisen Lehrer, erzählte oder berichtete, wie er selbst durch Betrachtung den Weg zum Heil gefunden. Und jeder lauschte andächtig, denn jeder Mann hatte Sinn für das Übersinnliche, dachte – in freien Augenblicken – über die Geheimnisse des Daseins nach.

Es gab auch heilige Pilger, die in Gruppen wanderten und auf einem brachen Felde übernachteten; es streiften mich heilige Kühe auf dem Wege, und oft sah ich ein Kind mit einem irdenen Gesäß hinter solch einem Tier herwackeln und warten, bis es ihm gefällig sein würde, sich zu erleichtern, um die kostbaren Tropfen aufzufangen. Immer sammelten die Frauen den frischen Kuhmist und trugen ihn heim, um ihn zu trocknen, und einem Sterbenden sollte ein Kalb zugeführt werden, damit er den Schwanz hielt. Manchen Leuten goß man Gangeswasser, anderen Kuh-Urin in den Mund, doch dürfen wir nicht vergessen, daß die Kuh in Wahrheit die Göttin Saraswati sein soll und man die Erde in ihr anruft, zu der man zurück muß. Daher entbinden Gujaratifrauen immer auf dem nackten Erdboden und lassen sich Kinderwäsche, Kinderkleider erst nach der Geburt schenken.

Ehe eine Hindufrau zu kochen beginnt, muß sie sich die Hände waschen, frische Kleider anziehen (man wäscht die alten, indem man sich unter einen Brunnen stellt, sie langsam löst, nach und nach die frischen Gewänder anlegt und die alten durchschwemmt und auswindet), die Herdstelle mit getrocknetem Kuhdünger umgeben, also einen magischen Kreis ziehen, den kein Nichtkochender zu überschreiten die Erlaubnis hat. Erst dann macht sie sich ans Werk, doch werden nur zwei Mahlzeiten – eine morgens, eine abends – eingenommen.

Selbst an heiteren Vorfällen war kein Mängel. Die Karachibettelkinder sind von einer Ausdauer, die geradezu unvernichtbar ist; so lief mir im Anfang ein kleiner Junge, in einen elenden Fetzen gehüllt, aber ganz gut ernährt und höchst vergnügt aussehend, nach und bettelte mich mit den schaurigsten Grimassen des Hungers an. Gab ich ihm etwas, so würde ich diese Pest jedesmal auf dem Halse haben. Er folgte mir eine geschlagene halbe Stunde, denn die meisten Weißen geben, nur um das Geheule loszuwerden, doch blieb ich standhaft, und wenn wir uns später trafen, lachten wir uns gegenseitig sehr vergnügt an. Wir kannten uns.

Oder es saß ein Gharikutscher auf dem Bock im Schatten eines breitkronigen Baumes und schlief den Schlaf der Ungerechten. Da kam eine heilige Kuh vorbei, die sich seit langem an Zeitungspapier und Stoffrestchen gemästet hatte, sah das frische Gras unter den Füßen des Schlafenden, das aber so karg bemessen war, daß der Gaul knapp an der Hungergrenze vorbeiglitt und tat einen kräftigen Riß. Die Gharikutscher sind Mohammedaner und ohnehin nicht gut auf die heiligen Kühe zu sprechen. So einen die Kuh verwünschen zu hören, war ein literarischer Hochgenuß.

Es gab auch sehr stille Gäßchen, in denen die Leute auf den Gurtenbetten saßen und man kleine Kinder in einem Stoffnetz schaukeln sah. Ein lieber Anblick, weil ein kaum größeres Kind das winzige hin- und herschwenkte. Nicht selten mußte man einem Zauber ausweichen – eine Sache, die wenigen Touristen bekannt sein dürfte. Man sieht häufig, meist in kleineren Straßen, einen schmutzigen Fetzen oder ein kleines Staubhäufchen, nicht größer als ein Maulwurfshügel, mitten auf dem Weg. Nun darf man nicht darübersteigen, denn jemand hat die Krankheit hineingezaubert, und wer nun daran stößt, der muß erkranken. Dafür heilt der Kranke zusehends schnell. In diesem Aberglauben ist ein Punkt voller Wahrheit: die Eingeborenen nehmen ein Stück Tuch und reiben damit einen Kranken, der die schwarzen Blattern oder sonst eine ansteckende Krankheit hat, vom Kopf bis zu den Füßen gut ab und werfen hierauf den Fetzen mit einer Zauberformel vor die Tür, immer mitten auf den Gehweg. Da es sich um ansteckende Krankheiten handelt, ist es allerdings sehr leicht denkbar, daß man durch eine Berührung den Keim heimträgt und erkrankt. Geschlechtskranke werfen ebenfalls sehr häßlich beschmutzte Fetzen so auf die Fahrstraße. Es empfiehlt sich daher tatsächlich, einen Bogen herum zu machen.

Das Schlimmste von ganz Karachi ist vielleicht die Elektrische; man sitzt neben einem Kohlenträger, einem Geldwechsler, einer Mahrattifrau, die tagsüber Steine geschleppt hat, einer Mutter aus Sind mit drei Kindern und sechs Bündeln, einer kränklichen Frau unter der Burka, die vielleicht eben ein Kind an den schwarzen Blattern daheim hat, einem Kuli, dessen Lendentuch am äußersten Rand des Oberschenkels endet, und wer Volksstudien machen will, für den ist die Elektrische der Boden, aber mir waren meine Füße als Beförderungsmittel lieber.

Durch einen Zahnarzt zu Ruhm.

Manchmal, wenn ich durch die Seitengäßchen hinter dem Boultonmarkt ging, oder die Bettler mit ihrem glänzenden Kopfputz phantastisch über den Fetzenmarkt schreiten sah, die Messingarbeiten oder die herrlichen Silbersachen bestaunte, kam ich an einem Eckladen vorbei, in dem die gruseltiefsten Bilder aus der Mahabharata, der Ramayama und der Götterlehre hingen. Zuzeiten kaufte ich, da die Bilder lächerlich billig waren, eins, und so sammelte ich eine ganz hübsche Anzahl, die mir indessen wenig nützten, so lange ich mir über die Bedeutung der einzelnen Gestalten nicht ganz im Klaren war. Man sah die Strafen im nächsten Leben abgebildet – diesem wurden fürs Tabakrauchen die Augen ausgerissen, jener wurde wegen Ehebruchs samt der Mitschuldigen auf einer glühenden Platte geröstet, und auch da wollte ich das Was und Wofür wissen, deshalb brachte ich die Bilder Miß Hoff, und diese fragte ihren Zahnarzt, der in Deutschland studiert und für Deutsche viel übrig hatte, ob er nicht so gut sein würde, mir die Sachen zu erklären. Er war gern bereit, und so kam es, daß ich im Atelier und dicht neben dem sehr gefürchteten Stuhl meine Bilder richtig erklärt erhielt, sehr viel über indische Anschauungen hörte, was mir noch fremd gewesen, und auch erfuhr, welche Werke zum Studium dieser oder jener Sache am besten waren. All das hatte jedoch nur mittelbaren Wert. Er erkundigte sich nämlich nach meinem Berufe, und so erfuhr er von Reise und Erfahrungen und schlug die Hände zusammen. So etwas begrub man stillschweigend im christlichen Heim!? Ich sollte vortragen, unter die Leute kommen, Menschen kennen lernen! Ich vermoderte ja unter den Missionaren! So schlimm war es nicht gewesen, denn Miß I. war mir wirklich sehr an die Hand gegangen. Miß Hoff hatte mir viel gezeigt, geschenkt, erzählt, aber unzweifelhaft waren mir die Wege weit mehr geebnet, wenn ich vortrug und bekannt wurde.

Am Sonntag darauf speiste ich bei ihm und kaute, zum ersten- und letztenmal in meinem Leben, Betel, am Montag war ich bei Parsimillionären eingeladen, und schon sechs oder acht Tage später trug ich in der Zoroasterhalle meine Erlebnisse bei den Wilden vor und zeigte meine Pfeile und Sperre. Von da ab folgte eine Zeit wilder Aufregung und Hast. Kaum hatte ich mich nach Tisch niedergelegt, so ging der Fernsprecher, und ich mußte nach unten laufen. Ich hatte Vorträge in Schulen, in Hallen, bei Hindus, Christen, Parsis. Sogar im Sind-College, dem größten der ganzen Provinz. Eine starke Erkältung hinderte mich beinahe am Sprechen, und daher stand Miß Hoff mit der Arzneiflasche mitten auf der Veranda und fing mich ab. Je mehr Arznei ich trank, desto furchtbarer hustete ich. Ich war so müde, daß ich den ganzen Tag auf dem Bette liegend arbeitete und nur abends zu den Vorträgen ausging. Immer begleiteten mich die beiden Hoffschwestern und das war sehr gut und angenehm, denn es sieht in Indien sehr schlecht aus, ohne Begleitung herumzulaufen, und ich sah überdies sehr zart und daher sehr jung aus.

Materiellen Gewinn brachten die Vorträge wenig, denn an den Schulen und so weiter trug ich selbstverständlich zum Wohle der Hindus oder der Parsis vor, doch hatte ich dadurch sehr viel Gelegenheit, indische Konzerte, Theater und andere Vergnügungen kostenlos mitzumachen, durfte stundenlang mit dem höchsten Priester der Parsis sprechen, wurde mit Herrn Pithawalla vom Parsi-College bekannt, erhielt sein Buch und andere Bücher geschenkt und wurde mit Frauen aller Sekten und Religionen in Berührung gebracht, so daß ich auch nach ihren Ansichten forschen durfte. Es öffneten sich mir viele Tore, und auch eine Anstellung wäre möglich gewesen, aber wie durfte ich annehmen, wenn ich gebundene Hände hatte? Wenn meine Mutter unbedingt meine Heimkehr schon in diesem Winter ersehnte und auch ich das Gefühl hatte, daß ich sie nur dann noch lebend antreffen würde?

Ich hatte daher um das Geld für die Rückkehr heimgekabelt und wartete und wartete vergeblich auf Antwort. Mit jedem Tage näherte sich der Winter und machte eine Heimreise für mich gefährlicher. Überdies sollte ich Ägypten durchfliegen und das gelobte Land ganz aufgeben. In der Tat, in mein Jerusalem zog ich nie ein. Mir blieben vom Tempel der Gnade einzig die Klagemauern ...

Es war eine fieberhafte Zeit. Oft kehrte ich mit sehr schönen Blumengewinden nach Hause zurück. Es waren Tempelblumen, duftende Gräser und allerlei Goldflitterzeug, sehr hübsch verflochten, und manche Kette so lang, daß mir das Ende bis tief auf den Bauch herabhing. Das war wohl weniger die Schuld der langen Kette als die Kürze meines Ichs.

Ich speiste in Hindufamilien und besuchte die Mädchenschule der Parsis; erfuhr die Bedeutung des heiligen Hemdes und sah, daß die Mädchen immer einen Schleier, eine Kopfbedeckung irgend welcher Art tragen mußten; ich konnte den »Hund mit vier Augen« sehen (irgend einen Hund, der über den Augen zwei dunkle Flecke hat), der besonders günstig sein soll, um den Toten anzuschauen, ehe die Leiche in die Türme des Schweigens getragen wird. Über Recht und überliefertes Gesetz gab man mir Aufschlüsse und wunderbare Bücher über Firdausi und die Geschichten aus dem Sha Nameh.

Plötzlich brachen die Schulferien an – es war tief im Oktober – und ich gewann wieder Zeit für mich selbst. Draußen war es kühler geworden, die herbstliche Verbrennung des »bösen Riesen« und der indische Jahrmarkt zu Ende. Miß Hoff verließ das Jungmädchenheim, weil sie mit der Bekehrerin nicht länger zusammen sein wollte. Ich war unausgesetzt krank.

Im indischen Häuschen.

Die jüngere Schwester war in das Innere zu einer kranken Wöchnerin gefahren, die vier Brüste hatte. Die ältere Schwester übersiedelte in ein kleines indisches Häuschen, vor dem Stallungen zu stehen schienen, die in Wahrheit jedoch nur die elenden Wohnungen verschiedener sonst recht netter, doch armer Inder waren. Ein Mann war ein pensionierter Bahnwächter und überdies Philosoph und Gelegenheitspriester. Er ermahnte die übrigen Leute zu Geduld und stimmte dem Waschmann bei, der behauptete, alles Übel käme von den Frauen, und daß nur der ihm entginge, der die Augen nie höher als bis zu den Knöchelspangen der Schönen erhob. Einmal feierte er die Hochzeit des Salagramisteines (das Zeichen Sivas) mit der Tulsipflanze, die in einem vorigen Leben Weib und eine Geliebte des Gottes gewesen war. Wir durften mit bei der Hochzeit sein, standen daher auf dem weißen Tuch, warfen siebenmal Reis gegen die geschmückte Pflanze, sahen, wie sie mit schönen Worten vermählt wurde, erhielten zur Feier weißen Zuckerkuchen und gerösteten Reis, und nur das rote Glückszeichen, das er mit Sendul allen Frauen mit dem befeuchteten Daumen aufdrückte, unterließ er bei uns. Frauen und Mädchen durften es immer tragen, Witwen dagegen nicht, denn sie waren verfluchte Geschöpfe, die Unglück brachten und daher an keiner Feier, an keinem Feste teilnehmen konnten.

Einmal brachte er uns auch eine seltsame Sekte weiblicher Priesterinnen. Sie trugen ganz einfache, düstere Gewandung und waren Bhut- oder Geisterdienerinnen, mußten sich einmal jährlich auf freiem Felde vor einer Grube niederwerfen, Beschwörungen sprechen, auf die Geister warten. Sie hatten den Schwur abgelegt, immer unverheiratet zu bleiben, und die, die ich sah, machten vermutlich aus der Not eine Tugend, denn sie waren zum Schreien häßlich. Auf dem Haupte trugen sie ein Lehmkörbchen, und dieses sah fast wie eine Festung mit fünf

Messingtürmchen aus. In der Mitte thronte angeblich ihr Gott, und sie gingen von Zeit zu Zeit betteln und versprachen Glück.

Ich weiß nicht, wie ich diese Zeit ohne Miß Hoff ertragen hätte. So krank ich war, arbeitete ich täglich weiter, und das war umso schwerer, als meine Erika nur noch lief, wenn ich sie mit einer Hand schob. Dazu sich aber immer und immer wieder alles versagen müssen, gezwungen zu sein, seine Miete schuldig zu bleiben, obschon man genau weiß, daß Geld unterwegs sein sollte, sich stets Eindringling zu fühlen, sich tausend feinen Demütigungen unterworfen zu wissen und am Ende als Bettelnde zu Vereinen wandern müssen ...

Nein, *lieber* blieb ich in Indien – – –

Jeden Abend nach Sonnenuntergang besuchte ich Miß H. Die Wohnung bestand aus drei kleinen Räumen und einer Küche einfachster Art, doch wir saßen auf geborgten Möbeln (man kann sie immer erhalten) und tranken Wermut, halb französischen, halb italienischen, und ich glaube, dies hielt meine Seele im Leib, denn ich nahm ununterbrochen ab. Manchmal sangen die Eingeborenen, manchmal ließ Miß H. ihr Grammophon spielen, meist plauderten wir, und das Bewußtsein ihrer Freundschaft bewahrte mich vor Selbstmord.

Sehr schön war der botanische Garten. Dort erhielt ich viele Blumen und Früchte, die ich malte. Wir betrachteten zusammen die wenigen Tiere in den Käfigen, und zum Schluß ertränkten wir unseren Weltschmerz – wir beide litten ja daran – in einem Gläschen Wermut.

Nicht einmal diese Freude blieb ungetrübt. Ein Soldat (irgend eine Charge) lauerte mir zweimal nacheinander auf, einmal betrunken, am folgenden Tage nüchtern und daher viel gefährlicher und verfolgte mich bis in unseren Garten, wo er mich nach Art der Zweibeine herumzuwerfen begann. Ich schrie, und der Mali, der Gärtner, zeigte sich auf der Schwelle. Mehrere Abende erwarteten mich die beiden Diener unweit des Hauses, um den Mann abzufangen, der noch zweimal auf einem Rade folgte, und die Angriffe erst beim Anblick der mit Stöcken bewaffneten Diener aufgab.

»Das ist, weil Sie allein gehen!« sagte man im Jungmädchenheim.

Himmel, mit wem hätte ich gehen können?

Der Mann erlitt keine Strafe, die übrigen Mädchen hatten den Spaß und auch das Gruseln, und ich hatte die blauen Arme. Und das soll eine anständige und gerechte Welt sein?

Ohne Papiere ...

Erstens hatte ich kein Geld zur Heimfahrt, und zweitens hatte ich keine Papiere. Der Paß war tot, ganz tot, und keine Regierung wollte ihn auferstehen machen. Ich erwähne den Umstand erst an dieser Stelle, doch schrieb ich seit Monaten von Pontius zu Pilatus um irgend einen Ausweis, und immer hieß es so angenehm ablehnend:

»Ich nicht! Sie sind nicht *meine* Staatsangehörige!«

Italien wollte mich ohne Papiere nicht durchlassen. Ich verstehe das Gesetz nicht. Ein Paß mag veraltet sein, man kann nach und nach von der eigenen Behörde gezwungen werden, für ihn nachzuzahlen, aber wenn das Schriftstück voriges Jahr besagte, daß ich der Besitzer bin – ich, wirklich ich – wie kann man, weil das Datum alt geworden ist, seine Persönlichkeit wie ein Taschentuch verlieren?

Kurz, ich war niemand.

Zum Schluß ging ich, wie immer, zu den Engländern. Der Gouverneur von Sind konnte einen Paß geben, und ich ging hin, ihn darum zu bitten. Auch er lehnte im Anfang die Zumutung ab, doch als ich ihm erklärte, in dem Fall zeitlebens in Indien bleiben zu wollen, kam ein wenig Schwung in die Sache. Da schlug ich ihm vor, mich nach Hause zu schicken, ich würde das Geld der Regierung ersetzen. Er meinte, zwangsweise verschiffe man nur unwünschenswerte Leute. Nein, ich war nicht unwünschenswert …

Das war ja erfreulich und traurig zugleich. Für die Lumpen zahlten die anderen, und für die Nichtlumpen, da zahlt man selbst.

Letzten Endes erhielt ich dennoch die Papiere, und der Beamte, der sie mir ausstellte, war sehr liebenswürdig. Zum Schluß sollte ich gemessen werden, und ich sagte »fünf Fuß drei Zoll«, denn das hatte ich in England als Studentin gehabt.

»Nicht möglich!« meinte er und schob mich unter den Apparat. Ich hatte drei Zoll verloren! Wo, wo in aller Welt waren die drei Zoll geblieben? Vor lauter Kummer mußte ich eingeschrumpft sein …
Die Italiener aber, für die ich immerhin noch eine »Größe« war, schrieben in *ihre* Papiere »mittelgroß«, und daraus ersieht man, daß es sogar bei solchen Kleinigkeiten auf den Gesichtspunkt ankommt.

Auf Schiffssuche.

Nun hatte ich die notwendigen Ausweise, aber weder Geld noch Schiff. Einmal hatte ich schon so viel Geld erhalten, daß ich wenigstens bis Port Said gekommen wäre, doch mußte ich angesammelte Schulden decken. Ein anderes Mal, gerade als ich gezahlt hatte, gab es ein passendes Schiff – leider aber nicht die Papiere –, da der Ausweis nach Bombay zum italienischen Konsul mußte und der Karachikonsul nicht das Recht zu visieren hatte. Wer könnte glauben, auch wenn ich die hundert Beispiele der Reihe nach anführen wollte, daß *ein* Mensch so haarsträubendes, ununterbrochenes Pech haben könne.

Miß Hoff begleitete mich. Wir hatten schon alle Zollbeamten aufgewiegelt, wir hatten schon bei allen Agenten vorgesprochen. Nun lag ein deutsches Schiff im Hafen, und ich wollte den Kapitän bitten, mich darauf mitzunehmen. Es war ein Frachtdampfer, der nach Bremen fuhr, und ich dachte mir (da andere Leute in der Tat nicht selten so fuhren), daß er mich für den Preis einer Zwischendecksfahrt mitnehmen und wie einen Matrosen verpflegen könnte. Das winzigste Loch zum Schlafen würde genügen, und wo man so viel Speise über Bord warf, kam es auf einen Mitessenden gar nicht an. Zweihundert Rupien (dreihundertfünfzig Mark) war aber mehr, als er für einen Koffer, fünfmal so groß und fünfmal so schwer, bezahlt erhalten hätte. Und ich war überdies »bewegliches Gut« in jedem Sinne ...

Zuerst hatten wir das Pech, das richtige Dock zu versäumen, und mußten daher eine halbe Stunde weit im Staub zurücklaufen, hierauf eine endlose Hochbrücke kreuzen und zum Schluß herausfinden, daß die Brücke zum Schiff halb abgestellt war. Das hinderte uns nicht. Wir kletterten irgendwo empor und hingen plötzlich mitten in der Luft. Da sagte ein deutscher Offizier mit einem Lächeln:

»Heinz, nimm mal die Damen herunter!«

Ein Matrose half mir beim Abstieg und hob Miß Hoff, die beträchtlich mehr wog, herab. Da ich ihn deutsch ansprach, war er sehr nett, und wir gelangten nach einigen Hindernissen zum Kapitän, der ein sehr höflicher alter Herr war, der aber sagte, daß er erstens bei seiner Reederei anfragen müsse, und zweitens, daß er nicht einen einzigen Hafen im Mittelmeer berühre. Das war traurig! Wie konnte ich im Dezember, aus den glühenden Tropen kommend, die weite Reise durch das eisige Deutschland wagen? Da die Sache ohnedies ziemlich hoffnungslos aussah, dankten wir ihm und empfahlen uns. Diesmal war kein Matrose in der Nähe und die Nacht der Tropen schon angebrochen. Wir mußten auf die Reeling und von da auf die Brücke klettern. Bei einem Haar fielen wir zwischen Boot und Brücke ins schmutzige Hafenwasser, und zu allem Überfluß brach die Elektrische zusammen, die uns heimbringen sollte.

Da meinte selbst Miß Hoff, daß sie Ähnliches noch nie erlebt hätte.

Träume und Pläne.

Es war November, und die Winde fegten kalt über Belutschistan her. Ich lag unter drei geborgten Wolldecken, doch meist noch bei offenem Fenster. Die große Zeit der Hochzeiten war vorüber, dennoch wurde ich noch manchmal durch lautes Singen und schrille Musik aufgeweckt und setzte mich auf, um den Brautwagen, der nur ein von Ochsen gezogener, rotbehangener Karren war, in Augenschein zu nehmen. Meist tanzte eine Frau davor, hierauf kamen die Fackelträger, die Musikanten, die begleitenden Gäste. Neben der verschleierten, sehr geschmückten, mit einer Krone gekrönten Braut saß unbeweglich der Bräutigam; die Kleine aber blickte alter Sitte gemäß immer zurück, breitete die Arme nach der Mutter aus, die auf der Schwelle des Elternhauses verblieben, und rief immerfort klagend nach ihr, überhäufte sie mit Vorwürfen, daß sie sie in ein fremdes Haus zu einem fremden Mann gehen ließ, und weinte, weinte – – das heißt, sie stieß die althergebrachten Wehrufe aus. Wie wahr mochten sie oft sein!

Früh am Morgen, wenn die ersten Mahrattiweiber ihrer Arbeit zueilten und die Karawanen wie ein wandelnder Rosenkranz an den niederen Parsihäuschen vorbeizogen, kam zuzeiten aus der entgegengesetzten Richtung ein mohammedanischer Leichenzug. Der Sarg, von vielen Männern getragen, schwankte unsicher hin und her, denn man nahm an, daß der Tote selbst die Richtung bestimme. Sie sangen alle laute eintönige Worte – Sprüche aus dem Koran – und hielten dabei die Hand lauschend hinter dem linken Ohr, vielleicht der Antwort der Erzengel gewärtig. Der Sarg war schön behangen, und immer drängten sich alle Leidtragenden in dichten Massen um ihn, folgten nie in geordnetem Zuge.

Es geschah auch eines Tages, als Regen mit Nebel kämpfte, daß eine Parsileiche vorübergetragen wurde. Sie war ganz in Weiß gehüllt, wie auch der Priester, die Begräbnisdiener ... Ein Eisengestell, flach und schmucklos war's, auf dem der Tote getragen wurde, und sie mußten in diesem Wetter bis zu den Türmen des Schweigens wandern, die weit draußen hinter Karachi lagen. Dort würde nur der eine Diener die Leiche nehmen und auf den ihr bestimmten Platz im Turm tragen, mit einem Eisenhaken das weiße Gewand vom Leib reißen und den Aasgeiern die Beute überlassen. Das war eine alte Sitte, der gemäß man die Toten auf den Gipfeln der Berge den zersetzenden und dadurch reinigenden Strahlen der Sonne aussetzte. In der Tat – wieviel überflüssiger Prunk fällt damit hinweg, wieviel im Grunde zweckloses Grabbesuchen (wenn etwas überlebt, wird es etwa auf dem Moderhaufen sitzen bleiben?!), wieviel Kosten, die Hinterbliebene fast nie leicht zu leisten vermögen.

Ich wurde nie müde, während der Arbeit auf diese Straße zu schauen, die immer Neues bot, durch die morgens die Baumwollkratzer mit ihren umständlichen Werkzeugen in die Häuser zum Aufzupfen gingen; durch die man Schulkinder mit der Wärterin an der Spitze ziehen sah; durch die Arbeiterinnen lachend, schwatzend, mit Bündelchen und Kindern, eilten, und wo ruhige, unerschütterliche Schritte der Kamele den feinen, gelbweißen Sand aufwirbelten.

Die Französin hatte ebenso große Schwierigkeiten, nach Europa zurückzukehren, obschon sie geneigt war, eine freie Rückfahrt dadurch zu gewinnen, daß sie als Kindermädchen mit jemand reiste. Ich war entschlossen, in dem Falle lieber bis zum jüngsten Tag nachmittags in Karachi zu bleiben. Mein Columbusopfermut war bis zur äußersten Neige erschöpft. Es blieb auf dem Boden nichts als Bitterkeit und das Bewußtsein, daß mir das Schlechteste von allem würde angewiesen werden. Es war ja immer so.

Ich könnte über meine seelischen Empfindungen mit Schweigen hinweggehen. Ich tue es nicht, weil das Werk bestimmt ist, anderen Geschlechtsgenossinnen zu zeigen, was die Folge eines großen Unternehmens sein kann, selbst wenn man schuldlos ist. Ich krankte an unheilbarer

Tropenneurasthenie, und meine Verhältnisse gestatteten es mir nicht, diese Schwermut erfolgreich abzuschütteln.

Weil wir nun beide gern heim wollten – sie, um ihren Jack zu heiraten, ich, um den letzten Wunsch meiner Mutter zu erfüllen, – dachten wir lange ernstlich daran, auf einem Motorrade mit eben diesem nun militärfreien Jack, als Männer verkleidet, nach Belutschistan zu entfliehen und von da durch Persien Europa zu erreichen. Der Gedanke aber, daß Jack und das Rad (weil alle, die durch das Land zogen, erschossen wurden, wenn nicht der Emir sie beschützte), verloren gehen und wir in einem Harem bärtiger übelriechender Belutschis enden könnten, sogar vermutlich enden würden, setzte dem Plan ein Ende. Sie fuhr auf einem sehr schönen Dampfer heim, übergab die ihr anvertrauten Kinder immer ihren Verehrern, tanzte und unterhielt sich königlich, nahm eine Menge reizender Sachen für ihr Heim mit, die ich mir nicht leisten konnte, obschon der Gesamtwert meiner längst in der Heimat eingetroffenen Arbeiten viele tausend Mark ausmachte ...

Ich packte alle Geschenke der freundlichen Heimbewohner und die Gaben Miß Hoffs in meine beiden armseligen Koffer, verstaute die kranke Erika mit der gleichen Sorgfalt wie immer und wartete.

Im Hospital.

Mabel S. war im Sterben. Sie wußte es nicht. Sie saß nur bleich auf der Veranda des Hospitals und sah dem Spiel der Raben auf den breitkronigen Tropenbäumen und unten im parkartigen Hofe zu. Man hatte ihr die Brust herausgenommen, und sie eiterte weiter. Der Geruch war schrecklich. Zuzeiten fühlte sie ihn selbst und fragte bestürzt, ob sie sich getäuscht habe. Ich besuchte sie täglich, bis ihre Schwester sie besuchen konnte. Es war mir schwer, das eigene Unglück abzuschütteln, um heiter vor ihr zu sein, die ich beinahe beneidete. Sie war nahe am Ziel.

Was für furchtbaren Gebilden ich bei diesen Besuchen öfter begegnete! Unten, im Erdgeschoß, saßen die Eingeborenen, die viel ruhiger im Ertragen der Schmerzen waren. Sie kauerten auf den Betten oder kochten auf kleinen Holzkohlenherden draußen auf der Steinveranda ihre zeremoniell zubereitete, einfache Kost. Manche hatten die Nasen verloren, andere litten an seltsamen Auswüchsen; doch der schlimmste Anblick für mich war ein Mann, dessen Arm wie ein dürrer brauner Ast aussah und von dem wie Früchte runde, braune Auswüchse, kleinere und größere, hingen. Das war eine indische Beulenkrankheit und genug, einen das Gruseln zu lehren.

Vor dem Hospital hatte ein Krämer aus der Himalayagegend ein Tuch ausgebreitet, auf dem, in Holzkistchen, allerlei Wurzeln ausgestellt lagen. Sie heilten Unfruchtbarkeit, Schwäche, Fieber, Durchfall, je nach Art und Beschaffenheit. Ich kaufte von mehreren eine kleine Probe.

Später kam ich an der Karawanserei vorüber, in der man ein Zimmer mit einem Gurtenbett um acht Annas täglich haben konnte. Alle Räume hatten stark vergitterte Fenster, und die Türen gingen nicht auf die Straße, sondern auf den weiten Innenhof. In der Regel stiegen Mohammedaner hier ab, doch fand man auch Anhänger anderer Religionen. Um die Kamele mit den blauen Glückskugeln standen neugierige nackte Kinder.

Von den Tempeln, dem Mohorramfest, bei dem die Särge der unbegrabenen Sonne des Propheten in feierlichem Zuge durch die Stadt getragen wurden, von den Teufelsbeschwörungen, den Ausflügen in die Umgebung, den Erfahrungen auf Minora, der vorgelagerten Insel, wohin man baden geht, von dem langen Strand Karachis, wo die gefürchteten Wasserskorpione das Schwimmen erschweren und auch Medusen hindernd nahen, habe ich nicht erzählt; ich wünschte, ich könnte – wenigstens im Geiste – immer in Karachi bleiben, doch muß mein Werk nun enden, wie meine Reise geendet hat.

Mit dem Lloyd Triestino.

Es stand in den Sternen geschrieben, daß ich auf einem italienischen Dampfer ausfahren und auf einem italienischen die Heimfahrt antreten sollte. Ich bin müde, alle Schwierigkeiten zu erwähnen, möchte nur sagen, daß ich den Zwischendeckspreis zahlen sollte, weil mein Geld nicht in seinem vollen Umfang eingetroffen war. Man hatte mir von daheim dreißig Pfund gekabelt und nicht angegeben, daß die zuerst begehrten fünfzig Pfund in Port Said lagen. So mußte ich mich unnötigerweise tausend Demütigungen aussetzen, bis der Konsul versprach, mit dem Kapitän Rücksprache zu nehmen und mir ein Lager im Hospital des Schiffes anweisen zu lassen. Die Kost dagegen ...

Die Kost kümmerte mich nicht.

Sie waren alle sehr gut im Heim. Die Leiterin gab mir ein warmes gestricktes Kleidchen, denn in Karachi war es sehr schwer, etwas Nettes in europäischer Ausführung zu erhalten, und ich wollte nicht wie ein Hadernbündel in Europa eintreffen. Auch das noch!

Von den übrigen Mädchen erhielt ich Bücher, Taschentücher, von Miß Hoffs Tante, die aus Benares eingetroffen war, ein herrliches Täschchen mit echter Gold- und Silberstickerei, und Miß Hoff begleitete mich im Wagen bis hinaus zum Hafen. Mein Gepäck kam an Bord, der Wagen fuhr davon. Ich fragte nach der Kabine, und der aufsichtshabende Mann sagte mir, daß ich nicht eine Kabine oder ein Bett haben könne, sondern auf freiem Deck schlafen und mich selbst verköstigen müsse.

So? – Ich winkte einem Kuli. »Was wünschen Sie?«

»Ich werde mein Gepäck ans Land schaffen lassen und verlange von der Gesellschaft mein Geld zurück. Ich fahre nicht, bleibe in Karachi. Wie kann ich, im Dezember, auf freiem Deck schlafen, – ich, die ich tropenverwöhnt und schwerkrank bin?«

»Warten Sie, bis das Schiff fährt, dann findet sich vielleicht etwas«, meinte er begütigend, denn ich war entschlossen, nie, nie heimzukehren. Ich würde eben in Indien eine Stelle annehmen, meine Arbeiten zurückfordern und den Vertrieb der Werke von einem festen Mittelpunkt aus selbst übernehmen.

Wenn man von daheim nicht einmal richtig kabeln konnte!

Vielleicht sah ich wirklich ungewöhnlich hart und entschlossen aus (sonst mache ich nicht den Eindruck) oder, wahrscheinlicher, merkte auch er, daß ich in der Tat krank war, denn er verschwand, ich suchte den Konsul auf, und da ich italienisch sprach, wurde ich vorgelassen. Der Konsul brummte, der Mann brummte, der Kapitän brummte, und letzten Endes brummte ich, aber zum Schluß – das muß ich sehr lobend hervorheben – sperrte der Kapitän die schlechteste Kabine der Ersten auf und mich samt der Erika hinein. Für jemand anderen wäre sie in der Tat schlecht gewesen, weil sie so lag, daß kein Luftzug hineinkonnte und man im Roten Meer Gefahr lief zu zerschmelzen, aber ich war jenseits des Schmelzgrades und freute mich, einen Raum für mich allein zu haben. Ich bettete die Erika zurecht und verständigte Miß Hoff von meinem Zimmerchen. Wir nahmen Abschied. Das Schiff ging erst in der Nacht, würde aber bald wenden. Alle Besucher mußten es daher verlassen.

Sie stand lange noch unten auf dem schmucklosen Damm und winkte, und ich stand oben auf dem Schiff, das mich heimbringen sollte, und fühlte nichts – nach all den Jahren von äußerstem Schaffen – als die Stachel erlittener Demütigungen und das Wissen, daß mein letzter Freund zurückblieb, um langsam in der unausbleiblichen Erkaltung des Getrenntseins verloren zu gehen.

In der Nacht schwanden die Lichter von Karachi, versanken als schwarze Striche die Belutschihügel, entglitt mir Indien mit seinem nie endenden Zauber ...

Ich weinte nicht. Wer weint, der kann noch hoffen.

Afrika.

Das Tor der Tränen.

Wir fuhren durch Bab el Mandeb, das Tor der Tränen. War es symbolisch, daß ich am Löwen von Gibraltar ausgefahren war, stolz, mutig, siegesbewußt, und daß ich krank und gebrochen durch das Tor der Tränen heimkehren mußte?

War man heute wirklich nur tüchtig, wenn man das Pressetamtam hinter sich hatte?

Es gab wenige Mitreisende an Bord; einige Patres aus China, die so zurückhaltend auf dem Deck auf- und abgingen wie ich selbst; eine Frau mit Zwillingen, die sich zuzeiten an mich ketteten und denen ich Märchen aus aller Welt erzählte; eine kranke Frau, die im Liegestuhl lag und von ihrem Gatten, auf den sie sehr eifersüchtig war, umhätschelt wurde, und ein Hochzeitspaar, das den Himmel voll Geigen und das Herz voll Sonne hatte.

Ich speiste in der Kabine, wie natürlich, und sehr gut. Der Cameriere nahm Rücksicht darauf, daß ich kein Fleisch essen durfte und brachte mir »Pasta«, Gemüse, Fisch, und später schickte der Koch immer Eis, so daß ich ausgezeichnet verpflegt war. Man gab mir sogar Wein, und die Cameriera schenkte mir Obst und zum Abschied geschmuggelten Tee, weil ich einmal ihr Haar mit Henna gewaschen hatte, wodurch es einen Stich ins begehrte Rot erhielt.

Es fehlte mir auch nicht an Büchern, denn man versorgte mich damit, und die Angebote von schwarzem Kaffee zwischen ein und zwei Uhr nachts waren rührend zahlreich. Ich lächelte nur und meinte, zu dieser Zeit der Nacht schliefe ich wie ein Murmeltier, und sperrte mich nach neun Uhr abends immer ein. Um sechs Uhr klopfte der Cameriere, und ich hatte ein heißes Bad wie die Glücklichen der Ersten. Wenn ich unter etwas litt, so war es an jener scharfen Grenzlinie, die ich fühlte und die mich von den anderen trennte. Ich fuhr angenehm, aber – oh, daß ich auf dem elendsten Kutter gefahren wäre, ohne andere Reisende, die auf mich wie auf ein Wrack blicken konnten! Gewiß war dies krankhaft meinerseits, aber es bohrte in mir wie ein stumpfes Messer. Und in Port Said, mir unbekannt, lagen die fünfzig Pfund, die mich erlöst hätten ...

Aden.

Ungefähr hundert Meilen gegen Osten vom Tor der Tränen liegt Aden, die trostloseste Niederlassung der Engländer. Es regnet so gut wie nie; die Sonne sticht mit ihrer vollen Kraft auf die Felsen hinter den meist aus weißem Stein erbauten Häusern der Stadt nieder, und der Widerschein des schimmernden Wassers erhöht das Blenden und die Glut. Dennoch sind die Beamten gern in Aden, weil das gesellschaftliche Leben schön und herzlich ist. Wo so wenige Menschen unter so ungünstigen Verhältnissen zusammenleben müssen, entsteht ein guter, großzügiger Ton, der über vieles hinweghilft.

Ein Großteil des Handels von Arabien findet hier seinen Auslauf. Es ist unglaublich, wie billig man hier Straußenfedern kaufen kann, doch wer will sich durch allerlei Zoll mit ihnen beschweren, nun sie so unmodern geworden sind?

Auf den Straßen sieht man das übliche Bild der nördlichen Wüstengegenden. In den Geschäften Datteln, Feigen, Trauben neben anderen, in denen Kaffee feilgeboten wird, und außerdem viele Läden mit Gewürzen und mit allerlei Weihrauch. Kamele, die einen Karren mit Holzgitterwerk ziehen, andere hoch mit Teppichen oder anderen Lasten beladen, versperren den Weg. Von nichts wird man so leicht überfahren wie von einem Kamel. Das klingt unglaublich, wenn man an die Größe des Tieres denkt, doch wer nicht in die Luft schaut, der merkt nicht den vorgestreckten Kopf, und die Beine sind so hoch und schlank, der Gang ist so lautlos im Staub und so langsam, daß er gar nicht auffällt, und Kamele weichen nicht wie Pferde aus – sie beißen leicht, wenn erzürnt, und die ganze Welt ärgert sie. Ob das Temperament der Tiere eines Landes auf die Menschen zurückwirkt? Da könnte ich mein Brummigsein den Karachikamelen zuschreiben …

Hinter dem Felsen, am Ende einer langen Bergstraße, liegen die Türme des Schweigens, denn auch hier findet man noch Parsis, die sonst hauptsächlich in Karachi, in Bombay und zerstreut in Gujarati zu finden sind. Kein Volk hat seine Rasse so rein erhalten, und Mischehen sind streng verboten, daher sind sie so stark, so tüchtig, so lebensfähig und so schön als Menschenschlag. Ihre Hautfarbe ist so licht, daß einige schon weiß wirken, aber nicht die Farbe, die ja nebensächlich ist – das ganze Gebaren ist sicher, fest, fortschrittlich. Ihre Feinde nennen sie die Juden des Ostens. Das ist an und für sich ein Lob, denn es beweist, daß sie fleißig und tüchtig sind. Wenn die Christen schlauer wären, könnten ihnen die Juden nichts anhaben. Ein Jude sitzt daheim bei seiner Familie, während der Christ sein Geld im nächsten Gasthaus verjubelt, vertrinkt, verraucht. Der Jude hängt in der Regel allen Schmuck, den er zu erstehen imstande ist, auf die eigene Frau; der Christ auf die Frau, die eben *nicht* ihm gehört.

Manchmal glaube ich an den »Untergang des Abendlandes«, wenn ich sehe, wie alles, was heute anzieht, nur Schund ist: Lichtspielhäuser mit seichtem Liebesgrimassentum; Jazzmusik, wohin man kommt; Radiogebrüll aus vielen Kaufhäusern; selten etwas Tiefes, Gutes, aber immer Lärm, Lärm, der ablenkt, zerstreut, alles Denken vernichtet; Schundbücher die begehrtesten auf dem Markt; von den Vorträgen das seichteste Thema vorgezogen; immer das Bestreben, nicht zu denken, sich treiben zu lassen.

Einmal mußten die Leute zu dem Vortragenden hinaufdenken und ebenso zu den Schriftstellern; heute soll man fortwährend zu den Leuten *hinab*sprechen, *hinab*schreiben. Wenn sich die Europäer von dieser Seichtheit nicht befreien, wird der Japaner die Welt erobern und wir das Schicksal der Inkas und Azteken teilen …

Nicht kriegerisch unbesiegbar, auf geistigem Gebiete führend, müssen wir bleiben! Und das verbietet Verflachung.

Die Parsis sind stark, reich, mächtig, weil sie geistig wachsen, ohne ins Traumhafte, Weltabgewandte der Inder zu versinken.

Durch das Rote Meer.

Es war so heiß, daß die Reisenden still oben auf dem zweiten Deck lagen und die Diener mit verzweifelten Gesichtern Wasser und Eis hinaufschleppten. Ich empfand es nicht so quälend, weil ich an Ärgeres gewöhnt war und auch weil ich mir mit wachsender Trauer sagte:

»Vielleicht wirst du es nie, nie wieder im Leben so warm haben!«

Auch ich liebte Europa über alles, doch jenes verklärte Europa, das Mittelpunkt des Denkens und Handelns war, das Heim der Weißen. Wie anders hatte ich mir die Heimkehr gedacht!

Die Seeluft, von einer kaum merklichen Brise aufgewirbelt, fegte über das Deck hin, anstatt brütend auf uns zu lasten, und mit jedem Hauch verdunstete etwas, setzte sich als Salzkruste an der Reeling, den Rauchfängen, sogar der Schiffswand und dem Deck fest. Es wirkte wie Schnee. Das Rote ist das salzigste Meer der Welt und verdunstet bei der großen Hitze am schnellsten, daher war alles salzgepudert.

Hie und da gab es Inseln, trostlose, hellbraune Punkte, und zuzeiten zeigte sich die Küste als hellfarbiger, undeutlicher Fleck. Wie geschichtlich wertvoll war alles, was man eher um sich fühlte, als tatsächlich sah. Mekka und Medina, der Sinai, der Durchmarsch der Israeliten durch dieses Meer, allerdings weit höher oben ...

Es war lang und heiß und einsam, dieses Meer, das den Weg zum Osten ermöglichte. Mir schien es endlos, seit ich den Fuß auf diese Planken gesetzt. Kein Lesen, kein Schreiben, kein Denken erschöpfte die Tage dieser Schiffahrt, in denen es mir zum letztenmal auferlegt wurde, einen Rückblick zu halten. Wie oft hatte ich in den nun vollendeten acht Jahren den Wellen nachgeschaut, die um den Propeller tanzten und immer, irgendwie, auf Trümmer.

Ich war nach Westen ausgefahren und kehrte von Osten zurück. Ich hatte vollendet, was zu tun ich mir vorgenommen. Ich hatte die entferntesten, wildesten Länder bereist und hatte mehr mitgebracht, als meine kühnsten Träume es jemals verraten hatten. Alles war gelungen, erreicht, getan, und dennoch blieb dieses Gefühl lähmender Niederlage. So mochte in der alten Zeit ein Kriegerkönig gefühlt haben, der den Sieg nach schwerem Kampfe errungen hatte und dem man dennoch Land und Krieger nahm ...

In Eritrea.

Kahle, hellgelbbraune, seltsam geformte Berge, schmale, flache Küstenstriche, ohne Haus, ohne Feld. Wie verjährte, verhärtete Furchen in dem Gesicht eines Greises wirkten die Höhenzüge. Ja, Afrika war alt, uralt, der schwarze Weltteil, das Land geheimnisvollen Zaubers, versunkener Kulturen. Eine tiefe, drückende Schwermut, die sich nie hob, lag über und auf allem. Es war nicht nur der Sand, die Hitze. Der Sand in Karachi konnte freudig oder langweilig, oder – nachts, wenn die Hyänen heulten – schaurig sein, aber nie so kummertrunken wie diese ausgetrocknete hellbraune Erde, die so leer wirkte, die dennoch im Innern so wunderbare Schätze barg.

Die Italiener zahlen erwiesenermaßen bei der Ansiedlung darauf. Die Kolonie enthält Reichtümer, doch gehört flüssiges Geld dazu, sie zu heben; sie bringt, wenn bewässert, Tropenfrüchte hervor, doch Italien hat in Tripolis und Umgebung genug daran. Schön ist es indessen auch hier, eine Macht zu sein und eine Fahne wehen zu haben!

Warum nicht? Das sind Wünsche, an denen alle Völker kranken.

Massawa ist ein Loch. Das soll nicht als Geringschätzung gesagt sein. Alle Orte an einsamer Küste sind Löcher, und wenn man sich hinter die erste Häuserreihe begibt, die wie überall dem Fremdenverkehr geweiht ist, ob sie nun viel oder wenig bietet, sieht man sogar manches Interessante. Die indischen Gurtenbetten sind hier zu breiten Bänken geworden, und darauf sitzen die Araber und spielen Karten. Sie tragen den weiten, weißen Burnus und sind nicht ganz schwarz. Erst die ganz armen Leute, das echte Volk, gehört den schwarzen Stämmen an.

Man muß vor die Stadt gehen, um sie zu sehen. Da wohnen sie in niederen und finsteren Holzbauten, die fensterlos oder bei denen die Fenster sorgfältig mit allerlei Hadern verhängt sind, und kochen ihren Reis, ihre grobe Hirse oder rösten in heißer Asche die Bananen, die man aus den fruchtbaren Teilen bringt. Die Männer tragen das Haar sonderbar dreieckig zugeschnitten, was dem schwarzen Kopf etwas Pyramidenförmiges gibt. Die Mädchen tragen die unglaublichsten Ketten als Schmuck über der in der Regel nackten Brust. Ein Tuch ist wie ein Rock um die Mitte geschlungen und reicht bis zu den Knöcheln. Die Frauen sind dick, gemütlich, lang- und gleichzeitig vollbrüstig, und haben das typische Lache der Schwarzen, das ansteckend wirkt und Vertrauen einflößt.

Die einheimischen abessinischen Fürsten machen den Italienern nicht selten Angelegenheiten, und als »erobertes Gebiet« kann das Land kaum angesehen werden. Wenn es fruchtbarer wäre, würde es kaum im Besitz Italiens geblieben sein. Zuzeiten ist es gut, wenn etwas wenig Wert hat oder doch wert scheint.

Massawa hat einen tiefeinschneidenden Kanal, scheint indessen wasserarm zu sein, denn ich sah mehr als einen Wasserhändler mit der charakteristischen Schafhaut herumlaufen – dem Lederbeutel, der wie ein braunes Schweinchen aussieht, in dem man in wasserarmen Ländern (Agra und Delhi in Indien zum Beispiel) das Wasser von Haus zu Haus trägt. In der starken Haut bleibt es lange frisch.

Obschon man hier mitten in Afrika ist und ein reiches Hinterland hat (reich an sonderbarem Schmuck, Waffen und Werkzeugen in jedem Fall), bieten die kleinen Geschäfte nichts, gar nichts Fremdes außer einigen neuen Hülsenfrüchten. Bunte, grelle Stoffe, alle aus Europa eingeführt, Glasketten aus böhmischem Glas, Schuhe aus England oder Amerika. Verladen wird außer Bananen nur noch Kaffee und Palmöl.

Die Häuser sind trostlos in ihrer weißen Öde. Es gibt wenige Fenster, und diese wenigen sind verstopft; die Frauen tragen den Schleier über das Gesicht gezogen, doch nur die Braunen, nicht die Schwarzen. Die Weißen sind wie überall, nur etwas bleicher und matter.

In den Höhen von Asmara.

Eine schmalspurige Bahn führt von Massawa hinauf in die Berge von Eritrea, in das geheimnisvolle Innere, das Gold und andere kostbare Erze in seinem Schoß verborgen halten soll. Steinig ist der Weg, von seltenen Flüssen unterbrochen. Auf der breiten Landstraße sieht man nur Kamele, begleitet von den halbnackten Schwarzen. So einsam ist das Gebiet, daß es einen nicht wundern würde, einen Löwen hervorspringen zu sehen, doch nichts regt sich – einzig eine lange, schwarze Schlange verschwindet unter einem der gelben Steine, durch den wie Blut eine feine, rote Ader läuft.

Asmara liegt so hoch, daß man hier schon eines Mantels bedarf, um behaglich umhergehen zu können, während unten in Massawa die glühendste Sonne den gelben Sand zum Flimmern gebracht hatte. Man findet auch Obstbäume, Wiesen, vereinzelte Gärten und die kleinen Häuschen, die an die Bauten in Süditalien erinnern, und aus jener

Gegend scheinen auch die meisten Ansiedler zu sein. Groß wirken die mächtigen Berge selbst von hier, im Herzen des Gebirges, und fremd, feindlich, wissend wie Riesen, die mit Verachtung auf das fremde weiße Volk herabblicken. Warum hat man in all jenen Gegenden immer das Empfinden, daß die Europäer nie bestimmt waren, da zu leben? Daß sogar das Gestein ihnen feindlich ist und in der heißen, trockenen Luft etwas wie feindlicher Zauber liegt?

Rührend ist es, in einem Laden die kleinen Gipsfigürchen zu sehen, mit denen Italiener im Auslande so gern handeln. Solch ein Gipsarbeiter war damals an Bord der »Bologna«, war vielleicht schon lange in Caracas gestorben, und hier, unter dem glutenden, vernichtenden Himmel Afrikas wieder ein kleiner, schmächtiger Mann mit sehnsüchtigen Augen – vielleicht von »la bella Napoli« träumend –, der Gipsfiguren verkaufte!

Um das kleine Postamt drängten sich die Leute. Was schrieb man von daheim? Was würde man antworten? Dieses Fieber nach Verbindung mit Europa, hatte ich es nicht tausendmal an mir selbst erfahren? O, die furchtbare Entheimatung jener fernen Erdstriche ...

Die schwarzen Kinder schienen seltsam abgemagert, mit einem Bauch wie ein Tamtam und dabei Beinchen wie Besenstiele, und Augen, die schon Hunger kennen gelernt hatten. Nackt waren sie, hatten höchstens bunte Wollfäden zum Schmuck um den Hals oder eine Blume im kurzen, krausen Haar. Sie waren nicht so laut wie weiße Kinder, aber wenn ihre Augen aufleuchteten, so sprach eine so volle Freude daraus, daß es erschütternd wirkte.

Der Zauber von Eritrea mußte drinnen, ganz drinnen im wilden Gebiete liegen, wohin die Häuptlinge wilder Stämme in Verfolgung der tierischen oder menschlichen Beute kamen. Asmara war noch zu europäisch, hatte zu wenig vom Lande an sich. Auch war die Zeit zu beschränkt.

Unten, in Massawa, war gerade großer Fischfang. Man zog die großen, runden Fische ans Land, und die Fischer drängten sich ganz ergriffen um den Fang. Ein so guter

Fischzug und gerade, wo ein Schiff im Hafen war, das etwas mitnehmen konnte! Man fühlte ordentlich, wie tot Massawa sein mußte, wenn der Dampfer einmal als schwarzer Punkt in der Ferne verschwunden war.

Ich durchwanderte noch einmal den winzigen Park, die lange Straße des Fremdenviertels jenseits der Brücke, und kehrte auf das Schiff zurück, wo es schmutzig nach dem Verladen und heiß wie in einem Backofen war. Dann begann wieder das müßige Liegen auf meinem Bette, ein Buch vor mir und zwischen den Zeilen und meinen Augen der Film der Vergangenheit. Um leben zu können, sollte man immer nur vorwärts schauen.

Weiser Rat, aber zuzeiten schreckt auch der Blick in die Zukunft.

Port Sudan.

Gerade vor der Einfahrt in den Suezkanal liegt auf der flachen, gelbsandigen Küste im prallsten Sonnenlicht, das geradezu das Auge schmerzt, ein Ort, etwas größer und hübscher als Massawa, und den Engländern gehörend. Das ist Port Sudan, und von hier führt die Bahn durch ganz Ägypten bis nach Kairo und Alexandrien. Die Dame mit den Zwillingsmädchen nahm diesen Weg, ich aber wollte den Suezkanal sehen und begnügte mich daher mit einem Durchstreifen von Port Sudan.

Außer den von kleinen Gärten umgebenen spärlichen Villen der Europäer gab es nur lange, weiße Steinbauten mit schattigen Säulengängen, und in diesen untergebracht die einzelnen Geschäfte. Man konnte da Bamien, die beliebten Hülsenfrüchte, kaufen, die so viel gegessen werden, an unsere Bohnenschoten erinnern, doch stärker und größer sind und die man in Europa nur im südlichsten Griechenland findet. Bamien sollen sehr nahrhaft sein und werden von der Bevölkerung stark gegessen.

Die Leute sind kohlschwarz mit stechenden Augen. Ganz wie in Karachi wußte ich schon nach dem Blick, welcher Mann dem Islam angehörte. Sie haben etwas Lauerndes, Besitzergreifendes in ihrem Prüfen, in der Art, wie der Blick gleichsam entblößend an der Gestalt niederfährt, und immer mischt sich etwas Verächtliches in die Handlung, das empört. Als ob Frauen nichts als das Spielding unreiner Lüste wären ...

Hier findet man allerlei recht hübsche Arbeiten – Waffen, bemalte Lederkissen, Perlmutterarbeiten, Ketten aus Glas, aus afrikanischen Halbedelsteinen, aus Mosaik, aus Elfenbein. Ledersandalen wurden sogar auf das Schiff gebracht, und ich erstand im Orte selbst nach langem Feilschen einen sudanesischen Dolch mit eingelegten Glücksbohnen. Es gab auch, für den, der mehr zahlen konnte, schönes Elfenbein. Sehr hübsch waren die verschiedenen Holz- und Tonarbeiten.

Sonst nichts als Geschäfte mit bunten Stoffen, wie die Schwarzen sie lieben; mit Reisläden, in denen man auch Hirse, Bohnen, trockene Erbsen und Bamien kaufen konnte, und Händler mit östlichen Riechessenzen und afrikanischem Räucherwerk. Auf den niederen Bänken, ähnlich den indischen Betten, saßen langbärtige dunkle Männer – nicht Araber – und tranken Kaffee vor den kleinen Kaffeehäusern mitten auf dem großen Platze. Einzelne spielten Karten. Um den Brunnen scharten sich die Wasserträger, die Kinder, die dicken Frauen mit ihren schweren Tonkrügen. Es war alles so eintönig, so leblos gleichsam, daß man froh war, sich wieder entfernen zu können. Die Berge lagen als feiner, brauner Streifen am Rande des Gesichtskreises. Was mochten die Leute hier, in dieser trostlosen Ecke der Welt, inmitten der glühenden Sandebene treiben? Wie verging ihnen der Tag? Darf man sich wundern, daß die dunkelfarbigen Menschen nur die Freuden des Harems bis zum Äußersten auskosten und den heißen Tag verschlafen, und daß so viele Europäer sich kurzerhand in den Tod trinken?

Durch den berühmten Suezkanal.

Schon Ptolemäus hatte seinerzeit eine Öffnung geschaffen, die eine Verbindung von Ägypten mit dem Roten Meere und von da mit dem Indischen Ozean ermöglichte, doch hatten die ewigen Sandanschwemmungen des Nils und der starke Wellenschlag des Mittelmeeres seine Arbeit immer wieder vernichtet, so daß der Weg um das Kap der Guten Hoffnung der beste und oft einzige blieb. Durch den Einsturz dieser Verbindungsstraße waren die Araber auch lange Zeit hindurch die einzigen, die den Gewürzhandel in Händen hatten, und eben dieser Umstand bewog die Holländer sowie die Portugiesen, einen anderen Weg zu den Gewürzinseln zu entdecken. Die wichtigsten Seereisen wurden um der Gewürze willen angetreten.

Heute erwartet das Schiff einfach den Lotsen und damit die Erlaubnis einzufahren, denn die Dampfer dürfen nur der Reihe nach und ganz langsam einfahren, damit die Ufer nicht beschädigt werden und auch keine Hemmungen im Verkehr eintreten. Sehr verschieden ist der Suez- vom Panamakanal. Keine grünen Ufer bis auf einzelnes Strauchwerk, ganz dicht am Wasser. Manchmal niedere, manchmal sich hügelnde Uferlinien, immer der braungelbe Fels, die weite und doch farbenreiche Öde, die schon einen Hauch von der Sahara an sich hat. Globetrotter sehen hier die schweifwedelnden Löwen. In Wahrheit sieht man nicht einmal eine zahme Katze. Ich habe die Schwarzen im Verdacht, daß sie sie alle aufessen. Allmählich sieht man einige Felder, trocken, verlassen und daneben eine elende Lehmhütte, das Heim eines Fellah. Nicht immer haben die Bauten ein Dach, denn es regnet nie, so daß sie sich den Luxus einer freien Öffnung nach oben gestatten können. Gegen die Sonne spannen sie oft nur ein grobes Stück Gewebe.

Man streift viele Orte, alle aus niederen Bauten bestehend, schmucklos, mit europäischen Anklängen. Frauen, den Schleier halb über das Gesicht gezogen, wandern auf und ab. Eine Arbeiterin, in grober, doch dunkelbunter

Gewandung, hat etwas wie ein Stück Holz unter das Tuch gebunden und ist stärker vermummt. Männer in flatternden, weißen Mänteln mit schwarzen Bärten und stechenden Augen und daneben mit müdem Schritt einige Mischlinge in europäischer Kleidung. Umträger, Ausrufer, Kamele und Esel – – es ist immer das gleiche Bild.

Schön wird der Kanal erst nach Sonnenuntergang, weit hinter Suez, das bald nach Port Sudan kommt und am Eingang des Kanals liegt. Die Lichter spiegeln sich in den stillen Wassern, das Schiff windet sich langsam von Arm zu Arm; man streift dicht an anderen Dampfern vorbei, die warnend aufpfeifen. Niemand schläft, die Hitze und das Treiben hält wach und die eigene Unruhe, die das Herz fühlt, das da weiß, man nähert sich dem Mittelmeer. Schon fängt es an kühl zu werden, je näher man Port Said kommt, und ein kalter Wind treibt über die vereinzelten, etwas zerzausten Palmen. Durch solch einen Kanal – die Verbindung zweier Meere, zweier Welten, war ich in mein eigentliches Leben hineingeglitten; nun fuhr ich, gebrochen, durch solch einen Kanal meinem Ziele zu ...

Kurz nach Mitternacht flammten in der Ferne unzählige Lichter auf, man ahnte eine ausgedehnte Stadt, vernahm dumpf den Lärm einer solchen, blieb draußen im sich weitenden Strom; warf Anker. Die Reisenden begaben sich in ihre Kabinen. Man war am Ende des Kanals, in Port Said.

Letzte Erfahrungen ...

Kurz nachdem es tagte, stieg ich auf Deck. Es war kalt, und mich fror in den leichten, weißen Tennisschuhen. In Zukunft würde ich auf Leder und hindernden Absätzen laufen müssen. Ein Mann mit einem Lächeln wie der Schlitz in einer Tonsparbüchse ruderte mich ans Land. Es war kaum sieben, und ich fürchtete nichts zu erreichen, doch zu meiner Freude war das Postamt offen und ich imstande, meine Riesenpost abzuholen. Einen Scheck fand ich vor und auch die Aufforderung, mich zu einer gewissen Bank zu begeben, die indessen erst um zehn Uhr öffnete. Unser Schiff ging angeblich schon um diese Zeit wieder ab, und ich wagte es nicht, dem Rufe Folge zu leisten. Selbst den Scheck einzuwechseln blieb mir keine Zeit, da die Banken zu spät öffneten und ich mich fürchtete, den Dampfer zu versäumen. So verfolgten mich Geldknappheit, Sorgen und Demütigungen bis zur Schwelle der Heimat ...

Die Briefe riefen mich ängstlich zurück. Ich begann dumpf zu befürchten, überhaupt zu spät daheim einzutreffen. Wenn ich es doch hier schon wüßte! Dann würde ich mit dem nächsten Dampfer umkehren, und wenn es nur nach Asmara wäre! In die Wärme und unter Fremde.

Es hatte sich nichts ereignet. Ein Werk, das ich selbst verschickt hatte, kam zurück, da ich die Tendenz des Verlages nicht gekannt hatte. Die Kritik war sehr günstig, doch nahm der Verlag nur Romane mit streng katholischer Weltanschauung, und meine Arbeiten waren alle vom Buddhismus stark durchtränkt. Von den Schriftleitungen kein Wort; von meinem Vertreter nur Schweigen. Wie konnte eine jahrelange Freundschaft so verschwinden wie ein Regentropfen im Sand der glühenden Sahara? Warum entglitt alles meinen Händen?

Ich drückte meine Briefe fest an mich. Sie enthielten nichts Erfreuliches. Die Parteien meines Hauses warfen mir die kleinlichen Händel schon als Zukunftsgruß vor die Füße. Das erwartete mich.

Port Said. Araberviertel.

Die Gassen von Port Said sind breit, haben die überbauten Fußsteige, die so angenehm wirken, ob es nun regnet oder die Sonne herniedersticht. Ich zweifle nicht, daß die unzähligen Geschäfte mit den schönen Straußenfedern, den orientalischen Arbeiten, den Wundern Ägyptens,

Japans, Chinas, die Augen derer blenden, die herausfahren, denen der Osten neu ist. Mir blieb alles gleichgültig. Auch merkte ich nicht einmal etwas von Port Saids berüchtigter Sündigkeit. Allerdings ist die achte Morgenstunde immer die sittlichste an jedem Orte, weil da nur die Braven auf sind und die Sünder schlafen ...

Es ist eine Stadt, die nicht einmal einen auffallend östlichen Charakter hat. Sie ist in Wahrheit ein Mischling – ein Gemenge von Osten und Westen – sehr nüchtern, oft häßlich, die Schönheiten von keinem aufweisend, dennoch mit einem Versuch, beide darzustellen. Eine Moschee, ein Kaffeehaus, in dem man nackte Frauen tanzen sieht (danach trug ich kein Verlangen) und in den Hintergäßchen jene Orte des Lasters, die in jeder Hafenstadt bestehen müssen und die hier durch die unbeherrschte Sinnlichkeit der Araber, der Perser, der Schwarze, der Ägypter, der zugewanderten Chinesen eine Höhe erreicht, wie sie vermutlich nur Panama noch bietet. Die unnatürlichsten Dinge soll man sich da nachts ansehen können – Laster, von denen wir nicht einmal (oder erst seit dem verderblichen Kriege mit seinem Brechen aller Überlieferungen und Fesseln) die Namen kennen, doch dies mir anzusehen, hatte ich kein Begehren. Ich war nur zu oft unfreiwillig Zeugin derartiger Ausschweifungen geworden. Es gab indessen Frauen, die sich mit Genuß durch solche Räume von einem Mann führen ließen. De gustibus ...

Wie in Paris standen die Stühle vor den Kaffeehäusern um runde Tische auf dem guten, weiten Pflaster – das Beste von ganz Port Said – doch der Himmel hing grau und schwer über uns, ein kalter Dezemberwind schnitt eisig vom Mittelmeer her durch die breiten Straßen, und ich war froh, auf den Dampfer zurückkehren zu können. Es gab nichts zu sehen.

Meine Augen waren endlich müde – müde wie mein Herz.

Erst gegen elf Uhr glitt der Dampfer am Wellenbrecher vorüber, hinaus in das Mittelmeer, das große, feindliche, grünblasse Wellen warf.

»Bora! Bora!« meinten die Camerieri. Die Damen der Ersten riefen nach den Schüsseln. Es war kalt. Ich kroch ins Bett und bat um eine Extradecke.

Weihnachten auf den grünen Wassern.

Es war Weihnachtsabend.

Die Bora fegte über das Meer. Von Alexandrien sah man nichts und auch am folgenden Morgen nichts von der Küste Griechenlands. Wir waren mitten auf den stürmischen Wassern, und der Cameriere brachte mir etwas Hühnerfleisch mit dem Bemerken, ich müsse an dem Tage doch auch etwas Fleisch essen. So tat ich es. Man feierte eigentlich nicht. Der Kapitän ärgerte sich, keine Frau zum Flirt zu haben, und überdies sehnte er sich heim. Was sollte er da den Narren für andere abgeben?

Die Cameriera, eine Frau, die zwei Mädchen daheim hatte, die sie mit dem versorgen mußte, was sie verdiente, und von denen eins blind war und sich so sehr aus der Anstalt heimsehnte, war ebenfalls in die eigenen traurigen Gedanken eingesponnen. Sie brachte mir eine Schachtel Rahatlakun (türkische Freude) mit einem Gruß der einen Dame. Das sei für mich. Ich wollte es lange nicht glauben. Da sagten auch die Zwillinge:

»Ja, es ist von der kranken Dame, weil du ein nettes Mädchen bist!«

Das bezweifelte ich nun allerdings sehr, denn in dieser Gemütsstimmung war ich sehr entfernt davon, »nett« zu sein oder selbst, fürchte ich fast, »nett sein« zu wollen; dennoch rührte mich die unerwartete Gabe, die ich meiner Mutter mitnahm, sehr.

Am Tage des heiligen Stephanus erreichten wir Brindisi. Aus dem müden Grau des Frühmorgens, durch den feinen Regen hindurch, der die steinernen Treppen näßte und die Häuser wusch, tauchte der ansteigende Ort. Ich hatte Lust gehabt, das Schiff hier zu verlassen und quer durch Italien, über Rom und sicher über Neapel, langsam Triest zu erreichen. Da es jedoch ein Feiertag war und die Banken geschlossen blieben, es überdies so trübselig regnete und mir die Lust an allem vergangen war, fuhr ich einfach weiter.

Der Wind wechselte häufig. Einmal schien es, als ob wir Sirocco haben würden, und der Nebel bauschte sich infolgedessen in so dichten Massen um uns, daß wir kaum fahren konnten. Im Quarnero streifte uns wieder der kalte Bergwind, und erst kurz vor Venedig, als der frühe Winterabend uns einhüllte, merkten wir den schaurigen Nebel, der jedwedes Vordringen vereitelte. Ich hatte gebeten – eben weil ich den Scheck erst einlösen mußte – die Nacht an Bord verbringen zu dürfen. Zum Schluß aber mußten wir alle, ob wir es wollten oder nicht, auf dem Schiff bleiben, da keine Gondeln heran durften und die Zollbehörde sich nicht bequemte, uns bei diesem Wetter abzufertigen.

In den Gängen brannten die Öfchen, doch in den Kabinen war es sehr kalt. Wir konnten nichts tun, als das Abendbrot einnehmen und uns hierauf ins Bett legen.

In Venedig.

Ich dachte zurück an Karachi. Miß Mabel S. war nach Sukker zurückgekehrt. Es war besser für sie, unter den Ihren und von Liebe umgeben zu sterben. Die kleine Modistin, ihre Busenfeindin, die ebenfalls seit langem das Heim verlassen und sich geweigert hatte, sie zu besuchen, war dem Irrsinn verfallen und nun selbst im gleichen Hospital. Sie trug einen Ring am Finger, und vielleicht glaubte sie, im Palast des steinreichen, glutäugigen Nawabs zu sein. Beide starben kurz hintereinander.

Die kleine Streitsüchtige war nach einem Ort am persischen Golf als Erzieherin gegangen, meine freundliche Wegweiserin war wieder in Sukker Missionslehrerin, Edna R. oben in Quetta an der Grenze von Belutschistan, die

Französin auf der Heimfahrt, die Deutsche schon in Bremen. So waren wir alle zerstreut, die wir vor wenigen Monaten zusammen gewesen.

Selbst Jill hatte ihrer Jungfräulichkeit entsagen dürfen und Junge geworfen; nur eins lebte, die anderen kamen tot zur Welt. Man soll selbst als Hund nicht zu lange auf die Liebe verzichten; es macht sich bestraft.

Der Morgen war klar und eisig. Von den Höhen grüßte der Schnee herüber, und die Bora pfiff einem schier das Herz aus dem Leib. Die übrigen Reisenden waren schnell abgetan, doch ich als Journalistin mußte mich einem langen Kreuzverhör unterwerfen, das allerdings sehr liebenswürdig geführt wurde, aber dennoch ermüdete. Zum Schluß mußte ich den Beamten unbedingt noch zum nahen Polizeiamt begleiten. Er müsse natürlich meine Ankunft an die Grenze telegraphieren. Es wäre zu gefährlich sonst.

Himmel, so viel Umstände, um in sein eigenes Land zurückzukehren!

Der Wind biß mir beinahe die Nase weg. Oben im Raum des Gestrengen brannte ein guter Ofen, und ich ließ mich mit mehr Freude verhören. Je länger die Fragen, desto länger die Wärme, aber selbst der Wissensdurst eines italienischen Polizeibeamten erschöpft sich mit der Zeit, und so wurde ich von ihm wie ein kostbares Gut auf das Schiff zurückgebracht und freigegeben. Meine Koffer mußten ans Land geschafft werden, daher trug ein schwächlicher, stöhnender Mann sie keuchend bis zum Bahnhof, wo ich sie hinterließ, den keuchenden Mann zur nächsten Bank mitnahm und ihn auszahlte. Nicht in der ersten Bank, sondern in der zweiten, weil die erste von einer kroatischen Bank nichts annehmen wollte. Das war Europa mit seiner Kleinzügigkeit! Ich war in der Tat zu Hause ...

Zum dritten Mal in meinem Leben stand ich in Venedig vor dem San Marco und zum dritten Mal traurig. Gewiß gehört zu Venedig wie zum Leben die Liebe und die Zufriedenheit des Herzens. Man kann vor dem Tadsch Mahal stehen und mit müden Augen in die unvergleichliche Pracht schauen; man kann auch unberührt vor San Marco bleiben, besonders wenn man an den Zehen friert. Ich fror, und daher trat ich, anstatt in die Kirche, in das nächste Geschäft und sagte zu dem herbeispringenden Manne:

»Haben Sie eine warme, wollene Hemdhose?«

Er brachte eine aus englischer Wolle, warm und teuer zum Erschrecken; vorwiegend teuer.

Ich fühlte meine Schenkel argentinisches Gefrierfleisch werden und erklärte kurz, die Hose nur zu kaufen, wenn ich sie gleich anziehen könne, was angesichts der drei Verkäufer ziemlich schwer schien. Er führte mich indessen in einen Warenraum, und ich erschien behost wieder, etwas weniger mit der Welt zerfallen. Ich kaufte auch Handschuhe, um meine blauen Finger westlich weiß zu machen, und zwei Kleider, damit ich nicht als vorsintflutliche Wundererscheinung eintraf.

All das hatte ziemlich viel Zeit in Anspruch genommen, denn ich hatte auch heim telegraphiert und an meinen Vertreter geschrieben, die Sammlungen an mich abgehen zu lassen. Nun fuhr ich mit dem kleinen Kanaldampfer wieder dem Bahnhof zu.

Am Vormittag hatte ich dem Schaffner an Stelle eines Zehn-Centesimo-Stückes eine Lira gegeben. Am Nachmittag erkannte er mich und gab mir das Kleingeld zurück. Das nenne ich Ehrlichkeit.

Und so höflich sind sie alle! Es umschmeichelt das Herz und die Sinne. Jeder erteilt Auskunft, jeder hilft, jeder schenkt ein Lächeln.

Der kleine Dampfer kroch allzu langsam vorwärts. Ich hatte einmal den Weg verfehlt gehabt. Nun fuhr der Zug aus der Halle, als ich eben mit dem Gepäck anlangte. Ich fuhr mit einem anderen Zuge sofort nach Mestre nach. Wieder fuhr er aus der Halle, als ich aus dem Zug sprang. Ein Nacheilen bis Triest im Luxuszug schien ebenso hoffnungslos, obwohl ich es auf Anraten des Beamten unternahm. Als ich in Triest eintraf, erfuhr ich, daß der Achtuhrzug nur bis Oktober verkehrte. Der nächste Eilzug nach Wien fuhr erst nach elf.

Im Wartesaal.

Nun würden mich die Behörden vergeblich an der Grenze erwarten. Ich würde aber auch, schlimmstes aller Geschicke, am Tage in meiner Vaterstadt eintreffen müssen. Alles ging fehl auf dieser Reise, vom ersten bis zum letzten Augenblick.

Im Wartezimmer der Dritten brannte ein Feuer. Es wärmte nur, wenn man dicht daneben saß. Ich hüllte mich, so gut es ging, in den leichten Schal, versuchte die kalten Füße bis an das Knie hinaufzuziehen, merkte, wie die harte Bank Striemen auf meinem Körper machte.

Draußen blies die Bora ihr Drohlied. Die Fenster klirrten, die Leute traten keuchend ein, bliesen sich die erstarrten Finger, verschwanden erst beim Nahen des Zuges. In ein Hotel gehen? Es graute mir vor dem Winde, dem ungeheizten Raum. Ein Bahnbeamter näherte sich mir, führte mich in den Saal der Zweiten, wo das Sofa weich und der Ofen etwas wärmer war. Die Neu-Guineaspeere mußten mir dies Vorrecht verschafft haben, denn wir wurden nicht entfernt. Die Übrigen saßen dicht am Ofen, ich versuchte zu liegen, wenn nicht zu schlafen.

Triest! Mit welchen Hoffnungen war ich ausgefahren, mit welchem Mute, mit welcher Gesundheit! Wie herrlich hatte ich mir das Wiederkehren gedacht! Beim Pfeifen der Bora lag ich mit geschlossenen Augen und träumte noch einmal den Traum, der mich in der Südsee gestärkt hatte und der nun zerrann, wie es Träume immer taten ...

Es war Sommer, und ich fuhr über Tarvis durch das wunderschöne, geliebte Oberkrain, wo der Triglav mit seinen sieben Seen hinter der Burg Veldes aufragte, wo die Wasserfälle an blauen Enzianen und am roten Almrausch vorbeisprühten und wo ich als Kind das Lied vom roten

Sarafan gehört hatte, in dem es hieß, daß die Freuden des Lebens und mit ihnen die Süße der Seligkeit kommen würden, doch daß sie schwanden und die Röte der Jugend nie auf die Wangen zurückkehrte, die Kraft und Frische der Hände verloren war, mit denen das Mütterchen den roten Sarafan nähte. Wie und warum war ich an allen Seligkeiten vorbeigeglitten? Welcher Unstern stand über der Stunde meiner Geburt?

Aber das war ja der Traum nicht. Es war Sommer, und ich sah Fahnen und Mädchen mit Blumen, und Männer, die sangen. Der Zug fuhr ein, und jemand überreichte mir die Blumen und die Wünsche und die Krainerwürste. Ich kehrte ja bald heim in mein Land! Und die Burschen sangen, während ich näher der steirischen Grenze fuhr ...

Man wartete. Überall wartete man.

Heute wartete man auch. An der Grenze die hochlöbliche Polizei.

Dazu also hatte ich durchgehalten!? Als ob man dem Manne, der endlich mit dem Flugschiff als Erster Amerika erreicht hatte, gesagt haben würde:

»Bitte, nur hereinspaziert! Das Kerkerloch steht schon offen!«

Und was hatte er gelitten und gekämpft, verglichen mit dem, was ich durchgemacht und auch errungen hatte? So war noch keine Frau gereist, am wenigsten acht Jahre ...

Vielleicht wäre es am besten gewesen, einfach zu rufen:

»Fatiniza, Fatiniza ...!«

Aber nur der Schaffner mit gefrorenem Schnurrbart rief:

»Sie können einsteigen; es ist wärmer im Zug!!«

Ich stieg ein.

An der Grenze.

Eine kleine Bulgarin, die aus Frankreich in ihr Land zurückreiste, saß im Halbabteil. Sie wickelte die Decke fester um sich und war froh, daß ich französisch sprach. Diese Grenzen!

Wir rollten uns zusammen, beide auf einem Sitz, was nicht leicht war. Es war auch nicht für lange Zeit. Erst kam der Schaffner, um unsere Karten zu studieren, dann der Bahndiener, altes Papierwerk wegzutragen, dann der italienische Zollbeamte, um einen kurzen Abschiedsblick auf unsere Sachen zu werfen, dann ein Mann, der unseren Paß beliebäugeln wollte, endlich Postumia und dahinter meine Grenze.

Der Zollbeamte sprach Serbisch. Ich antwortete Französisch. Das verstand er nicht. Deutsch aber verstand er, und nun wurde ich zum Dolmetsch.

Ich öffnete mein Gepäck. In der Schachtel hatte ich allerlei Samen und obschon eigentlich nur Wissenschaftliches, dennoch Dinge, die einer Zollbehörde Interesse einflößten. Ein Paket, in Zeitungspapier gewickelt, hielt ich gedankenverloren in der Hand. Es war Tee. Er sagte mir, ich sollte schließen. Ich legte das Paket hinein, die Gedanken weitab. Das Komische der Sache verstand ich erst im Erinnern.

Die beiden anderen Koffer überließ ich ihm, weil ich zuerst als Dolmetsch durch den Zug sollte. Es gab viele Ausländer, die nur Französisch sprachen. Das rettete meine Koffer. Fröstelnd ging ich zu meiner Erika zurück.

»Werden wir nie Ruhe haben?« fragte die Bulgarin, die schon die zweite Nacht reiste.

»Noch lange nicht!« sagte ich mit der Lust eines Unheilvogels. Ruhe, das begann ich zu verstehen, fand man nur im Grabe ...

Nach einigen Minuten öffnete sich die Tür, und der Paßbeamte stand wie die Säule eherner Gerechtigkeit auf der Schwelle. Er las meinen Wisch – den Ausweis des Gouverneurs von Sind –, der ihn kalt ließ, und bemerkte mißtrauisch:

»Sie sind keine Jugoslavin!«

»Ich bin es!« behauptete ich.

»Das kann jeder sagen!« Kam da jemand vom Lande der Tiger und wollte zum mächtigen Königreich ...!! »Haben Sie noch den alten Paß?« erkundigte er sich, da ich meine noch nicht verdunsteten slovenischen Redensarten hervorholte, von denen mir die mit drei Worten wohl als angenehmste, doch diesseits der Grenze nicht als diplomatisch empfehlenswerteste schien.

Ich reichte ihm das Wunder von vier Weltteilen. Er verschwand.

Die Bulgarin rollte sich fester in ihren Wollschal.

»Haben wir jetzt Ruhe?«

»O nein!« erwiderte ich hoffnungsvoll.

Nach einer Viertelstunde kam der Beamte und gab mir die Papiere zurück.

»Gut, daß Sie den alten Paß hatten,« meinte er freundlicher, »sonst hätte ich es nie geglaubt!«

Er hatte recht; ich glaubte auch an nichts mehr.

»Jetzt werden wir Ruhe haben!« meinte ich und lachte. Lachte, weil ich tausendmal unterwegs geträumt hatte, was der Zollbeamte Schönes sagen würde, wenn er endlich mich und den Paß sah. Nun wußte ich genau, was er sagen würde und sagen wollte.

Mit Hinsicht auf die Ruhe hatte ich mich getäuscht. Der Schaffner, ein älterer Mann, stammte scheinbar aus unserem Gebiet. Er sah mich an und sprach Deutsch. Es rührte mich zu einem Trinkgeld. Hier war noch einer von den Alten. Er stellte mir eine neue Karte aus und befahl mir, in Laibach umzusteigen.

Es war zwischen drei und vier Uhr früh. Der Tag, der da herandämmern würde, brachte sicher viel Leid. Schweres auf jeden Fall. Ich wollte schlafen. Da vergaß man alles, selbst die Wünsche seines Herzens.

Aber zu zweien auf einer zu engen Bank gelingt es nicht. Ich döste mit zusammengezogenen Gliedern, bis der Morgen grau über die Schneefelder kroch, dann suchte ich meine Habseligkeiten in Ordnung zu bringen.

War dieser leere Bahnhof, diese verschneite kleine Stadt wirklich Laibach? Der Schaffner bestätigte es, half mir beim Umsteigen. Ich trat in ein gut geheiztes Abteil, in dem zwei Herren mit finsteren Gesichtern slawische Blätter lasen. Geräuschlos legte ich die Speere ins Netz und meine Erika darauf. Zog den rotweißen Mantel aus und blieb im weißen Wollkleide sitzen. Ganz wie andere Sterbliche, nur vielleicht etwas brauner über dem gelbweißen Malariaton des Gesichts.

Die Dame im Zug.

Es schneite.

Die Buchen neigten sich unter der Last, tiefgesenkt standen die Weiden am Rande schmaler Bäche. Ein Wald ähnelte dem anderen, ein Ort war wie der vorige, und die Namen hatten sich alle verändert. In den Schluchten waren vereiste Mühlen, auf der verschneiten Straße ging eine gebückte Bäuerin mit dem Rückenkorb, das Kopftuch unter dem Kinn geknotet, die weiten Röcke aufgeschürzt. Wo war ich?

Ein Ort wie der andere, unerkennbar, fremdbenannt. Am Ende fuhr ich an meiner Vaterstadt vorüber, ohne es zu bemerken. Die Sache erschien mir komisch – – wie einem bei einem Begräbnis ein sonderbarer Zwischenfall komisch erscheinen mag, dann dachte ich wieder, den Blick auf den Schneefeldern, wie damals, als ich in die Novembernacht hineingefahren war:

»Wenn sie tot ist, steige ich nicht aus. Ich fahre nach Marburg weiter und von da ins Ausland zurück!«

Seit mehreren Wochen war ich ohne Nachricht. Vielleicht war all mein Hasten, waren alle Opfer und Demütigungen nutzlos.

Was erwartete mich – – –?

Ungewisser als meine Ausfahrt war mein Heimkehren nach vielen Jahren.

Bekannter war ich in der weiten Welt, in Indien, in Neuseeland, in …

Eine Dame stieg ein und entfaltete die »Woche«. Sie verstand also Deutsch. Nach einem kurzen Zögern fragte ich:

»Ich bitte, sind wir schon an Steinbrück vorübergekommen?«

Sie hob den Kopf und sagte:

»Die nächste Station ist Steinbrück.«

Ich dankte und lehnte mich zurück. Gott sei Dank, daß es schneite! Das war ein Schleier, der wohltat.

Die Dame hatte das Blatt fallen gelassen und beobachtete mich verstohlen. Ich war sicher, sie nicht zu kennen. Wir verließen Steinbrück. Sie fragte nach meinem Reiseziel, und ich nannte es.

»Sie fahren zu Besuch?« erkundigte sie sich.

Ich hätte gern gesagt, daß es nur ein Besuch war. Ganz müde entgegnete ich, denn nach weiteren zwei Orten war ich am Ziel, daß ich in jener Stadt lebte. Sollte ich fragen?

Aber ich fragte nicht. Da sagte sie, mich fest anblickend:

»Ich glaube zu erraten, wer Sie sind! Sie sind die Schriftstellerin …«

So mag es Ulysses gewesen sein, als der getreue alte Hund in Ithaka an ihm hochgesprungen war. »Wie sehr auch die Sonne das Antlitz verbrannt …!« Jemand kannte mich also doch – dem Namen nach?! War alles nicht ganz, *ganz* umsonst gewesen?

Von all den weißgekleideten Mädchen, dem Ehrenbogen, der Musik, den Gesichtern liebender Freunde war also nichts geblieben, als diese eine Unbekannte?

Immerhin eine, die an mich gedacht hatte, während ich draußen gedarbt und gelitten, eine, die gelesen und sich darüber gefreut hatte.

Eine.

Gott segne diese Eine.

Der Herr, der so finster in sein fremdsprachiges Blatt geblickt hatte, half mir plötzlich, die Erika herunterheben, der Schaffner kam und warf meine Koffer ins Freie. Grau war der Morgen, weiß wie ein Leichentuch der Schnee.

Ich stand mitten auf der weichen Masse. Das war der Boden meiner Heimat.

In der Hand hielt ich die Neu-Guinea-Pfeile, zu Füßen stand die Erika. Da sagte eine fremde Stimme:

»Sind Sie Fräulein Karlin? Ich wohne in Ihrem Hause.«

Ich war sie, nach der er gefragt hatte, und das Haus war mein Haus; leider! Ich folgte ihm.

Daheim.

»Ich werde Ihre Mutter vorbereiten!«

Der junge Mann stieg die Treppe empor, von der in vergangenen Tagen Böswillige behauptet hatten, daß ihre Hauptbestimmung schien, sich darauf das Genick zu brechen. Es tat mir leid, daß sie diesen Zweck in dem Fall bei mir nicht erfüllt hatte. Unser Küchengeist, mit hängendem Haar, als ob es nie einen Kamm gesehen, mit nicht verschnürten Schuhen und einer Bluse, rot wie eine halbgekochte Kornelskirsche, kam zu mir herunter und küßte mir die Hand.

Unweit der Treppe wartete ich, so fremd wie irgend jemand, der Einlaß begehrt, nur mit dem Unterschied, daß er gehen durfte und ich bleiben mußte. Eine Katze lief an mir vorüber und noch eine und noch eine ...

Der junge Mann winkte mir, und ich trat ein; vorsichtig, voll Angst. Ich wollte nicht aufregen; ich *mußte* gleichmütig und heiter sein, was immer ich auch empfinden mochte. Da, im Großvaterstuhl, unendlich alt und verrunzelt geworden, saß sie, die für mein Leben die Verantwortung trug. Die »Geberin meiner Tage«, wie ich sie immer nannte.

Sie wollte weinen und in Ohnmacht fallen, und ich lachte, lachte, weil sie es nicht sollte und weil ich weinen wollte, wie ich es selten getan. Weil ich auch nicht zeigen wollte, daß die Traumschlösser zerronnen waren wie Reif in der Aprilsonne.

Nahezu blind war sie und merkte deutlich nur den hellen Schein meines weißen Kleides. Sie sah nicht, wie schlank ich geworden und wie krank ich war. Wir lachten beide aus sehr verschiedenen Gründen.

Der junge Mann entfernte sich. Er war viel bekannter daheim als ich selbst.

Sechs Katzen.

Nach und nach ging ich durch das Haus, dessen einzige Erbin ich werden sollte. Die Küche sah wie die Köchin aus, ohne die Mutter angeblich nicht leben konnte, und wie die Köchin die Bedienerin und wie die Bedienerin die Katzen – eins, zwei, drei, vier, fünf, sechs ...

Alle gleich schmutzig, unverschämt, zudringlich.

Ich betrat meine Zimmer. Ein modriger Geruch schlug mir entgegen. Der Ofen im Schlafzimmer rauchte, daß ich nicht atmen konnte und ich meinen Zimmernachbar bei einem Haar auch noch im Schlaf erstickte. Die Tapeten hingen in feuchten Fetzen nieder, auf dem Sofa bäumten sich die Matratzen, und an Stühlen gab es von jedem Dorf einen Hund. Wohin war alles gekommen, was mein eigen gewesen?

Kalt und verwahrlost und modrig und ... wie ausgeraubt. Ich konnte mir kaum ein Lager zurechtmachen. Lärm von dem jungen Mann her, der nachts mit den Türen schlug, Lärm von der hinkenden Kroatin, die nie zu Bett zu bringen war und frühmorgens nie vor neun Uhr sichtbar wurde. Und auf den Tischen aller Zimmer, bei allen Schüsseln Katzen ...

Deshalb – um zu *dem* zurückzukehren, hatte ich offenbar eine achtjährige Forschungsreise um die Welt gemacht! Es war, als ob jemand zum Mond gefahren wäre, um einen Kieselstein zurückzubringen, den er besser am Sannufer fand.

Ich lachte.

Das Ende vom Lied ...

Es ist noch nicht ein Jahr seit meiner Heimkehr.

Viele Vorträge habe ich gehalten, und es ist mir zugejubelt worden – daheim und draußen. Ich halte alle Fäden selbst in Händen und zwei meiner Werke sind schon verkauft. Die Schriftleitungen, die mich nicht gefressen fanden (ein bedauerlicher Umstand für sie wie für mich) haben alle gezahlt.

In vielen Zeitungen hat man von meiner Rückkehr geschrieben, und viele meiner Mitbürger (meist -innen) haben mich besucht, vorwiegend, weil sie sich gefreut hatten, mich »schwarz« wiederzusehen. Wenn ich diesen Wunsch geahnt hätte, würde ich mich nicht mit so viel Eifer mit Eidotter gebleicht haben. Man tut im Leben unbewußt immer das Unrichtige.

Das Einleben unter die hiesigen Behörden war viel leichter, als ich es gedacht hatte. Und dieser Umstand ließ mich den Plan, wegzuziehen, aufgeben.

Immer mehr werden es der Rufe, die mich nach Österreich, nach Deutschland führen, um über meine Erfahrungen, insbesondere über meine Südsee-Erlebnisse, zu sprechen; langsam baue ich auch meine gebrochene Journalistentätigkeit wieder auf, und mehr als eins meiner großen Werke hat schon seinen Verleger gefunden, aber –

»Nur einmal bringt das Jahr uns Frühlingslieder,
Nur einmal blüht die Rose düfteschwer,
Und blüht sie auch im hohen Sommer wieder,
Des Frühlings Rose ist sie doch nicht mehr –«

Wie würde meine Heimkehr gewesen sein, wenn ich schon bekannt gewesen wäre, wenn es mir im Taumel *vieler* Freunde in vielen Ländern zu vergessen erlaubt gewesen wäre, daß ich in Wahrheit mutterseelenallein war? Wenn sich der Traum, der mich so oft erstarkt hatte, von Mitbürgern, die mich jubelnd willkommen geheißen, wie verdient erfüllt hätte?

Gewiß sind sie auch gekommen. Ein seltsamer Narr war ich ja immerhin. Sie betrachteten mich wie meine Sammlungen: als ein Kuriosum, das sich verlohnte, in Augenschein genommen zu werden. Bis auf wenige hat niemand den Versuch gemacht, im Kuriosum ein Herz zu suchen, daher hat auch fast niemand eins gefunden.

Schlußwort.

Nun sind es drei Jahre her, seit ich den Bericht meines Lernens und Fahrens zum erstenmal niedergeschrieben habe. Ein verbittertes, nach Ansicht der Ärzte sterbendes Menschenkind war es, das die Feder niederlegte, einsam, mit unverankertem Herzen, mit toten Träumen, aber mit den Fingern noch immer, selbst angesichts des Todes, auf der Erika, finster entschlossen, nie nachzugeben.

Meine Mutter war gestorben; ich hatte alle Beziehungen gelöst, die mich – hemmend oder feindlich – an das Einst banden; ich hatte das Haus von unangenehmen Leuten und von einer erstaunlichen Anzahl zudringlicher Katzen gesäubert und sehnte mich nach nichts als nach dem fernen Stern im Weltall, auf dem ich vergessen wollte, daß ich je gelebt hatte. In meine Trauer wie in einen grauen undurchdringlichen Schleier gehüllt, schrieb ich als Abschluß:

»Was ist's, warum sich's leben läßt
Trotz alledem auf dieser Erden? –
Die Welt, sie ist ja überall ein Nest,
Doch jedes Nest kann eine Welt dir werden – –«

Mir aber war die ganze weite Welt bei all ihrer Schönheit immer nur *Nest* geblieben ...

War das nun wirklich – nach so viel Kampf und Sieg – das Ende vom Lied?

Heute jedoch ist mir, Gott sei Dank, die ganze Welt zur Heimat geworden. Ich bin nicht tot, wenn ich auch mit stark erschütterter Gesundheit an meiner alten Erika sitze, viele meiner Bücher sind erschienen, weitere Werke sind in Vorbereitung, doch meine Versöhnung mit dem Schicksal erfolgte durch meine Leser. Tausend schimmernde Fäden laufen heute von meinem Herzen zu unzähligen Menschen weit und breit, und ihr helles Leuchten erfüllt mein Sein mit Licht, daher liegt auch mein tiefer Dank jenseits aller Worte. Aus dem Nest ist eine Welt geworden ...

Und da wir Menschen in unserem Drang nach Einkreisung immer etwas besitzen wollen, was uns ganz angehört, dessen Liebe einschließend ist, kaufte ich mir einen Mannheimer Zwergspitz, in seines Frauerls Augen der schönste auf dieser Erde.

Anmerkungen

S. 11, 27, 30, 43, 59, 91 f., 128 f., Sarong: in Südasien und im Südpazifik von Männern getragener, am Bauch geknoteter Wickelrock
S. 14, 21, 30, 86, 100, 102, 106, 113, 117, 132, 215, Betel: rankendes Pfeffergewächs, dessen Blätter antiseptische und anregende Wirkung haben.
S. 14, Pinang- oder Arecanuß: Frucht der Betelnusspalme, Betelnuss
S. 15, Kajaputiöl: Kayuputi, Cajeput, ätherisches Öl mit antiseptischer und schmerzlindernder Wirkung, das ähnlich riecht wie Eukalyptusöl
S. 16, Kopra: getrocknetes Kokusnussgewebe, aus dem Kokosöl hergestellt wird
S. 17, 20 ff., 25, 58, Celebes: Sulawesi
S. 18, Chaulmoograöl: salbenartiges Fett aus den Samen des indischen Chaulmoograbaums, das in Indien als Heilmittel gegen Lepra und bei Hauterkrankungen und Rheuma verwendet wird
S. 19, Jackfrucht: länglich-ovale exotische Baumfrucht mit grüner oder gelber noppenbesetzter Schale, bis zu 50 cm groß werden und in reifem wie in unreifem Zustand gegessen werden kann
S. 21, Dayak: auch Dajak oder Dyak, Bezeichnung für die indigene Bevölkerung Borbeos
S. 27, 29, 34, 43 f., 48 f., 51, 63, Batavia: Hauptstadt Niederländisch-Indiens bis zur Unabhängigkeit Indonesiens in den 1940er Jahren. Seitdem Hauptstadt Indonesiens unter dem Namen Jakarta
S. 27, 29, 34, Kampong: malaiische Dorfsiedlung
S. 27, Zoris: japanisch »Strohsandalen«, traditionelle Zehenstegsandalen aus geflochtenem Stroh
S. 29, 34 f., 42 ff., 52, 54, Weltevreden: von Europäern bewohnte Vorstadt von Batavia (Jakarta) zur Zeit der niederländischen Kolonialherrschaft
S. 30, 32, 34, Djokja: Ykokya, Kurzform von Djokjakarta/Yogyakarta
S. 30 f., Wajang: javanisches Theater mit Puppen oder menschlichen Tänzern, das meist als Schattenspiel aufgeführt wird
S. 39, 201, 209, Dysenterie: Ruhr, bakterielle Infektion und Entzündung des Dickdarms
S. 44, 69, Babu: Magd, Dienstbote/-botin
S. 51, Buitenzorg: ehemalige niederländische Bezeichnung für Bogor
S. 52, Upasbaum: auch Javanischer Giftbaum genannt; der giftige Milchsaft seiner Rinde wurde in Südostasien als Pfeilgift verwendet

S. 52 f., 58, 60, 63, 92 f., 95 f., 98, 101 f., 111 f. , 118 f., 125, 127, Siam: entspricht weitgehend dem heutigen Thailand; Bezeichnung vor 1939 und von 1946-1949

S. 53, Herr von Salzmann: Erich von Salzmann (1876–1941), Journalist und Schriftsteller, Verfasser von Romanen und Sachbüchern, darunter »Das revolutionäre China« (1913) und »China siegt. Gedanken und Reiseeindrücke über das revolutionäre Reich der Mitte« (1929); siehe »Einsame Weltreise«, S. 304 u.a.

S. 53: Li Tie Guai: Götze aus Peru, S. »Einsame Weltreise«, S. 315

S. 57: Alang-alang-Gras: mit Zuckerrohr verwandtes Süßgras

S. 58, Lampongermädchen: Lampong ist eine Region auf der Insel Sumatra in Indonesien

S. 70, 144, 189, 191, 208, Tiffin: Mittagessen

S. 74, Egmont: Anspielung auf Goethes gleichnamiges Trauerspiel

S. 77, 79, 125, Tan Kah Kee: Tan Kah Kee (1874-1961) war ein aus China stammender Großindustrieller in Singapur, der unter anderem Gummiplantagen besaß und als der »König der Gummiverarbeitung« galt – wozu auch die Herstellung von Schuhen gehörte. Tan Kah Kee setzte sich sehr für Bildung ein und gründete zahlreiche Schulen und Universitäten.

S. 81, Melatiblüten: Jasminart

S. 83, Penanggalan: hexenartige Figur in der malayischen Mythologie

S. 93, 98, 117, Panung: ein aus einem langen Tuch bestehendes traditionelles Kleidungsstück

S. 95, Toddy: Palmwein, gegorener Palmensaft

S. 95, 98, 108, 111, 116, Wat: buddhistischer Tempel

S. 96, 98, 117, Pahom: Brusttuch

S. 98, 112, Ayuthia: Ayutthaya, vom 14.–18. Jahrhundert Königreich der Thai

S. 99, 108, 115, 121, Tschao Phiya Menam: Mae Nam Chao Phraya, neben dem Mekong der zweite wichtige Fluss in Thailand

S. 99, 101 f., 106 ff., 117, 119, Klongs: Khlong, thailändische Kanäle

S. 103, Beri-beri: auf Mangelernährung zurückzuführende Krankheit

S. 111, Menam: »Mae nam«, thailändisch »Fluss«, auch als Kurzbezeichnung für den Mae Nam Chao Phraya verwendet

S. 113, »Windlichter des Todes«: Der »Roman aus Siam« von Alma M. Karlin wurde 1933 bei Hesse & Becker in Leipzig veröffentlicht.

S. 113, rakuk: Karlin erklärt den Begriff selbst mit »zuwider, verärgert, bekümmert, willvoll böse und ungebärdig« (s. S. 108)

S. 115, Chaulalongcornhospital: Chulalongkorn war bis zu seinem Tod 1910 König von Siam
S. 121, 196, 200, 204, Dhal: Dal, indisches Gericht aus Hülsenfrüchten
S. 121, 181, 204, Tschipati: Chapati, indisches Fladenbrot
S. 123, 178, Kracherl: (österreichisch) Limonade
S. 125, »die Straße von Mandalay, die Kipling besungen hatte«: Rudyard Kipling verfasste 1890 sein berühmtes Gedicht »Mandalay«
S. 127, Molmein: Moulmein, heute Mawlamyang, drittgrößte Stadt Myanmars
S. 129, 131, 137, Irrawaddy: Ayeyarwaddy, Strom in Südostasien
S. 129, Shan: größte Minderheit in Myanmar
S. 131, Karen: drittgrößte Bevölkerungsgruppe in Myanmar
S. 131, Thebaw: Thibaw Min, König in Birma von 1778-1885
S. 133, She Dagon: Shwedagon, religiöses Zentrum Myanmars in Rangun
S. 135, 139, 166, Bakschisch: Gabe, Geschenk, Trinkgeld
S. 141, Manguste: Raubtierfamilie, zu der auch Mungos und Erdmännchen zählen
S. 142, Huka: Wasserpfeife
S. 144, 190, Chota hazari: Chhota haazri, kleine Mahlzeit, die im britischen Kolonialreich kurz nach Sonnenaufgang serviert wurde
S. 146, Minahvögel: Mynahs, Beos
S. 149, Jaintempel: Jainismus ist eine transtheistische Religion Indiens.
S. 149, Jina: (Sanskrit) »die Siegreiche«
S. 149, Rig-Veda: Rigveda, wichtige Schrift des Hinduismus, vermutlich aus dem 2. Jahrtausend v. Chr.
S. 150, 211, Sadhu: (Sanskrit) »guter/heiliger Mann«, sich dem religiösen Leben widmender Mensch
S. 151, 157, Gesetzbuch Manus: Manusmriti, indische Abhandlung über die sozialen Verpflichtungen der verschiedenen Lebensstadien
S. 153, Banyanbaum: meerstämmiger Baum aus der Gattung der Feigen
S. 156, Schriftstellerin Mayo: Katherine Mayo (1867–1940) verfasste 1927 das umstrittene polemische Buch »Mother India«.
S. 159, Condominium: Kondominium oder Kondominat, gemeinschaftlich ausgeübte Herrschaft über ein Territorium
S. 161, Nimbaum: Niembaum, Mahagonigewächs mit bittersüßen Früchten
S. 161–166, 168, 172, 179 f. 226, Benares: Varanasi, Stadt im Norden Indiens
S. 165 f., Pani: (West-Hindi) Wasser
S. 166 f., Ghat: Böschung oder Stufen zum See oder Fluss

S. 168, Stupa: buddhistisches Bauwerk
S. 168, 170, Jumna: Yamuna, Fluss
S. 172, 205, Radscha: indischer Fürstentitel
S. 173, Mem Sahib: Memsahib, Memsaab, respektvolle Anrede für Frauen in der britischen Kolonialzeit
S. 173, Nautschmädel: Nautche, (weltliche) Tänzerinnen
S. 174, Agrafort: Rotes Fort in Agra
S. 176, Durbar: »Hoftag«, Versammlung zur Krönung der britischen Monarchen in Indien
S. 178 f., Zenana: Wohnbereich der Frauen
S. 179, Amah: Dienstmädchen, Angestellte
S. 183, 200, 204, Ghi: Ghee, flüssige Butter, Butterschmalz
S. 184, Khaiberpaß: Chaiber-Pass, Bergpass zwischen Pakistan und Afghanistan
S. 184, Jataka: Erzählungen aus dem Leben des Buddha
S. 190,193, 197, 210, 215 f., 222, 231 Parsi: Parsen, vor allem in Indien und Pakistan lebende ethnisch-religiöse Gruppe
S. 194, Goan- oder Portugiesenviertel: Der indische Bundesstaat Goa war lange portugiesische Kolonie.
S. 205 f., 244, Nawab: ehemaliger Herrschertitel
S. 214, Mahabharata: berühmtes indisches Epos, vermutlich zwischen 400 v. Chr. und 400 n. Chr. verfasst
S. 214, Ramayama: indisches Nationalepos von Valmiki, zwischen 4. Jhd. v. Chr. und 2. Jahrhundert n. Chr.
S. 216, Firdausi: persischer Dichter (940– um 1020)
S. 216: Sha Nameh: »Buch der Könige«, Nationalepos
S. 217, Tulsipflanze: indisches Basilikum
S. 226, 234, Hadern: Lumpen
S. 243, Rahatlukun: Lokum, türkische Süßigkeit

Amalija Maček

Nachwort

Mit diesem Band kommt das Projekt des AvivA Verlages, nach einer Pause von hundert Jahren die auf Deutsch geschriebenen Reiseberichte von Alma Karlin (1889–1950) dem deutschsprachigen Publikum wieder zugänglich zu machen, zu seinem Abschluss. Nach der Autobiografie *Ein Mensch wird* (2018) und den ersten beiden Teilen der Reisetrilogie, *Einsame Weltreise* (2019) und *Im Banne der* Südsee (2020), wird nun im dritten Teil unter dem Titel *Erlebte Welt* auch die Weltreise vollendet. Anfang der 1930er Jahre wurden Karlins Werke in Auflagen von 50.000 Exemplaren in Deutschland veröffentlicht und mehrmals nachgedruckt und übersetzt. Sie bereiste den gesamten deutschsprachigen Raum als gefeierte Autorin, geriet jedoch mit dem Aufstieg des Nationalsozialismus vollkommen in Vergessenheit, da ihr Widerstand gegen den Nazismus ihr neben Gestapo-Haft auch Publikationsverbot einbrachte. Ihre Unkenntnis der slowenischen Sprache und ihre offene Kritik am Kommunismus nahm ihr nach dem Krieg die Möglichkeit, im sozialistischen Nachkriegsjugoslawien zu publizieren oder zumindest eine Rente zu erhalten, geschweige denn den Reisepass, den sie benötigt hätte, um ihre Werke im Ausland zu bewerben. Als deutschsprachige Regimegegnerin aus kleinbürgerlichem Milieu mit einer offenen Vorliebe für England wurde sie als Spitzel verdächtigt. Das Familienhaus wurde verstaatlicht und so starb sie 1950 verarmt und vergessen an Brustkrebs.

Alma Ida Willibalde Maximiliana Karlin wurde 1889 in der heute slowenischen Stadt Celje geboren, die in Zeiten der Habsburger Monarchie zweisprachig war und den Namen

Cilli trug. Die ländlichen Gegenden des heutigen Sloweniens waren fast vollkommen slowenisch geprägt, während in den Städten beide Sprachen präsent waren, mit einer Tendenz zur selbstgewählten Germanisierung der oberen bildungsbürgerlichen Schichten, die meistens in Graz oder in Wien studierten. Zunehmend kam es zu Feindseligkeiten zwischen der slowenisch- und der deutschsprachigen Bevölkerung, trotz der häufig engen familiären Beziehungen zwischen beiden Gruppen. In Celje waren diese Kämpfe besonders zugespitzt. Alma stammte aus solch einer Familie, die slowenischer Herkunft, jedoch deutschsprachig sozialisiert war. Darauf weist schon der Name ihrer Mutter (Willibalde) hin. Wie tief der Graben zwischen den zwei Sprachgruppen war, illustriert auch die Tatsache, dass Alma Karlin in einer zweisprachigen Stadt, deren Umland vollkommen slowenisch dominiert war, nie wirklich Slowenisch lernte. Sie konnte sich zur Not verständigen, doch zu der Zeit konnten fast alle Slowenen noch Deutsch und so war sie nie auf Slowenischkenntnisse angewiesen. Auch ihre Werke wurden im Original gelesen. Dass es trotzdem eine für sie wichtige Sprache war, bezeugt ihr Wörterbuch in zehn Sprachen, das sie um die Welt begleitete und in dem man auch slowenische Einträge und einige Notizen zu der (schwierigen) slowenischen Grammatik vorfindet. Analysiert man die Einträge, sieht man, dass sie sich ihr Vokabular durchaus systematisch anhand des berühmten slowenisch-deutschen Wörterbuchs von Maks Pleteršnik von 1894/95 erarbeitete und nicht bloß die gängigen slowenischen Ausdrücke niederschrieb.

Doch der Graben zwischen den beiden sprachlichen Gruppen war nicht die einzige Form gesellschaftlicher Abschottung, die Alma Karlin erlebte. Ihre Eltern waren schon 45 bzw. 60 Jahre alt, als sie ungeplant auf die Welt kam. Sie hatte eine halbseitige Lähmung und ein leicht deformiertes Auge, und im Krankenhaus ging man von einer Lebenserwartung von wenigen Monaten aus (daher der Name Alma – Seele). Die Mutter tat sich schwer, ihr leicht behindertes Kind, das nicht den gängigen Schönheitsidealen entsprach, zu akzeptieren, und auch mit ihrem wenig mädchenhaften Verhalten wollte das Kind nicht ins kleinbürgerliche Milieu passen. Sie nahm Alma aus der Schule, organisierte Privatlehrer und versuchte sie mit qualvollen Methoden »schöner« zu machen. Mehr dazu lässt sich in der Autobiografie *Ein Mensch wird* nachlesen. Ihr Vater, der sie akzeptierte und ermutigte, starb früh. Ausschlaggebend für das gesamte Leben der Alma Karlin blieb das Gefühl, nicht schön, nicht angepasst, nicht dazugehörend, nicht erwünscht zu sein. Und der Wunsch, ihre Mutter dennoch zufriedenzustellen, wenn schon nicht zu begeistern – etwa mit dem Verfassen von Gedichten schon in jungen Jahren, danach mit dem Spracherwerb, den ihre Mutter auch finanziell unterstützte. Mit 18 Jahren begab sich Alma nach London und legte Prüfungen in sieben Sprachen ab. Sie gab Sprachunterricht und entdeckte ihre Lust am Schreiben. Trotz großer materieller Entbehrungen fühlte sie sich in London wohl und schloss sich theosophischen Kreisen an. Während des Ersten Weltkrieges war sie als »Deutsche«, wie man damals pauschal alle Deutschsprachigen bezeichnete, zunehmend unwillkommen und siedelte nach Skandinavien über. Ihre Beziehung zu einem chinesischen Mann, den sie in London kennengelernt hatte und die schließlich sogar in eine Verlobung mündete, inspirierte sie zu ihrem ersten Roman, *Mein kleiner Chinese* (1921). Das Ende des Ersten Weltkrieges brachte auch den Zerfall der Vielvölkermonarchie mit sich und Celje gehörte von nun an dem Königreich Jugoslawien an, mit der Amtssprache Slowenisch. Viele Familien, die tatsächlich deutschsprachig waren, wanderten nach Österreich aus. Alma verlor ihre (sprachliche) Heimat, kehrte zwar nach Celje zurück und gab von morgens bis abends Sprachunterricht, mit dem Ziel, der engen Kleinstadt und der Kontrolle ihrer Mutter wieder zu entkommen. Ihr großer Wunsch war es, nach Japan zu fahren. Aus einer viel kürzer geplanten Reise wurde eine achtjährige Weltumrundung, die im November 1919 begann und Ende des Jahres 1927 endete. Alma Karlin hatte kein Vermögen, aus dem sie ihre Reise hätte finanzieren können und arbeitete unterwegs unter anderem als Dolmetscherin und Sprachlehrerin. Im Gegensatz zu den meisten Reisenden, auch den meisten ihrer männlichen Schriftstellerkollegen, bewegte sie sich überwiegend abseits der damals für europäische Tourist:innen üblichen Ziele, übernachtete meist in einfachsten Unterkünften und hatte dadurch viel Kontakt zur jeweiligen einheimischen Bevölkerung, vor allem zu den Frauen.

Aus dem heimischen Provinzstädtchen Celje brach sie zunächst mit dem Zug nach Triest auf, von dort ging es mit dem Schiff durch die Gibraltarenge in die Welt. Parallel führt sie ihre Rückreise vom Indischen Ozean durch die Enge des Suezkanals mit dem Schiff nach Triest und von dort mit dem Zug nach Celje. Diese Parallele stellt Alma selber auf, nur endet die Reise in einer tiefen Enttäuschung: Niemand erwartet sie am Bahnhof, als sie malariakrank und vollkommen erschöpft in die Stadt zurückkehrt, der sie so viele Artefakte, Fossile, Aquarelle (die sich heute in der Nationalbibliothek in Ljubljana und im Regionalmuseum in Celje befinden) schenkte. Das ist der Haupttenor dieses dritten Buches.

Karlins Schilderungen in diesem letzten Teil der Trilogie fallen, verglichen mit den beiden anderen Bänden, oft knapper aus und scheinen eher auf den Abschluss der Reise ausgerichtet. Alma Karlin wollte so schnell wie möglich nach Hause zu ihrer inzwischen schwer kranken Mutter zurückkehren, solange diese noch lebte.

Der Reisebericht basiert zwar auf den Reisetagebucheinträgen der Autorin, wurde jedoch, wie die anderen beiden Bände auch, später verfasst und gerade diese zeitliche Distanz merkt man ihm an. Man beobachtet, wie eine selbstbewusste und damals schon gefeierte Autorin den Schlussstrich zieht. Vielleicht noch interessanter als die

Beschreibung der besuchten Orte sind die Selbstreflexionen über Motivation und Zweck der Weltreise, ihre Verdienste und Fehleinschätzungen: »In diesem, dem dritten Teil meiner Weltumseglung, führe ich den Leser durch die Wunderländer Indonesiens und durch das Tor der Tränen heim, nicht nur in die Heimat, sondern auch zu mir selbst, und deshalb ist gerade dieser bitterste Teil der wichtigste für mein Innenleben gewesen, denn da lernte ich, daß man ein großes Ding nicht einer Belohnung wegen unternehmen dürfe, sondern nur um der Sache selbst willen.« Alma zieht hart und mit dem ihr eigenen selbstironischen Humor mit sich selbst ins Gericht. Wichtig ist es ihr jedoch, zu betonen, dass sie die Reise »für andere« angetreten ist – um zu berichten, zu informieren, um mit ihrem Schreiben zu unterhalten, und auch, um Frauen zu warnen. Leider lässt sich im Laufe ihrer Weltreise auch feststellen, dass ihre Vorurteile verhärten, ihr Rassismus zunimmt. Gegen Faschismus war Alma Karlin mit ihrer unabhängigen und gerechtigkeitssuchenden Natur gefeit, das Reisen hat sie jedoch nicht vom Rassismus geheilt. Das Gefühl der Überlegenheit der »weißen Rasse« wurde ihr auf Schritt und Tritt vermittelt und sie verinnerlichte die Haltung der weißen Kolonialherren (siehe dazu auch mein Nachwort zu *Im Banne der Südsee*). Sie war weniger »Kind ihrer Zeit« als vielmehr »Kind vergangener Zeiten« – ideologisch und literarisch.

Nach der Trilogie der Reisebücher schrieb Karlin noch einige völkerkundliche kürzere Werke, in denen sie Mythen und Rituale der besuchten Länder beschrieb (*Drachen und Geister*, *Der Malik* usw.). Auf Bitte ihrer Leserschaft verfasste sie nach dem Abschluss der Reisetrilogie noch ihre Autobiografie *Ein Mensch wird*, eine Art »Prequel«, das erklären soll, woher sie stammte und welche Umstände sie dazu gebracht haben, so eigenständig zu werden. Diese Autobiografie ist bis zur Veröffentlichung bei AvivA im Jahr 2018 nie auf Deutsch erschienen – die slowenische Übersetzung auch erst 2010, davor lag das auch zeitgeschichtlich hochinteressante Werk in ihrem Nachlass in der Nationalbibliothek in Ljubljana, wo sich noch rund 40 unveröffentlichte Werke befinden, die nach und nach verlegt und übersetzt werden. Danach widmete Karlin sich, wie sie sich ausdrückte, ihrer wahren Berufung (darauf gehe ich ebenfalls ausführlicher in meinem Nachwort zu *Im Banne der Südsee* ein), dem Schreiben von fantastischen, theosophisch inspirierten Texten über Urvergangenheit oder eine Zukunft von erleuchteten Menschen. Auf dem Hügel Pečovnik bei Celje plante sie eine Art Tempel. Die Gemeinschaft, wie Karlin sie sich vorstellte, kam nicht zustande, nur Thea Gammelin, eine deutsche Malerin, blieb.

In Slowenien wurde Alma Karlin nach der Unabhängigkeit Sloweniens wiederentdeckt, denn nach dem Zweiten Weltkrieg war die deutsche Sprache und damit auch Literatur verpönt. Inzwischen gibt es zahlreichen Übersetzungen und Erstveröffentlichungen aus dem Nachlass, Theateraufführungen, Filme, einen Zeichentrickfilm, eine biografische Graphic Novel von Marijan Pušavec und Jakob Klemenčič, Monografien von Jerneja Jezernik und Barbara Trnovec, eine Alma-Karlin-Statue in Celje und mehrere erfolgreiche Ausstellungen (zuletzt eine von Barbara Trnovec kuratierte im Weltmuseum in Wien). Anfang 2023 wurde ein Saal im wichtigsten Kulturzentrum Sloweniens, dem Cankarjev dom in Ljubljana, nach Karlin benannt. Alma Karlin ist in Slowenien zu einer Ikone geworden. Die Ikone einer starken, eigensinnigen Frau, die mit Humor und viel Mut gegen die patriarchalen Muster kämpft, die oft gerade von Frauen/Müttern weitergegeben werden. Sieht man sich ihre Reise und das Lebensende genau an, könnte sie, die sie sich ihre Weltreise vollkommen allein finanzierte, auch eine Ikone des künstlerischen, übersetzerischen, pädagogischen und journalistischen Prekariats sein – das auch tatsächlich meist weiblich besetzt ist. Und Alma Karlin ist auch eine Ikone der lesbischen Bewegung in Slowenien. Nicht alle sind damit einverstanden, sie führen als Argument an, dass sich Alma auf ihrer Reise durchaus in Männer verliebte und dass auch Thea Gammelin in Slowenien eine Beziehung zu einem Mann hatte, die sie jedoch Alma zuliebe aufgab. Höchstwahrscheinlich war ihre Beziehung eine platonische, denn Alma Karlin war schwer krank und körperlich überempfindlich und jeglicher Zärtlichkeit und Berührung abgeneigt. Dennoch spricht einiges dafür, die beiden trotzdem als Vorreiterinnen der lesbischen Bewegung in Slowenien zu sehen. Ob sie tatsächlich eine Liebesbeziehung geführt haben oder nicht, sie waren all den Vorurteilen und Schmähungen ausgesetzt, die man lesbischen Paaren entgegenbrachte. In den vor kurzem erst der Nationalbibliothek von einer Professorin aus Graz zugeschickten Wandertagebüchern von Alma Karlin aus der Zwischenkriegszeit findet man noch weitere Andeutungen dieser Art, von Alma Karlin selbst geliefert: Wie sehr sich die Inhaber der Gaststätten gewundert haben, dass zwei Frauen im gleichen Bett übernachten. Die Eltern von Thea nennt sie Schwiegereltern, den Hund nennt sie »das Kind« ... Mit ihrem bissigen Humor schont sie die ihr vollkommen ergebene Thea aber keinesfalls, sondern bezeichnet sie des Öfteren als den »großen Hund«. Da ist er wieder, der unverkennbare Witz der Alma Karlin, aufgrund dessen es sich auch heute noch und wieder lohnt, Karlin zu lesen.

Editorische Notiz

Der Text dieser Ausgabe entspricht dem dritten Band von Alma M. Karlins Reisetrilogie, der 1933 unter dem Titel *Erlebte Welt, das Schicksal einer Frau. Durch Insulinde und das Reich des weißen Elefanten, durch Indiens Wunderwelt und durch das Tor der Tränen* bei Wilhelm Köhler erschienen ist.

Rechtschreibung und Zeichensetzung dieser Ausgabe entsprechen der im Originalmanuskript verwendeten Form, orthografische und stilistische Eigenheiten der Autorin wurden belassen. Offensichtliche Druckfehler wurden jedoch korrigiert.

Bildnachweise

Umschlag: Frontispiz aus Alma M. Karlin: *Einsame Weltreise. Erlebnisse und Abenteuer einer Frau im Reich der Inkas und im Fernen Osten.*. Minden i. W., Berlin, Leipzig 1932.

Vorsatz/Nachsatz aus Alma M. Karlin: *Erlebte Welt, das Schicksal einer Frau. Durch Insulinde und das Reich des weißen Elefanten, durch Indiens Wunderwelt und durch das Tor der Tränen.* Minden i. W., Berlin, Leipzig o.J., S. 12 f.

Verfasserin des Nachworts

Amalija Maček, geboren 1971, studierte Germanistik und Hispanistik an der Universität Ljubljana und promovierte über Wüstenbilder und Orientalismus in der zeitgenössischen deutschsprachigen Literatur. Sie interessiert sich für Reiseliteratur und erforschte vor vielen Jahren den Nachlass von Alma M. Karlin in der Slowenischen Nationalbibliothek. Sie übersetzte Franz Kafka, Bertolt Brecht, Ilse Aichinger, Marlen Haushofer, Ingeborg Bachmann, Josef Winkler, Peter Handke und Terézia Mora ins Slowenische und arbeitet als Dozentin an der Philosophischen Fakultät in Ljubljana.

Inhalt

Afrika

Mehr von Alma M. Karlin im AvivA Verlag

»Überzeugend, eindrucksvoll, rührend, komisch ....«

(Pieke Biermann, radioeins/RBB)

Ein Mensch wird
Auf dem Weg zur Weltreisenden
Hg. u. mit einem Nachwort v. Jerneja Jezernik
320 Seiten, geb., m. Leseband
ISBN: 978-3-932338-69-4

»Diese Expedition ins Ungewisse genau einhundert Jahre nach Karlins Einschiffung in Genua nacherleben zu können, bedeutet nicht weniger als ein Lektüreglück.«

(Katrin Hillgruber, Deutschlandfunk)

Einsame Weltreise
Hg. u. mit einem Nachwort v. Jerneja Jezernik
400 Seiten, geb., m. Leseband
ISBN: 978-3-932338-75-5

»Ein wenig Robinson Crusoe, gemischt mit Abenteuertum und Durchhaltevermögen. Was will man denn mehr?«

(Nick Hillmann, Findos Bücher)

Im Banne der Südsee
Mit einem Nachwort v. Amalija Maček
352 Seiten, geb., m. Leseband
ISBN: 978-3-932338-78-6

Leseproben und weitere Informationen über unser Programm finden Sie unter www.aviva-verlag.de

Die Publikation wurde gefördert durch die Slowenische Buchagentur JAK. Herzlichen Dank!

Satz und Layout: Britta Jürgs
Korrektorat: Julia Baudis
Druck: Finidr, s.r.o.
Printed in Europe

Erste Auflage

AvivA Britta Jürgs GmbH
Emdener Str. 33, 10551 Berlin
fon (0 30) 39 73 13 72
info@aviva-verlag.de
www.aviva-verlag.de

ISBN: 978-3-949302-18-3

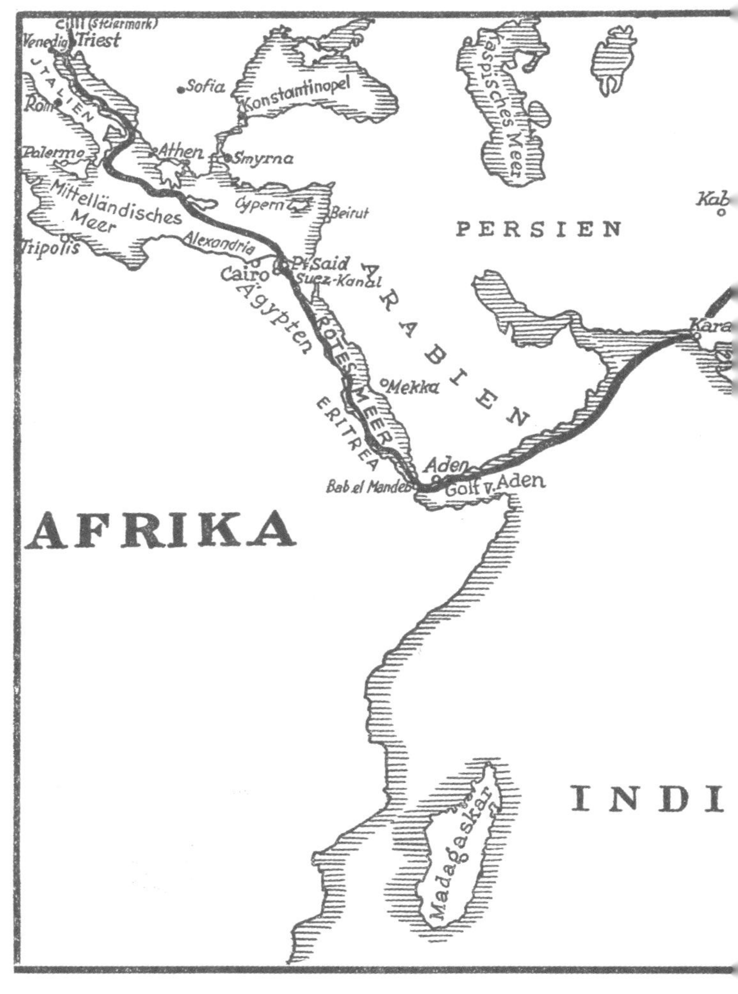

Die Reiseroute der Verfasser